LIVROS QUE
CONSTROEM

Biblioteca "Educação Física e Desportos" - 29

VOLUMES PUBLICADOS:

1. Aulas de Educação Física .... Hudson Teixeira e M. G. Pini
2. Metodologia Científica do Treinamento Desportivo .... Manoel J. G. Tubino
3. As Qualidades Físicas na Educação Física e Desportos .... Manoel J. G. Tubino
4. Teoria Organizacional da Educação Física e Desportos .... José M. Capinussú
5. Em Busca de uma Tecnologia Educacional para as Escolas de Educação Física .... Manoel J. G. Tubino
6. Os Exercícios Físicos na História e na Arte .... Jayr Jordão Ramos
7. Ginástica Rítmica Desportiva .... Ester de A. Vieira
8. Terminologia Aplicada à Educação Física .... Manoel J. G. Tubino
9. Planejamento Macro em Educação Física .... José M. Capinussú
10. Prática de Educação Física no 1º grau .... Vera Lúcia L. Costa
11. Esporte para Todos - Um Discurso Ideológico .... Kátia Brandão Cavalcante
12. Competições Desportivas - Organizações e Esquema .... José M. Capinussú
13. Teoria Geral do Esporte .... Manoel J. G. Tubino
14. Psicomotricidade, Educação Física e Jogos Infantis .... Alexande Moraes Mello
15. Repensando o Esporte Brasileiro .... Manoel J. G. Tubino
16. Administração e Marketing nas Academias .... José M. Capinussú
17. Esporte, Educação Física e Constituição .... Manoel J. G. Tubino
18. Moderna Organização da Educação Física e Desportos .... José M. Capinussú
19. Esporte e Cultura Física .... Manoel J. G. Tubino
20. Ensino e Avaliação em Educação Física .... Sebastião Votre e outros
21. Pedagogia da Educação Física .... Viktor Shigunov
22. O Pontapé Inicial .... Waldenyr Caldas
23. O Esporte no Brasil .... Manoel J. G. Tubino
24. Karatê Esporte .... Geraldo G. de Paula
25. Comunicação e Transgressão no Esporte .... José M. Capinussú
26. História da Educação Física e do Esporte no Brasil .... Victor A. de Melo

26a. A Arte da Pesca Esportiva no Mar .... Wander Costa

27. Administração Desportiva Moderna .... José M. Capinussú
28. Voando de Parapente .... Silvio Carlos Ambrosini

HISTÓRIA DO ESPORTE
E DAS ATIVIDADES FÍSICAS

Ronald Möller

IBRASA
LIVROS QUE CONSTROEM

IBRASA - Instituição Brasileira de Difusão Cultural Ltda.
São Paulo - SP

M739a MÖLLER, Ronald
História do Esporte e das Atividades Físicas : Ronald Möller
-- São Paulo : IBRASA, 2008
208p. Coleção Educação Física; 29

ISBN 978-85-348-0288-8

1. Educação Física 2. História 3. Esportes 4. Saúde
I. Título II. Série

CDU 796(091)

Índice para Catálogo Sistemático:

1. Exercícios Físicos 796
2. História 93/99
3. Saúde 6

Maria José Oliveira
Bibliotecária CRB 5641/8

Direitos desta edição reservados à

IBRASA
INSTITUIÇÃO BRASILEIRA DE DIFUSÃO CULTURAL LTDA.
Rua 13 de Maio, 446
Tel/Fax: (0xx11) 3284-8382
e-mail: ibrasa@ibrasa.com.br
home page: www.ibrasa.com.br

Capa:
Antonio Carlos Ventura

Editoração Eletrônica:
Alpha Design
www.alphadesign.com.br

Revisão:
Edna G. Luna
Tasso Augusto Campana dos Santos

Produção Editorial:
Tania Jorge

Publicado em 2010

IMPRESSO NO BRASIL - PRINTED IN BRAZIL

Sumário

Introdução

A história das atividades físicas e do esporte é talvez tão antiga quanto a da própria humanidade. De acordo com algumas teorias, as atividades físicas se originaram do instinto lúdico e da necessidade e ânsia de movimento e rendimento do ser humano. São estas as atividades naturais como correr, saltar, arremessar, escalar e etc., e que são encontradas em pinturas e desenhos muito antigos em vários lugares do mundo, alguns em cavernas, outros ao ar livre.

Para muitos estudiosos também existe a dúvida: será que não existiram outros tipos de jogos ou atividades que não foram reproduzidos por algum motivo e dos quais não teremos nunca uma ideia? Estes mesmos estudiosos já definiram que houve três motivos determinantes, na antiguidade, para que de certa forma se originassem as atividades físicas e o esporte. São eles a caça, a guerra e o culto. Recentemente foi definido mais um quarto motivo para a prática de atividades física: o entretenimento, a festa. Todo jogo entretém aquele(s) que o joga(m). Quando se joga para entreter outras pessoas, o jogo ganha uma importância maior, como podemos constatar com facilidade nos dias de hoje.

Educadores, pesquisadores e cientistas do esporte são unânimes em determinar que as atividades físicas suprem diversas necessidades humanas como as de recreação, de saúde, lúdicas e de movimento, atuando, em um sentido mais amplo, em três áreas:

- médico-biológica - exercícios físicos (esporte) como maneira de prevenção e de terapia em casos de doenças e/ou deficiências oriundas de falta de movimento,
- sociológica – devido à maior quantidade de tempo livre para lazer e descanso das horas de trabalho, assim como proporcionando um maior convívio de pessoas de diferentes classes sociais e faixas etárias em clubes e associações esportivas,
- pedagógica – por meio do processo ativo de vivenciar o corpo como mediador e suporte do físico/material para complemen-

tar o desenvolvimento espiritual/intelectual, procurando uma união harmônica entre ambos.

O esporte moderno se baseia em três princípios:

- A *performance*, o rendimento em competições, assim como a disposição individual de cada atleta nos treinos em superar-se e melhorar cada vez mais seu condicionamento e suas marcas,
- A vinculação às regras internacionalmente aceitas, e tendo como parâmetro e referência o recorde,
- A internacionalidade do esporte, que se mostra em campeonatos e competições mundiais, em que diferentes culturas se encontram reunidas sobre um denominador comum.

As atividades físicas e o esporte são hoje vistas como normais e corriqueiras e fazem parte da vida de quase todo ser humano, de uma forma ou de outra. A educação física é atualmente parte integrante de currículos escolares em todo o mundo, proporcionando a todas as crianças e jovens a chance de se exercitarem, e de conhecerem esportes e de adquirirem conhecimentos que podem ser úteis por toda uma vida. Porém, nem sempre, durante a história da humanidade, isto foi assim.

Durante muitos anos as atividades físicas foram consideradas, por muitas civilizações, como trabalho, e este era exclusivo de escravos, servos e serviçais, e mais recentemente de empregados. A elite quase não se dedicava ao trabalho físico. Quando executavam alguma atividade, era com o intuito de treinar artes para a guerra (corrida, natação, lutas com e sem armas, etc.) ou então para se apresentarem em jogos, torneios ou apresentações festivas. A maior parte da população tinha no trabalho físico o seu sustento, porém hoje sabemos que estas atividades quase nunca eram favoráveis à saúde das pessoas, pois as condições de trabalho e higiene eram péssimas, e doenças se alastravam com facilidade.

Este quadro começou a se transformar somente no século XX, quando os avanços da medicina, das condições sanitárias, da urbanização, dos movimentos trabalhistas e das reformas político-sociais iniciaram todas as mudanças que resultaram no quadro atual de nossas sociedades. Este ainda está longe de ser o ideal, mas as mudanças já trouxeram muitos benefícios para grande parte da população.

Este livro não tem como objetivo traçar por completo toda a história das atividades físicas, do esporte e dos esportes existentes. A ideia principal é mostrar alguns fatos e acontecimentos marcantes e importantes, e como estes tiveram alguma influência no desenvolvimento histórico das atividades físicas e do esporte.

A PRÉ-HISTÓRIA

DURANTE A PRÉ-HISTÓRIA, a principal preocupação dos seres humanos deve ter sido a sobrevivência: conseguir abrigo, proteção e alimentação para os próximos dias. O *Homo erectus* surgiu por volta de 1.500. 000 a.C. nos continentes africano, asiático e na Índia. Ele já utilizava alguns objetos como ferramentas simples. Durante um milhão de anos, ele vagou como nômade por todas as zonas tropicais do mundo antigo, chegando até a China. No final deste período, ele já havia aprendido a fazer fogo.

Por volta de 400. 000 a.C. o *Homo erectus* aparece na costa do mar Mediterrâneo. Foram encontrados os traços mais antigos de sua presença na região de Nice (França). Como o nome diz, o *Homo erectus* caminhava sempre na posição bípede, e não apenas por curtos espaços de tempo, como outros hominídeos.

A primeira atividade física ou esporte, foi a corrida. As crianças pequenas aprendiam a andar e correr ao mesmo tempo. Era uma questão de sobrevivência: correr atrás do alimento ou fugir para não ser alimento de alguém. Porém, o ser humano era uma espécie fraca, e a maior parte dos animais eram maiores, mais fortes e/ou mais ágeis. A compensação para o ser humano veio na forma de inteligência. Ele passou a criar ferramentas e instrumentos que o tornaram um caçador eficiente e um guerreiro temido.

O ser humano vivia em grupos. Um caçador necessita de uma área de aproximadamente 25 km² para sua sobrevivência, e se os grupos eram de cerca de 30 membros, uma área de 750 km² era necessária. A convivência em grupo era necessária. As crianças necessitavam de ajuda e cuidados por no mínimo 6 anos. Como as crianças necessitavam destes cuidados prolongados de suas mães, a caça tornou-se tarefa dos homens, que também contavam com a ajuda das mulheres para complementar as refeições com aquilo que podiam coletar como frutas e raízes.

O ser humano não era tão rápido como um felino, não conseguia saltar como um canguru, nem era forte como um urso, mas podia correr tão rapido quanto uma girafa ou camelo, por cerca de 30 km, andar cerca de 80 km diariamente e, entre uma caminhada ou corrida e outra, escalar montanhas, rochas ou árvores, além de nadar. Era capaz de carregar cargas pesadas por longas distâncias, — as presas que ele abatia, por exemplo. A posição bípede favoreceu-lhe uma visão tridimensional e acurada e, com as mãos livres, ele começou a fabricar instrumentos e armas. As armas podiam ser arremessadas e lançadas com mais força e precisão.

A corrida de resistência era muito importante, e bem cedo as crianças tinham que começar a "treinar", pois a expectativa de vida era curta, cerca de 20 anos somente. Poucos completavam 30 anos ou mais. Era muito importante aguentar uma corrida atrás de animais para depois abatê-los com uma arma. Essas corridas podiam se estender por vários quilometros e/ou por horas.

Também o ato de arremessar e lançar, que é inato ao ser humano, foi muito importante nesta época. Por meio de várias experiências e de ensaios, o ser humano começou a construir lanças grandes e pequenas, maças, fundas e, bem mais tarde, o arco e flecha. Constatou-se por meio de experimentos que quanto mais primitiva a arma, mais atlético tinha que ser o caçador. Alguns povos primitivos africanos ainda hoje sobrevivem porque seus caçadores são exímios no manejo e no arremesso de lanças, fundas e pedras com o objetivo de abater animais.

Por volta de 80.000 a.C. iniciou-se a Idade Glacial na Europa, acarretando o desaparecimento do *Homo erectus*. Em seu lugar surgiu o *Homo sapiens*. O *habitat* do *Homo sapiens* é a tundra. São regiões quase sem vegetação próximas às geleiras. A tundra cobria grande parte da Alemanha, da França e da Espanha, passando pela Rússia e chegando até a China. Durante a maior parte do ano, o solo encontrava-se congelado, e, mesmo no verão, as temperaturas não ultrapassavam os 10 graus centígrados. Por causa destas condições, a coleta de raízes e frutas era prejudicada, e a caça se tornou mais importante. Não só porque a carne servia de alimento como também para se obter peles, que serviam de vestuário. A ossada dos animais era usada na confecção de armas e ferramentas.

Nesta época o *Homo sapiens* ainda era nômade, mas ele já permanecia em um determinado acampamento por longos períodos de acordo com as estações. Ele comumente escolhia cavernas, grutas ou até ilhas para seus acampamentos, e já tinha que se preocupar não somente com os animais selvagens, mas também com outros grupos de *Homo sapiens*. Havia disputas por territórios.

Mas ele tambem aprendeu o valor de trabalhos em equipes. Para abater um mamute de oito toneladas, era necessário que dois grupos distintos se juntassem. Para encurralar uma manada de cavalos selvagens e fazê-los cair por um abismo, era necessário o trabalho em conjunto de vários grupos.

Quando estava em seu acampamento sem se preocupar com a caça ou defesa, o *Homo sapiens* começou a pensar e a imaginar. Ele pensava sobre a morte e construía altares. Após cerca de 60.000 anos de existência, surge uma nova raça.

Na Europa, por volta de 30.000 a.C., o Cro-Magnon começou a construir barcos e a pescar. A necessidade de alcançar uma margem distante para fugir de um inimigo ou para alcançar um novo território de caça deve ter sido o motivo que o guiou nesta empreitada. Para a locomoção na água, ele inventou e construiu remos. A vela só veio a ser criada bem mais tarde. Os africanos não conheceram a vela, mas eram ótimos remadores.

Em torno de 20.000 a.C., os seres humanos alcançaram e colonizaram o norte dos continentes europeu e asiático. O frio e a neve quase impossibilitavam a caça. Eles construiram sapatos especiais para andar na neve, com uma grande área que os impedia de afundar e proporcionavam mais sustentação. Ao longo dos milênios, estes evoluíram e se transformaram nos esquis de hoje.

Em torno de 4.000 a.C., já existem registros de atividade física praticada com fins militares, educacionais e lúdicos no antigo Egito. De início, os egípcios usam um arco pequeno e simples, não dando muita importância para ele. Após confrontos com inimigos de outras regiões, conheceram o arco longo e o adotaram, tornando-se mestres no manuseio desta arma. Existe um registro sobre o faraó Amenófis II dizendo que ele era um excelente atleta: remava extraordinariamente bem, era imbatível em tiro ao alvo com arco e flecha e era exímio cavaleiro.

Sabemos que, por volta de 3.400 a.C., os egípcios eram um povo muito alegre e que eles almejavam levar esta alegria de viver para a vida após a morte. Para isso, construíram enormes túmulos, alguns em forma de pirâmide, para onde levavam tudo aquilo que gostavam. Nas paredes destes túmulos encontramos vários desenhos, inclusive os de uma espécie de luta livre, com regras e técnicas especiais. Os soldados treinavam esta luta livre e organizavam competições, abertas ao público.

Apesar dos hieróglifos só terem sido decifrados no século XIX, os egípcios deixaram um grande número de desenhos em ornamentos, túmulos, murais e em casas. Estes desenhos nos mostram escravas que recebiam um rigoroso treinamento para dança, acrobacias e jogos, e elas se apresentavam sempre em ocasiões festivas. As escravas que se destacavam conseguiam, às vezes, a liberdade ou eram vendidas para algum rico comerciante. Os desenhos também mostram jogos com bolas, grandes e pequenas, mas exclusivamente jogado por mulheres, ao passo que apenas meninos usavam as bolas para brincar.

Os egípcios usaram barcos e canoas apenas para navegar sobre o Nilo, que era a principal rota para as navegações comerciais. Porém, na época, nunca se aventuraram a navegar pelo Meditarrâneo ou Mar Vermelho. Os desenhos nos mostram os barcos equipados com velas e remos. Os barcos eram feitos de junco, uma vez que a madeira era escassa.

Datas e Acontecimentos

- 400.000 a.C. – O *Homo erectus* chega à Europa. Lanças, fundas e pedras são usadas como armas para a caça.
- 300.000 a.C. – O *Homo sapiens* surge e toma o lugar do *Homo erectus*.
- 80.000 a.C. – Surge o homem de Neandertal com ritos e cultos de morte.
- 30.000 a.C. – Surge o homem de Cro-Magnon, que constrói barcos e pesca.
- 20.000 a.C. – Os humanos colonizam o norte dos continentes europeu e asiático.
- 10.000 a. C – Arco e flecha são construídos e cachorros são domesticados.
- 9.000 a.C. – Presume-se a construção da primeira cidade, Jericó.
- 8.000 a.C. – Objetos cerâmicos feitos no Japão, domesticação de ovelhas na Pérsia e plantação de cereais no Oriente.
- Por volta de 4.000 a.C. – Cerca de 20 milhões de pessoas vivem na Terra, e registra-se as primeira culturas antigas: os sumérios entre os rios Tigre e Eufrates e povos na Índia. Outras culturas antigas na China (Ásia) e Europa desenvolvem jogos de corrida, tiro com arco e flecha e lança, danças, lutas e técnicas de massagem.
- Por volta de 3.400 a.C. – Primeiras dinastias egípcias. Registros de lutas, jogos com bolas e danças.
- Por volta de 3.200 a.C. – Registros de um nado no estilo "cachorrinho". Os nobres têm aulas de natação e de outras atividades físicas.

DE 3000 A. C. A 2001 A. C.

POR VOLTA DE 3000 A.C., os sumérios já haviam desenvolvido uma avançada tecnologia de irrigação na Mesopotâmia, usando rodas hidráulicas de uma forma bem simples. A partir desta experiência, devem ter imaginado que a roda também poderia ser útil em terra firme. Estas rodas primitivas foram encontradas em Susa e Kish, em carroças primitivas, inicialmente com dois eixos. Mais tarde, também foram construídas carroças e carruagens com apenas um eixo, e estas se mostraram muito mais aptas para a caça e para a guerra, pois eram mais leves, ágeis e fáceis de manobrar. Logo foram criadas carruagens mais estáveis e leves e começaram as corridas com dois, quatro ou mais cavalos selvagens. Foram também desenvolvidos sistemas de treinamento para os cavalos.

Antigos hieróglifos egípcios nos mostram o quão popular era a natação, nesta mesma época, inicialmente não um esporte, mas sim uma necessidade. A princípio, utilizavam o estilo "cachorrinho".

Por volta de 2.500 a.C., os cavalos domesticados eram amplamente usados como animais de carga, de corrida e até de sacrifício. Mais de 500 anos depois, os asiáticos os levaram até a Mesopotâmia. Estes cavalos domesticados e treinados se mostraram muito mais adequados para o uso em corridas e em guerras, deixando os cavalos selvagens apenas para o trabalho no campo. Existiam sistemas de treinamento para os cavalos tanto para as corridas como para a guerra. Os hititas possuíam um plano de treinamento de 169 dias para os cavalos, indicando quantas voltas na pista eles deviam dar, a que velocidade, em que horários, quando podiam comer e beber e tomar banho.

Da Mesopotâmia também se origina a provavelmente mais antiga escultura de cobre representando lutadores em ação, com a curiosidade de que ambos os lutadores carregam em cima de suas cabeças grandes jarros. Seria isto a indicação ritual da luta ou a escultura servia apenas de pote de maquiagem para as mulheres? Os lutadores estão usando cintos e ambos se seguram pelos mesmos, tentando levar o adversário à queda. Os estudiosos admitem que se trata da luta entre Gilgamesh e Enkidu, figuras mitológicas dos sumérios.

Pouco sabemos sobre as atividades físicas e os esportes praticados pelos assírios por volta de 2400 a.C. Os soldados recebiam rigoroso treinamento em lutas, uso de armas e direção de carruagens. O rei Tiglatpileser era tido como símbolo e exemplo de coragem e força. Relatos contam que ele era um exímio soldado e um excelente caçador.

Datas e Acontecimentos

- Por volta de 3000 a.C. – União entre os reinos egípcios pelo rei Narmer (Primeira Dinastia). Hieróglifos mostram a importância da natação. A cidade de Ur na Mesopotâmia é o centro da civilização suméria. Construção de carruagens e carroças.
- Por volta de 2900 a.C. – Epopeia de Gilgamesh, herói sumério de grande força e muitas habilidades.
- Por volta de 2600 a.C. – Murais do túmulo de Bani Hasan contendo desenhos e pinturas retratando cenas de caça, jogos com bolas, acrobacias, danças, lutas e corridas. Da mesma época foram encontrados na China registros de um jogo parecido com o futebol usado para o treino de soldados, arco e flecha para o treino de meditação; lutas e combates de espadas.
- Por volta de 2500 a.C. – Suposta criação do xadrez pela esposa do rei Ravana do Ceilão.
- Por volta de 2300 a.C. – Povos indo-europeus, famosos pela arte de treinar e montar cavalos, invadem a Anatólia.

De 2000 a.C. a 1001 a.C.

Por volta de 2000 a.C., os chineses já jogavam um jogo parecido com o futebol, principalmente os soldados. O jogo fora criado pelo imperador Huang Ti para que seus soldados aprendessem disciplina, trabalho em equipe e agilidade. Por isso, as regras foram escritas e compiladas por um general. O jogo se chamava "tsuchu". A bola era de couro recheado com penas e pêlos de animais e na hora do jogo era demarcado um campo.

Pela mesma época, existia o costume de se presentear um menino recém-nascido com um arco e seis flechas, que eram colocados no lado esquerdo do portão de entrada da casa. Quando jovem, o menino deveria atirar quatro flechas em direção aos quatro pontos cardeais, uma para cima e outra para baixo, simbolizando assim ser um filho do "Reino do Meio" e um bom arqueiro. Para os chineses, a arte de atirar com o arco era nobre. O filósofo Confúcio, ele próprio um ótimo arqueiro, conta que esta é uma das seis artes nobres, ao lado de boas maneiras, música, dirigir carruagens, escrever e fazer contas. O manejo de arco e flecha era parte integrante do currículo escolar.

Também por 2000 a.C., encontramos um jogo parecido com o futebol no Japão, que, de acordo com a lenda, foi trazido, por espíritos, da China. O jogo era chamado de "kemari" e tinha caráter religioso, sendo jogado somente dentro de templos. Inicialmente jogado apenas pelos nobres, passou a ser jogado mais tarde também pelos ministros. Ao lado da poesia, jogar kemari era considerado civilizado e culto. O objetivo do jogo era manter uma bola de couro pelo maior tempo possível no ar, através de chutes, e não havia equipes, pois todos os jogadores estavam colocados em uma grande roda.

Nesta mesma época, os chineses tambem já sabiam das outras vantagens e benefícios da atividade física. Quando períodos de guerra não exigiam treinamentos específicos, os chineses praticavam ginástica com fins terapêuticos. Mais uma vez, o imperador Huang Ti é considerado como o criador destes exercícios. Um milênio mais tarde, o monge hindu budista Bodhidharma, conhecido como Ta-Mo na China e abade no templo de Shaolin, sistematizou todos estes exercícios, chamando-o de "kung fu". Os sacerdotes do Tao utilizavam o kung fu para desenvolver não só a saúde física mas também a imortalidade da alma. Esta luta não tem nenhuma relação com o boxe e com as lutas praticadas comumente. Uma das sequências é denominada de "Tai chi", usada para a cura e profilaxia de doenças.

Por volta de 2000 a.C., encontramos uma cultura altamente desenvolvida na ilha de Creta, que celebrava suas festas religiosas com jogos e competições (boxe, lutas e corridas de carruagens), danças e uma tourada. Esta tourada era provavelmente uma festa da primavera e acontecia no pátio do palácio de Knossos. Havia a participação ativa das mulheres, porque a sociedade minóico-cretense era matriarcal. As atividades esportivas eram privilégio da aristocracia, nas quais o corpo e sua *performance* eram muito importantes.

Por volta de 1600 a.C., os grandes palácios de Creta não eram fortificados, pois a esquadra dominava os mares e os inimigos eram escassos. Remar e velejar, correr e saltar eram atividades físicas corriqueiras, assim como alguns tipos de lutas. Estas eram geralmente executadas nos pátios dos palácios, que serviam de arenas esportivas. O boxe era praticado com luvas que amorteciam o impacto dos golpes. As lutas eram uma mistura de boxe e luta livre.

Existem registros de que as danças eram comuns e amplamente difundidas em Creta. Os gregos consideravam Creta como o berço das danças. Estas serviam não somente para abrilhantar as festas mas também como um caminho para a experiência religiosa. As mulheres já não tinham mais grande participação nas atividades atléticas.

Por volta de 1100 a.C., o jogo de pólo é levado pelos persas para o Tibet e de lá se espalha pelo resto da Ásia. Nesta mesma época, encontramos na China um jogo semelhante ao golfe chamado "lung-wan" e mais tarde "ch'ui-wan", que quer dizer "bater uma bola com um pau". Por cerca de 700 anos, o jogo foi muito apreciado, mas caiu subitamente no esquecimento e só foi relembrado no ano de 1023 a.C. Era jogado em um grande campo com vários buracos. Havia vários tipos de tacos, um para cada tipo de jogada, assim como um código de penalidades. O jogo foi provavelmente introduzido primeiramente no exército e depois passou a ser jogado pelo povo.

Por esta época, os povos primitivos do Japão já praticavam como esporte popular uma espécie de luta. A primeira corporação de sumô foi criada em 658 a.C. e é considerado um registro histórico muito importante. Os torneios de sumô aconteciam em palácios e templos e os espectadores tinham que pagar ingresso para assistir. Lutava-se dentro de um círculo de 3,60 m de diâmetro. Existia um repertório de 64 pegadas, mas muito mais importante era o impacto que um lutador causava no oponente com seu tamanho e peso descomunais. O objetivo da luta era deslocar o oponente para fora do círculo

Também nesta época, diferentes formas de lutas vieram da Coreia para o Japão. Conta a lenda que, 400 anos mais tarde, um médico de Nagasaki observou como os galhos se curvavam ao peso da neve, cedendo ao seu peso e voltando à posição inicial sem se quebrarem, o que não acontecia com galhos maiores e troncos, que quebravam. A partir desta observação, ele desenvolveu uma luta que tinha como princípio básico o ceder. Os japoneses a nomearam jiu-jitsu. Esta, porém, caiu no esquecimento e, somente no século XVIII, Jigoro Kano rearrumou os preceitos e golpes e lhe deu o nome de Judô.

Datas e Acontecimentos

- Por volta de 2000 a.C. – Desenhos e pinturas de lutas e levantamentos de peso em túmulos em Bani Hasan (Egito).
- A partir de 2000 a.C. – Os arianos invadem a Índia. São exímios cavaleiros, nadadores, arqueiros e lutadores com e sem armas, inclusive as mulheres.
- Em 1950 a.C. – A Grécia é invadida por povos indo-germânicos, que trazem cavalos e festas religiosas com jogos.
- Por volta de 1700 a.C. – Construção do santuário de Stonehenge (Inglaterra). Nas proximidades supõe-se a existência de uma pista de corridas para cavalos.
- Por volta de 1580 a.C. – Primeiras competições em Olímpia de acordo com inscrições em um antigo disco.
- Por volta de 1500 a.C. – Primeiras civilizações no centro do México. Exercícios com armas e um jogo de bola (tlachtli). Os olmecas fabricam bolas de borracha.
- A partir de 1400 a.C. – No 'Dahnur-Veda' (em sanscrito: o livro das armas), minuciosa descrição de exercícios militares em conjunto com corridas, saltos e nados.
- Por volta de 1300 a.C. – Os judeus ocupam terras na Palestina e a Bíblia menciona o uso de fundas, de arco e flechas, de corridas e de natação.
- Por volta de 1200 a.C. – Entre os rios Arno e Tiber (Itália) desenvolve-se a civilização dos etruscos com jogos religiosos.

- Em 1001 a.C. – Criação da peteca na China, que é jogada com os pés e tendo como objetivo mantê-la no ar pelo maior tempo possível.

FATOS

- Na virada do terceiro para o segundo milênio antes de Cristo, povos indo-germânicos migram para a parte oeste do Mediterrâneo, misturando-se com a população local, dando origem aos povos gregos.
- A partir de 1600 a.C., desenvolveu-se no Mar Egeu uma civilização com seu centro cultural em Micenas (Peloponeso) que é grandemente influenciada pela cultura da ilha de Creta.
- A forma de governo é artistocrática e os nobres detêm o poder e o saber. O ideal é o herói e a atitude é sempre agonística.
- O esporte é privilégio da nobreza, que dá grande valor ao rendimento e à *performance* física, sendo sempre orientado para a competição. As atividades são derivadas da guerra e da caça. Com a influência da cultura de Creta, mesclam-se elementos musicais e estéticos na educação física de Micenas, possibilitando às mulheres uma maior participação.
- Olímpia já é um local sagrado onde acontecem cultos e festas religiosas e também competições esportivas que demonstram a importância do rendimento físico, sempre com um caráter ritual.

De 1000 a.C. a 501 a.C.

Por volta de 800 a.C., povos indo-germânicos vindos da Ásia Central trouxeram cultos religiosos e fúnebres aliados a jogos e competições para a Grécia. Existem indícios de que os gregos já possuíam havia muito tempo jogos e competições ligados a cultos, mas foram esquecidos e só devido a guerras constantes é que eles são relembrados.

O rei Iphitos de Elis decidiu reviver estes jogos em Olímpia e fechou um acordo com o rei Licurgos de Esparta. Olímpia se tornou um lugar sagrado e não poderia ser atacada. Este pacto foi gravado em um disco de metal, que 900 anos mais tarde ainda seria visto por Pausânias em um templo. Os sacerdotes de Elis começaram então a registrar, a partir de 776 a.C. ,os resultados dos Jogos Olímpicos.

Os Jogos em Olímpia aconteceram sempre durante a época mais quente do ano, fato este muito criticado tanto por atletas como pelo povo em geral. Com a primeira ou segunda lua cheia após o solstício, tinha início o mês sagrado, o que acontecia sempre no mês de agosto. Dez meses antes, tinham início os treinos, que eram realizados em Elis, a 57 km de Olímpia. Para competir, era necessário ser homem livre e grego, ter cumprido seus deveres civis e militares, entre outras exigências. Vinham atletas de todas as cidades gregas e mais tarde também das províncias do Mar Mediterrâneo, da Turquia, da África e da Ásia.

O treino era supervisionado por juízes, os 'helanodices', que também atuavam nas competições oficiais. Todos os atletas se hospedavam em alojamentos comuns e recebiam a mesma comida nas refeições. A condição para um atleta estar inscrito na competição era chegar, para os treinos, no mínimo 30 dias antes da competição começar. Os treinos se iniciavam antes da alvorada e eram muito extenuantes. As instalações para os treinos eram compostas de uma pista de corridas com duas raias, um ginásio para os lutadores, um ginásio para os pugilistas e um ginásio para os jovens. Os juízes também tinham um alojamento, onde liam e estudavam as regras. Para descanso e recuperação, existiam salas de banho e massagens. Havia também alguns templos onde os atletas podiam orar e meditar e também um teatro.

Em todas as cidades gregas existiam jogos que eram celebrados periodicamente. Os mais importantes eram, além dos Olímpicos:

- os Jogos Píticos, realizados em Delfos de quatro em quatro anos em honra de Apolo.
- os Jogos Ístmicos, realizados em Corinto de dois em dois anos em razão de um jogo fúnebre instituído pelo rei Sísifos.
- os Jogos Nemeus, realizados na Nemeia de dois em dois anos.

Os primeiros jogos Olímpicos a serem registrados, em 776 a.C., consistiam apenas de uma prova, uma corrida simples chamada de estádio (de 192,27 m).Com o passar dos anos, várias outras provas foram sendo incluídas, tais como o diaulos (duplo estádio), o dólicos (corrida de longa distância = 4608 m), a luta, o pentatlo (estádio, lançamento de disco e dardo, salto em distância e luta). Mais tarde, ainda entraram o pugilato e as corridas de bigas e o pancrácio, uma espécie de luta livre muito violenta. Posteriormente também havia concursos juvenis e artísticos e a temida corrida armada (hoplitodromos). Nunca eram realizadas mais de 14 competições.

Quando já eram disputadas várias provas, o programa se organizava mais ou menos da seguinte forma: No 1º dia havia a abertura, o juramento dos atletas, juízes, familiares e treinadores e as competições juvenis (corridas, lutas e pugilato). No 2º dia aconteciam as provas hípicas (corridas de bigas e cavalos) e o pentatlo dos homens. No 3º dia, a parte da manhã era dedicada ao culto e ao sacrifício de 100 touros a Zeus, e na parte da tarde eram realizadas as provas de corridas. No 4º dia realizavam-se as provas de lutas, o pugilato e o pancrácio e a corrida armada. No 5º dia eram realizadas as premiações e a festa de encerramento. Os vencedores recebiam um ramo de oliveira e em alguns casos eram esculpidos bustos ou estátuas de mármore e estas eram financiadas pela sua cidade natal. Eles também recebiam recompensas materiais em suas cidades, como isenção de impostos, alimentação gratuita, ânforas de óleo ou até ovelhas e outros animais.

A história dos Jogos Olímpicos da Antiguidade pode ser dividida em cinco partes:

1. A primeira parte engloba o período do século XV a.C. ao século VIII a.C. Aqui encontramos as origens dos Jogos envoltas em lendas e mitos. Olímpia é um dos locais mais antigos, onde eram

realizados jogos fúnebres e outras festas. Havia corridas, lutas, corridas de cavalo e de carruagens.

2. No período de 776 a 472 a.C., os Jogos adquirem, em relação às provas, o seu formato final.
3. O período de 472 a 400 a.C. é considerada a "Idade de Ouro" dos Jogos Olímpicos. A duração dos Jogos é fixada em cinco dias e, devido ao volume e diversidade de pessoas que ali se encontram, passam a ser considerados como uma festa pan-helênica. Nesta época, o escultor Fídias construiu a magnífica estátua de Zeus, hoje considerada uma das sete maravilhas do mundo antigo.
4. O próximo período, de mais de 700 anos, de 400 a.C. a 338 d.C., pode somente ser denominado de "época de prata". As várias guerras e conflitos entre as cidades gregas e a invasão pelos persas enfraquecem os gregos continentais de tal modo que estes são cada vez menos vitoriosos. Atletas das colônias africanas, italianas e asiáticas são coroados vitoriosos com mais frequência.
5. A partir de 338 d.C., não existe mais a independência política grega, que se torna inicialmente província da Macedônia e depois de Roma. Os Jogos perdem a conotação religiosa e nacionalista e agora atletas profissionais dominam as competições.

Desde o início da contagem dos Jogos Olímpicos em 776 a.C., foi proibida, sob pena de morte, a presença de mulheres na plateia. As mulheres tinham seus próprios jogos, as Hereias, que eram disputadas antes ou depois dos Jogos. A organização e condução eram feitas exclusivamente por mulheres e só havia provas de corrida. A vencedora recebia uma coroa de oliveira.

A prova do pentatlo, incluída a partir de 708 a.C., exigia dos atletas resistência, força e agilidade. Eram considerados os melhores e mais bonitos corpos atléticos. A competição começava com a prova de lançamento de disco. Os juízes selecionavam três discos de peso (4 a 5 kg) e tamanho (diâmetro de 17 a 32 cm) iguais. Cada atleta lançava três vezes e contava-se a maior distância (não havia medições). Depois passavam para o salto em distância, que era realizado sem corrida, e os atletas seguravam pesos (de 1,5 a 4,5 kg) nas mãos. A próxima prova era o lançamento do dardo, também realizado sem corrida, e o objetivo não era a maior distância possível e sim a precisão em acertar um escudo. Seguia-se a corrida de estádio e depois a luta, na qual era vencedor aquele que derrubasse o oponente três vezes.

Por volta de 708 a.C., a luta era um dos esportes mais populares e fazia parte da educação de todos os homens jovens. Esta luta provavelmente não tem nada em comum com a atual luta estilo greco-romano. Não existiam divisões por peso. Os lutadores combatiam nus e parados e aquele que caísse no chão perderia. Para os espartanos, as lutas se tornaram um problema, pois eles tinham fama de serem invencíveis e uma derrota e/ou uma desistência esportiva não era aceitável. As corridas e os lançamentos ainda eram tolerados. O pugilato e o pancrácio, porém, exigiam a derrota física ou a desistência de um dos combatentes e isto era impensável para um espartano. O pancrácio era particularmente violento, pois o combate continuava no chão e valia quase tudo. Golpes mortais propositais eram proibidos, mas em algumas ocasiões um dos lutadores morria e a penalidade não era muito severa. Os gregos gostavam deste esporte, pois os combatentes o faziam honrando os deuses.

Por volta de 600 a.C., os espartanos jogavam um jogo com bola denominado esfairomáquia. Considerava-se uma prova de virilidade participar deste jogo, algo que todo espartano tinha que fazer antes de completar 30 anos. O jogo era praticado num estádio e todo aquele que quebrava as regras era chicoteado.

Um dos mais famosos atletas da antiguidade foi o lutador Milon de Crotona, uma cidade no sul da Itália. A sua primeira vitória aconteceu em 540 a.C. na luta dos jovens. No período de 532 a 516 a.C., ele ainda se sagrou mais cinco vezes campeão em Olímpia e tinha vencido seis vezes os Jogos Píticos, dez vezes os Jogos Ístmicos e nove vezes os Jogos Nemeus.

Datas e Acontecimentos

- A partir de 1000 a.C. – Em todos os povos espalhados pelos continentes são encontradas as seguintes atividades: corridas, saltos, arremessos, natação, lutas, esgrima, equitação, danças e jogos com bolas. Em regiões próximas ao Pólo Norte encontram-se em uso os esquis.
- Por volta de 900 a.C. – Competições e corridas de cavalos na corte do rei Salomão.
- Por volta de 800 a.C. – Relevos assírios mostram nadadores nos estilos crawl e costas e com implementos.
- Em 632 a.C. – Na Irlanda acontecem os primeiros Jogos de Tailteann em homenagem à rainha de mesmo nome: corridas de carro e a cavalo, corridas e saltos em distância e altura, arremessos de pedra e dardo, lutas, jogos com bolas e natação.

- Por volta de 600 a.C. – Os etruscos constroem um campo para jogos e competições que mais tarde é transformado em estádio, e atualmente é a Piazza Navona em Roma.
- Em 594 a.C. – Uma vitória nos Jogos Olímpicos é premiada com 500 dracmas, valor que foi posteriormente aumentado pois o custo de vida em Atenas era alto (um escravo custava 300 dracmas).
- Por volta de 540 a.C. – O príncipe Siddharta Gautama Buddha derrota, em uma competição pela mão de uma princesa, todos os seus concorrentes nas provas de conhecimentos, lutas, boxe, saltos e natação.

Fatos

- A partir de 1000 a.C., acontece uma nova invasão de povos indo-germânicos na Grécia, culminando com o desaparecimento da cultura de Creta e Micenas, e com o surgimento de vários Estados autônomos.
- No século VIII a.C., são escritas as obras Ilíada e Odisséia por Homero, que tiveram grande influência no desenvolvimento da cultura grega.
- As principais características do homem desta época são beleza física e qualidades competitivas e guerreiras. As atividades esportivas agonísticas são as mais difundidas e praticadas.
- A partir do século VII a.C., a sociedade sofre transformações com a fundação de cidades: inicia-se a produção em massa, o comércio é intensificado e o dinheiro é mais usado. A aristocracia desaparece gradualmente, e surge uma classe média trabalhadora e rica com aspirações políticas.
- O ideal físico é questionado e as artes mentais passam a ser mais valorizadas (filosofias). Médicos descobrem os benefícios das atividades físicas sobre o corpo humano. O esporte agonístico perde influência e prestígio.

DE 500 A.C. A 1 A.C.

POR VOLTA DE 500 A.C., a luta de boxe já era um dos rituais mais antigos dos etruscos, sendo praticada com pesos nas mãos dos combatentes. Anos mais tarde, encontramos esta mesma luta sendo executada por gladiadores, nas arenas em Roma. Os etruscos davam grande valor a festas e competições esportivas. Seus túmulos estão cheios de desenhos da vida cotidiana e de jogos e competições. Estas festas esportivas aconteciam no meio da cidade em um grande campo de forma retangular, e nas laterais existiam arquibancadas com toldos. As premiações eram materiais, tais como uma espada, um escudo, tecidos valiosos ou jarros contendo óleo. Nos intervalos entre uma prova e outra, aconteciam exibições de acrobacia, danças, música e equilibrismo.

Por volta de 174 a.C., foram realizados na Grécia, sob domínio romano, os primeiros jogos com gladiadores e 400 anos mais tarde já existiam associações de atletas profissionais em Roma.

Os primeiros encontros dos romanos com os povos germânicos, a partir de 113 a.C., foram arrasadores. Em um período de oito anos, cinco exércitos romanos foram dizimados. Exércitos estes que tinham uma longa tradição militar de combate, com soldados treinados em lutas, corridas, natação, etc. César ficou impressionado com a destreza dos combatentes germânicos a cavalo, com sua habilidade com a espada longa e precisão com as lanças. Eles também eram ótimos nadadores. As mulheres também participavam das batalhas.

Por volta de 100 a.C., os romanos jogavam o harpastum, jogo parecido com o *rugby* atual, inclusive com o mesmo objetivo de atravessar a linha de fundo do adversário, e que era usado pelos soldados para treinamento físico, sendo inclusive recomendado pelo famoso médico Galeno.

A partir de 27 a.C., não existia mais jogo ou competição com sentido religoso em Roma. Agora prevalecia apenas a festa para um grande público. Nesta época, existiam 65 feriados por ano em Roma. Frequentemente havia combates de mais ou menos mil gladiadores, em sua maioria prisioneiros de guerra, escravos e criminosos treinados em escolas do Estado e de particulares. Eles se dividiam em *Retiarii,* que usavam uma rede e um tridente, *Secutores,* que usavam um escudo e uma espada; *Laquaetores,* que usavam uma adaga e um laço; e *Dimachae,* equipados com espadas curtas. Alguns usavam capacetes. Havia casos em que se alistavam por livre e espontânea vontade, esperando serem vitoriosos na arena e assim conseguirem a liberdade. Muitos não aguentavam nem o período de três anos de treinamento, e quando chegavam até a arena dependiam quase sempre da graça dos espectadores. O imperador Marco Aurélio tentou conter um pouco a selvageria dos combates no Circo Máximo introduzindo armas que não cortassem ou furassem, mas o público não aceitou esta modificação: eles queriam ver sangue.

As lutas no Circo Máximo, e mais tarde no Coliseu, eram grandiosos espetáculos de violência e sangue. Homens lutavam contra homens, homens lutavam contra animais e animais lutavam contra animais. Ursos, elefantes, panteras e leões eram usados, e em muitos casos, esses animais se tornaram raros e às vezes até extintos em seus locais de origem. Os lutadores de boxe usavam faixas incrustadas com pedaços de ferro para infligir o maior dano possível no adversário. O custo destes espetáculos era enorme e vinha dos cofres públicos. Algumas personalidades, porém, não viam esses jogos com bons olhos e os criticava, especialmente o gasto desnecessário de dinheiro público. Entre elas estavam Juvenal, Tácitus, Plínio o Jovem e Cícero.

As corridas de carros eram muito apreciadas. Os ricos geralmente tinham os cavalos e os carros e contratavam corredores ou usavam escravos. As corridas eram geralmente de sete voltas. Havia torcidas organizadas e relatos de subornos e sabotagens, pois muito dinheiro era apostado.

Existia um jogo chamado trigon, que era jogado por jovens, mulheres e por velhos, geralmente dentro das termas, antes dos banhos ou da sauna. Era muito popular e havia até jogadores profissionais. Três jogadores se colocavam nas pontas de um campo triangular e jogavam a bola usando uma ou duas mãos, mas somente as palmas, não podendo se movimentar.

As termas eram locais muito importantes para os romanos, uma vez que as encontramos espalhadas por todo o Império. Não eram apenas locais para a higiene e o descanso, pois havia salas para estudos, para orações, bibliotecas e salas para ginástica. Os banhos podiam ser frios, mornos ou quentes. O custo da entrada era mantido baixo para possibilitar o acesso a um grande número de pessoas.

Datas e Acontecimentos

- Por volta de 500 a.C. – Na epopeia Ramayana sobre o herói Indu Rama, existe um plano educacional para reis e nobres para o treinamento em montaria de cavalos e elefantes, corrida de carros, arco e flecha, esgrima, lutas com lança e maça, lançamento de dardo e machado, jogos e danças.
- Em 496 a.C. – Cleomedes de Astipaleia vence, mas não é declarado vencedor do pugilato pois matara o oponente.
- Em 476 a.C. – O poeta Píndaro assiste pela primeira vez aos Jogos Olímpicos e em suas odes glorifica os atletas.
- Em 388 a.C. – Eupolos da Tessália é acusado de tentativa de suborno no pugilato e tem de pagar uma multa.
- Em 356 a.C. – Filipe II, rei da Macedônia, vence a corrida a cavalo nos Jogos Olímpicos.
- Por volta de 300 a.C. – É escrito um "livro da saúde" na China com indicações médicas e higiênicas.
- Em 186 a.C. – Os gregos participam de jogos e lutas em Roma, porém sua nudez choca os romanos.
- Em 80 a.C. – No decorrer dos 175os Jogos Olímpicos, apenas a corrida de estádio dos jovens é realizada. Todos os outros participantes são levados para Roma, onde as outras provas são realizadas.
- Em 12 a.C. – O rei Herodes I, o Grande, inicia em Cesárea (Palestina) competições e jogos ginásticos tendo como exemplo Olímpia.
- Em 4 a.C. – O futuro imperador romano Tibério vence uma prova de corrida de carros em Olímpia (quadriga).

Fatos

- O período clássico grego se deve à democratização das cidades, cabendo a Atenas uma certa liderança neste aspecto. Acontece uma maior ligação entre cidadão e Estado, é desenvolvida uma melhor formação (escolas) das pessoas, e normas e condutas aristocráticas e burguesas se misturam.
- O homem ideal da Grécia Clássica é inteligente, bonito, ético, hábil e capaz. Para isso é criado um sistema de ensino público e também uma educação física sistematizada (gymnastica), e são construídas instalações para estes propósitos (palestras, ginásios).
- Os Jogos Pan-Helênicos passam a ser mais valorizados, pois agora todo cidadão grego pode participar. Há o fortalecimento da crença no deus Zeus e há uma grande concorrência entre as cidades.

- A época helenística é marcada pela fundação de um Estado grego único com regência macedônia. As cidades-estados gregas perdem sua influência política. O império de Alexandre o Grande se expande.
- O ensino público tem grande importância e a educação física serve para o bem estar físico. Surgem os atletas profissionais e as corporações que os representam. Decadência dos grandes Jogos pois o povo demonstra mais interesse por corridas de carros, lutas e pancrácio. Os intelectuais criticam estas tendências.
- No século V a.C., o Império Romano começa a se expandir (primeiro a Itália, depois o leste do Mediterrâneo e em seguida o oeste.
- Todo cidadão romano recebe educação militar dentro da família. Os exercícios físicos (corridas, natação, lutas, esgrima, tiro com arco e flecha e lançamento de dardo) visam ao desenvolvimento de coragem, força e resistência e à habilidade de montar cavalos e lutar com armas. Os Jogos de caráter religioso dos gregos não foram adotados pelos romanos. Estes preferiam exibições (*ludi publici*, de influência etrusca) de corridas de cavalo e carros, lutas de atletas, de gladiadores e contra animais.

De 1 a 500

Por volta de 400, os índios norte-americanos, transmitiam suas lendas e mitos oralmente, nos quais estão contidos vários jogos, e por isso não existem desenhos nem textos explicando-os. Quando, um século mais tarde, os conquistadores europeus chegaram ao contintente americano, estes não se interessaram pelas diversas culturas indígenas, procurando somente riquezas minerais. Um francês descreveu que os índios praticavam a corrida, principalmente as de longa distância, treinavam com arco e flecha e jogavam um jogo com bola, cujo objetivo era acertar um objeto no alto de um poste.

Ainda nesta mesma época, os habitantes do altiplano mexicano também possuíam um jogo com bola que fazia parte de um ritual. Para os conquistadores espanhóis, o jogo se mostrou extremamente selvagem e assustador, pois o capitão da equipe derrotada tinha seu coração retirado do peito com uma faca, vivo. Esta era considerada uma grande honra, e também outros jogadores eram sacrificados. Essa forma ritual do jogo era somente praticada no campo sagrado de Tenochtitlán; em outros campos menores espalhados pelo continente isto não acontecia: os vencedores eram presenteados ou podiam "saquear" os espectadores. Para os estudiosos, esta forma de jogo se desenvolveu durante centenas de anos.

Ainda por volta de 400, os índios norte-americanos da tribo Choctaw também possuíam um jogo ritual. Somente os homens poderiam participar e deveriam realizar um treino de três semanas. As regras eram duras e quem as quebrasse poderia ser punido até com a morte; existia uma dieta especial e sete dias antes e depois do jogo nenhuma mulher poderia ser tocada. Na noite anterior ao jogo, todos os participantes se dirigiam ao campo e dançavam até de madrugada. Cada jogador segurava um tipo de raquete em cada mão e só com estas é que a bola poderia ser tocada. Toda vez que um time conseguia jogar a bola pelo gol adversário, que era constituído por dois postes de 5 m de altura, marcava um ponto. Ganharia o time que atingisse 100 pontos, e com isso as partidas duravam um dia inteiro.

Datas e Acontecimentos

- Em 17 – Caio Julio Cesar Germânico, filho adotivo do imperador romano Tibério, vence a prova de corrida de carros em Olímpia.
- Em 40 – O imperador romano Calígula luta pessoalmente nos combates de gladiadores em Roma. Ele dá a seu cavalo o título de cônsul.
- Em 67 – O imperador Nero é coroado vencedor em Olímpia na corrida de carros.
- Por volta de 80 – O poeta romano Martial descreve uma natação com figuras realizada por jovens mulheres num anfiteatro.
- Em 80 – O imperador Tito inaugura o Coliseu em Roma com capacidade para 80.000 espectadores.
- Em 169 – O médico grego Galeno chega em Roma. Ele diferencia a ginástica como uma parte da medicina.
- Em 216 – Finalizadas as termas de Caracalla em Roma: nas paredes, mosaicos de lutadores e boxeadores.
- Em 272 – O pólo atinge grande popularidade na Pérsia, e as equipes têm mais de cem atletas.
- Em 280 – Sob o domínio do imperador chinês Wu-Ti, as lutas e o levantamento de peso são populares e prestigiadas. O tae kwon do é criado como exercício militar na Coreia.
- Em 325 – O imperador romano Constantino I proíbe jogos com gladiadores em Constantinopla.
- Em 380 – Devido à grande influência do cristianismo, a civilização romano-helênica se torna menos brutal e cruel. Nesta data, o cristianismo se torna religião oficial em Roma.
- Em 393 – O imperador Teodósio I, o Grande, proíbe a realização de Jogos Olímpicos.
- Por volta de 400 – O chinês Fu Hsien relata as seguintes atividades nas cortes dos soberanos hindus: esgrima, equitação, torneios com lanças e espadas, lançamento de lanças de cavalos e danças.
- Em 404 – O imperador romano Flávio Honório proíbe duelos de gladiadores e fecha todas as escolas de gladiadores.
- Em 426 – O imperador bizantino Teodósio II constrói perto de seu palácio em Constantinopla um grande campo para pólo.

Fatos

- No século II, devido à influência de filósofos helenísticos, desenvolveu-se uma orientação contra a valorização do corpo.

- A partir do século III, o império romano-helenístico é cada vez mais influenciado pelo cristianismo, que em princípio não é contra o desenvolvimento do corpo físico.
- Os Jogos públicos e os atletas profissionais e suas exibições perdem prestígio e interesse. O imperador Teodósio proíbe os Jogos Olímpicos. Atividades físicas e ginástica com finalidade salutar também começam a ser criticadas e malvistas pelos professores católicos, principalmente pelos monges.

DE 501 A 1000

POR VOLTA DE 500, a luta de boxe era muito popular em toda a Oceânia. No Taiti era praticado pelas classes mais inferiores, mas no Havaí e em Tonga tinham grande prestígio, e as classes mais altas também o praticavam. Os punhos eram envoltos com fibras das palmeiras e até as mulheres participavam. A luta era sempre decidida por nocaute. As lutas podiam ser interrompidas por outro combatente, que desafiava um dos lutadores. O outro tinha que se afastar, porém logo encontrava outro oponente.

Nesta mesma época, também existia uma outra forma de competição aquática que envolvia mergulho. Dois postes eram fincados a três metros de profundidade no chão, distantes cerca de 70 metros um do outro. Um homem segurava uma pesada pedra nas mãos, mergulhava ao lado de um poste e tentava andar submerso até o outro poste. Mesmo em águas tão claras e limpas, era difícil ver o outro poste.

Por volta de 650, encontravam-se na Oceânia povos com grande experiência no manejo e na construção de barcos, utilizando apenas pedras, conchas, dentes de tubarão e fibras vegetais. Eles não conheciam o compasso, mas determinavam suas rotas de acordo com as estrelas e até fabricavam cartas de navegação. Suas viagens marítimas se estendiam por até mil milhas náuticas.

A partir de 900, os havaianos construíam pranchas de dois a quatro metros e desciam deslizando os gramados das costas das montanhas e morros. A prancha era banhada com óleo e eles nadavam até a arrrebentação, onde tentavam voltar à margem descendo as ondas, alguns deitados, outros de pé.

DATAS E ACONTECIMENTOS

- Em 516 – Ta-Mo o abade do templo Shaolin, organiza os vários movimentos do kung fu.
- Em 549 – Totila, o rei dos ostrogodos, conquista Roma, demonstra suas habilidades equestres e promove lutas e torneios.

- Em 560 – Corridas de cavalo e competições em Thing in Feis-Temrach, perto de Dublin. Joga-se hurley na Irlanda, similar ao hóquei. Na Escócia é conhecido como shinty e na Inglaterra, como rappan.
- Em 563 – O imperador romano Justiniano I renova a proibição dos Jogos Olímpicos.
- Por volta de 575 – Algumas lutas chinesas chegam ao Japão.
- Por volta de 610 – O profeta Maomé exige a formação dos homens muçulmanos com escrita, leitura, equitação, natação, esgrima e arco e flecha.
- A partir de 620 – Época de ouro do pólo na China, o qual também é jogado por mulheres e meninas; um jogo parecido com o hóquei serve de preparação.
- Em 633 – Provavelmente a primeira escalada até o topo do Monte Fugiama (Japão) por Enno Sokaku.
- Por volta de 690 – Os jogos romanos de corridas de carros e cavalos e lutas de gladiadores são terminados e proibidos definitivamente.
- Em 691 – A imperatriz chinesa Wu Tse-tien, excelente arqueira, avalia pretendentes a cargos públicos com provas de equitação, luta com naginata (lança), lutas e pólo.
- A partir de 800 – Na Islândia é escrita a saga *'Edda'* em que exercícios físicos e habilidades com armas são enfatizados, entre outras, natação, lançamento de dardo e faca, corridas, malabarismos, lutas, equitação, patinação no gelo e o uso de esqui.
- A partir de 874 – O imperador chinês Hsi Tsung determina que bons jogadores de pólo podem alcançar altas posições no serviço público. As regras do futebol são descritas em uma enciclopédia.
- Em 875 – O médico árabe Abu Quasim ben Firnas constrói um aparelho planador e morre ao experimentá-lo.
- Por volta de 950 – Na França, são desenvolvidas as regras para os torneios dos cavaleiros.

FATOS

- Nesta época, o império romano-helenístico se transforma em um mundo cristão. Fatos importantes são: o Estado e a Igreja formam uma unidade sob o controle de um imperador; divisão da sociedade entre uma aristocracia latifundiária, livre e governadora e pessoas sem posses e presas por trabalho e obrigações à aristocracia; a Igreja é detentora do saber e prega uma visão teocrática.
- Os povos germânicos contribuem para a formação do esporte na Idade Média, mesmo que seja de início mais orientado para a formação

militar. São atividades de corridas, saltos, natação, arco e flecha, lutas, equitação, esgrima, remo, patinação no gelo e esqui.

- As atividades competitivas e a caça são manifestações características da aristocracia. Na população mais rural e trabalhadora desenvolveram-se formas simples de jogos, competições e danças.
- A educação física não era mais ensinada em escolas, pois isto não estava de acordo com as ideias da Igreja.

De 1001 a 1500

Por volta de 1000, o jogo de xadrez chegou à Europa por meio das colonizações árabes do norte da África e da Espanha e logo se tornou muito popular. O rei Alfonso X compilou um livro com as regra e táticas e contou a sua origem: no século VII, usava-se na Índia a palavra em sânscrito "chaturanga" para as quatro categorias de armas de um exército — elefantes de combate, carros de combate, cavalaria e soldados a pé. Esta divisão serviu de modelo para um jogo, supostamente criado por uma rainha do Ceilão.

Também os Vikings devem ter conhecido o xadrez durante suas viagens comerciais passando pela Suécia e Rússia e chegando até a Pérsia. O mesmo passou a ser conhecido de acordo com a denominação persa para o fim do jogo: "sha-mat" (o xá está desamparado, indefeso). Na Europa, os elefantes não eram muito conhecidos e após algumas modificações foram transformados em bispos. Os cavaleiros continuaram e os soldados se transformaram em peões. A torre é um mistério, pois o original persa "rokh" está mais para um cavaleiro ensandecido, mas de alguma forma optou-se por esta figura.

A partir de 1000, todo homem com mais de 21 anos podia ser condecorado cavaleiro, um posto que fazia parte da nova sociedade. Agora existiam duas classes de pessoas: os guerreiros e os camponeses que trabalhavam no campo cuidando da lavoura e do gado. Mais tarde, somente poderia se tornar cavaleiro aquele que pudesse comprovar que quatro ancestrais seus foram cavaleiros e com isso iniciou-se a divisão entre nobres e plebeus.

Em 1127, a palavra "torneio" é mencionada pela primeira vez em língua alemã, mas já em 1066 as regras e normas foram descritas na França e se basearam nos "ludi gallici". A França foi precursora e maior propagadora dos torneios, que se desenvolveram nas maiores festas esportivas da Idade Média. Existiam dois tipos de competições: em uma, um grupo "lutava" contra o outro em um campo delimitado, chamado de "bohordiacum". Os combatentes iam a pé ou à cavalo. Quando um cavaleiro derrubava outro, ele também tinha que descer da sua montaria e continuar a pé; as armas não tinham pontas e eram cegas. Os combates sempre duravam o dia inteiro, estendendo-se pela noite. A outra competição era a justa ou "iusta pugna", que era um combate de dois oponentes montados a cavalo e com grandes lanças. Eles galopavam um em direção ao outro e tentavam derrubar o adversário com a lança. No início, a lança tinha uma ponta rombuda, mas assim mesmo um dos oponentes sempre se machucava, mesmo estando ambos protegidos por armaduras, pois mirava-se no peito ou na cabeça. Posteriormente, adotou-se uma ponta nas lanças, e isso tornou o combate mortal. Em 1251, durante um torneio na cidade alemã de Neuss, 60 cavaleiros perderam suas vidas, mortos pelas lanças adversárias. A Igreja condenou estas mortes, e não mais concedia aos cavaleiros mortos os últimos sacramentos e o enterro cristão.

Em torno de 1214, encontramos o jogo de pólo bastante difundido em todo o Oriente Médio e a Ásia. Toda a nobreza participava dos jogos, inclusive os reis e imperadores, e encontramos vários registros de acidentes e mortes devido à brutalidade do jogo. Reis e nobres participavam com vigor e entusiasmo e não recebiam tratamento especial. Muitos deles se machucavam e às vezes até sofriam acidentes fatais.

Por volta de 1240, era muito popular a arte de caçar com águias amestradas. O falconismo era um esporte de reis e nobres. O imperador alemão Frederico II escreveu o livro *De arte venandi cum avibus* (Sobre a arte de caçar com aves). De acordo com sua opinião, pode-se, com o falconismo, perceber melhor os segredos da natureza. Ele conta que o falconismo foi aperfeiçoado no Oriente e que nas planícies da Ásia Central todo homem tinha a sua ave.

Por volta de 1350, os chineses já conheciam a pólvora e a usavam para a fabricação de fogos de artifício e não para canhões. Criaram também um aparato voador mas não o usaram. Nos céus eles empinavam grandes pipas coloridas.

Em 1314, um jogo similar ao futebol era muito popular, mas também causador de muita desordem e confusão na Inglaterra, a ponto de alguns prefeitos terem de baixar um decreto proibindo o jogo nas cidades. Os comerciantes eram obrigados a fechar as lojas para evitar depredações e saques, e os moradores tinham que se trancar em casa, muitas vezes protegendo portas e janelas.

Em 1336, o poeta italiano Francesco Petrarca escalou sozinho o Monte Ventoux em Vaucluse no sul da França e é considerado por muitos o precursor do alpinismo. Ele descreveu sua jornada em um texto.

Em 1453, o sultão Mohamed II construiu um grande campo de provas para o tiro com arco e flecha, onde foram realizadas com regularidade competições de tiro, nas quais qualquer homem podia participar, fosse nobre ou plebeu. Muitos destes campos de tiro foram construídos durante a fase de expansão do Império Otomano, pois o tiro com arco e flecha, além de esporte muito popular, era um importante exercício militar. Não só se atirava em alvos mas também em distância. O recorde pertencia ao sultão Murad IV (1623-1640), que supostamente atirou uma flecha a mais de 700 metros.

Em 1495, o ideal do cavaleiro já não existia mais e os torneios perderam muito de seu prestígio e valor. O rei alemão Maximilian I, chamado de "o último cavaleiro", tenta promover um renascimento dos torneios e preconiza sete atribuições necessárias para um cavaleiro: 1ª – saber andar a cavalo, montar e desmontar com rapidez, trotar e galopar, manobrar o cavalo em alta velocidade e apanhar algo do chão de cima do cavalo; 2ª – saber nadar e mergulhar; 3ª – saber atirar com o arco e com a besta; 4ª – saber escalar e subir em escadas, postes e cordas; 5ª – saber participar de torneios e justas; 6ª – saber lutar, esgrimar e saltar; e 7ª – ter boas maneiras à mesa, saber dançar e jogar alguns jogos. Porém, nesta época até mesmo plebeus se juntavam em grupos tentando imitar os modos dos cavaleiros e combatiam com eles nos torneios. Os cavaleiros perceberam que os torneios podiam ser um boa forma de ganhar dinheiro e, assim, viajavam de cidade em cidade procurando os torneios em que poderiam ganhar bons prêmios. A decadência deste processo culminou na criação do carrosel, que era então usado nas festas e que encontramos hoje nos parques de diversões.

Nesta mesma época, os habitantes das cidades tinham que se proteger contra ladrões e saqueadores, que assaltavam os viajantes e os comboios durante as viagens, ou mesmo aqueles que invadiam as cidades. Os cavaleiros não existiam mais e desta forma os habitantes das cidades passaram a ter que saber se defender. As armas mais usadas eram uma espada curta, uma adaga comprida e a besta. Foram então criadas escolas de esgrima com regras específicas e divisões internas de acordo com o saber e habilidade de cada um. Em pouco tempo surgiram os mestres e aqueles que mostravam sua arte de cidade em cidade, lutando em festas e ganhando muito dinheiro. O povo nunca desenvolveu grandes técnicas de luta, aprendendo apenas o básico. O interesse pela esgrima foi trasmitido com muito entusiasmo para as universidades, cujas diversas ligas estudantis a adotaram.

- Por volta de 1003 – Thorfinn Karlsefni veleja da Islândia até a Vinlândia no nordeste da costa norte-americana.
- Por volta de 1060 – Um sistema de ginástica com mais de 70 exercícios é criado na China por Chio Yuang Chang.
- Em 1066 – Os normanos dominam a Inglaterra e encontram na população vários jogos com bola e a suposta criação da palavra "sport", que definia suas atividades.
- Em 1096 – Primeiro registro de "yabasume" (tiro de arco a cavalo) no Japão e das regras para o kemari (futebol).
- Em 1105 – Registro de jogos com bola na França, nos quais os bispos tomam parte.
- Em 1119 – Durante um torneio em Göttingen (Alemanha), acontecem competições de corridas, saltos, lutas e levantamento de pesos.
- Por volta de 1120 – Declínio do futebol na China. Os jogadores profissionais são vistos como arruaceiros e baderneiros.
- Em 1124 – Durante o casamento do rei Alfonso VII são disputadas as primeiras touradas na Espanha.
- Em 1147 – Todo monge, ao entrar na Abadia de Auxerre (França), deve trazer sete bolas de tamanhos determinados.
- Por volta de 1160 – A partir da Bretanha, o soule, uma espécie de futebol, espalha-se por toda a França. No romance *Eneas*, surge pela primeira vez a palavra "deport" com o significado de recreação e divertimento.
- Em 1165 – Em igrejas italianas, é comum padres e bispos jogarem bola.
- Em 1171 – O filósofo e rabino judeu Maimônides recomenda aos judeus jogos com bolas, lutas, esgrima e outros exercícios físicos.
- Por volta de 1200 – No Império Inca, são muito populares jogos com bolas, corridas, arremessos a distância e de precisão com lanças, lutas, natação e tiro com arco e flecha.
- Por volta de 1215 – Durante o reinado de Gêngis Kahn na Mongólia, são comuns lutas, jogos de pólo e corridas de cavalo.
- Em 1230 – É construída em Poitiers (França) a primeira casa para jogos com bolas.
- Em 1261 – Tomás de Aquino defende em seus textos o valor do corpo e das atividades físicas.
- Em 1270 – O sultão Baibars I é excelente nadador, cavaleiro e jogador de pólo.
- Em 1292 – Nesta época, existem em Paris 7 mestres de esgrima, 51 construtores de selas e 13 *paumiers*, construtores de raquetes e bolas

para o "jeu de paume". Em contrapartida, apenas um fabricante de tintas.

- Por volta de 1300 – Aparece pela primeira vez em língua italiana a palavra "disporto".
- Em 1311 – Dante Alighieri escala no inverno os montes Prato al Saglio, Falterone e o Pietra Bismantova.
- A partir de 1315 – Acontecem regatas em Veneza aliadas às competições de natação e competições nas pontes ("giuoco del ponte").
- Em 1321 – Pela primeira vez, é mencionado na Inglaterra que a bola deve ser jogada com os pés.
- Em 1324 – Cavaleiros franceses presos na Itália jogam um jogo, chamado por eles de "tenez".
- Por volta de 1350 – O bispo de Lisieux (França), Nicolas Orense utiliza, em uma tradução do latim, pela primeira vez a palavra "gymnastique".
- A partir de 1368 – Com o início da Dinastia Ming (China), há um maior incentivo ao boxe. O pólo perde popularidade e o futebol é apenas uma brincadeira para crianças.
- Em 1389 – É escrito o texto mais antigo sobre esgrima e luta na Alemanha pelo mestre Hans Lichtenau.
- Por volta de 1400 – No romance inglês *Destruction of Troy,* de autor desconhecido, surge pela primeira vez o verbo "to sport" com o significado de exercícios físicos no tempo livre dos nobres, em oposição a "pastimes"como recreação para os plebeus.
- Em 1415 – A esgrima é proibida aos estudantes da Universidade de Heidelberg.
- Em 1430 – Acontece em Frankfurt (Alemanha) a primeira competição de tiro ao alvo com armas de fogo, que cada vez mais substituem as bestas e arcos.
- Em 1493 – Acontece em Veneza uma regata feminina. Em muitas cidades italianas, joga-se um jogo parecido com o basquete e um jogo de bola contra um muro ("palla al muro"). A esgrima está bastante desenvolvida e também é praticada por mulheres.

Fatos

- O século XI é marcado por mudanças profundas: devido às grandes reformas que ocorrem dentro da Igreja, ocorre uma dissolução da unidade Igreja e Estado; com enfraquecimento da Monarquia, o comércio e a economia na Europa crescem; surgimento de uma nova classe aristocrática, os cavaleiros.

- A posição social e cultural dos cavaleiros tem as seguintes características: exclusividade da nobreza; uma vida mais refinada, com aulas de dança, música, canto e ética cristã, além das atividades específicas de lutas e equitação, corridas, natação, caça, esgrima e tiro com arco e flecha, que são importantes para a sua educação.
- No século XII, surgem os torneios e as justas, competições esportivas de caráter guerreiro, mas parte integrante e exclusiva da vida e formação de um cavaleiro.
- O ideal do cavaleiro é puramente masculino, não havendo necessidade para a formação deste caráter para as mulheres, que tinham apenas aulas de modos e costumes, canto e dança e alguns pequenos jogos.
- Nos séculos XIII e XIV, um grande crescimento econômico produz grandes mudanças sociais. Um dos fatores determinantes para isto foi o desenvolvimento e o crescimento das cidades e a criação e divisão da burguesia: uma classe alta rica e com privilégios políticos; uma classe média composta por trabalhadores das mais diferentes especializações e agrupados em guildas; e uma classe baixa sem posses e de maioria camponesa.
- Os cavaleiros perdem sua influência, pois não participam nem do crescimento econômico, nem da evolução militar e política, devido à introdução de armas de fogo. Os torneios são somente festas para divertimento público.
- A burguesia desenvolve formas específicas de esporte: a classe alta tenta adaptar as formas dos cavaleiros; a classe média teve que se ocupar da proteção e a partir disso desenvolveu organizações de esgrima, luta e tiro; e os camponeses desenvolveram jogos de diferentes formas. São construídos locais para a prática destes jogos.

De 1501 a 1600

Em 1507, Hans Wurm de Landshut (Alemanha) editou um livro sobre lutas e com exercícios físicos. A luta era mais um jogo do que uma luta, pois os combatentes trocavam as posições várias vezes, sendo que um dos combatentes tinha que deslocar o outro de sua posição.

Em dezembro de 1511, foi realizada uma corrida de cavalos na Alemanha, para a qual também foram enviados convites, além de terem sido confeccionados placares, que foram afixados em casas, muros e praças.

Em 1520, o rei Francisco I da França, então com 25 anos, encontra-se pela primeira vez com o rei Henrique VIII da Inglaterra, quatro anos mais velho, em Calais. Conta-se que Henrique se aproximou de Francisco, agarrou-o e disse: "Irmão, vamos lutar." Mas Francisco se desvencilhou do golpe jogando Henrique no chão, que logo se levantou para continuar a briga. Ambos foram salvos pelas damas presentes, que anunciaram o início do almoço.

Em 1530, os italianos jogavam, já há muito tempo, um jogo parecido com o futebol dos ingleses. Este ano ficou registrado como o nascimento do esporte, pois a partir dessa data são feitos registros escritos dos jogos. Os ingleses nunca aceitaram esse fato e afirmam terem sido eles os criadores do esporte. O calcio era um esporte para a nobreza: as equipes usavam trajes suntuosos e se moviam com graça e precisão. O campo media aproximadamente 80 x 120 côvados. Rapidamente o jogo se tornou popular e passou a ser jogado também pelo povo.

Por volta de 1538, surgiu em Ingolstadt (Alemanha) o primeiro livro de ensino de natação da Europa, escrito em latim pelo humanista suíço Nicolaus Wynmann com o título de *Colymbetes, sive de arte natandi.* Em 1587, o inglês Everard Digby publicou *De arte natandi libri duo,* o primeiro livro de natação da Inglaterra.

Por volta de 1560, os torneios com lutas de cavaleiros terminaram, mas nem por isso a nobreza desistiu dos divertimentos. Agora existia a quintana, que consistia em espetar uma lança em uma boneca e em acertar uma argola em pleno galope. As bonecas tinham tamanhos variados e na Itália se chamavam "Giostra del Saracino", pois elas tinham feições de um saraceno. As argolas eram pequenas, medindo de 0,8 a 2,5 cm de diâmetro e estavam penduradas em uma corda presa entre dois paus. Quem conseguisse acertar três vezes a menor argola era o vencedor. Este jogo ainda perdura em muitas cidades pequenas no interior da Europa.

Em 1569, é publicado em Veneza um dos livros mais importantes sobre o renascimento dos exercícios físicos da antiguidade e de seus ideais, intitulado *De arte gymnastica*. O autor é Gerolamo Mercuriale, médico que viveu por sete anos no palácio do cardeal Alessandro Farnese, onde teve oportunidade de estudar profundamente os textos antigos. Mais tarde ele foi professor na Universidade de Pádua e posteriormente foi chamado para tratar do imperador Maximiliano II em Viena. A ideia central da obra de Mercuriale, baseada em Galeno e Philostarto, era de que a ginástica tinha local e hora certa para ser feita e a alimentação também devia ser adequada. O objetivo era criar um *optimus habitus* algo similar à *euexia* grega. Ele preconizava três características principais: a intensidade dos exercícios para estimular a respiração, o livre arbítrio para se exercitar e a intenção de fazer algo pela saúde.

Por volta de 1580, aconteceu em Sankt Gallen (Suíça) uma grande festa com competições de tiro, corridas e arremessos de pedras. As competições de tiro se dividiam em armas de fogo e besta, sendo a invenção desta última o motivo do renascimento da popularidade destas competições. Os cavaleiros chamavam a besta de arma traioçoeira e por algum tempo o seu uso chegou a ser condenado pelo papa, sendo apenas liberada para a guerra contra os muçulmanos. A partir desta época, em várias cidades foram criadas sociedades de tiro. Estas tinham um severo regulamento e não estavam subordinadas aos oficiais de ordem e justiça da cidade. As competições de tiro eram grandes festas e a celebração maior era a do rei do tiro, que podia ser qualquer cidadão.

Em 1588, o abade de Santo Policarpo em Paris proíbe os duelos de espada na cidade. Segundo estatísticas da época, cerca de 8000 duelistas tinham morrido nos últimos 20 anos. Nas duas últimas décadas, a Itália tinha se transformado na academia de esgrima de toda a Europa. Foram escritos livros sobre a arte de esgrimar, um inclusive com desenhos de Michelangelo. Mestres de esgrima italianos foram para a Espanha, França e Alemanha ensinar a arte da esgrima, que se transformou em uma arte elegante, inteligente e de reações rápidas.

Por volta de 1590, existia um jogo similar ao *hockey*, jogado na corte do xá Abbas I, o Grande na Pérsia. A palavra *hockey* se originou ou do francês *hocquet* ou do inglês medieval *hokeel*. Este era o jogo jogado pelo povo, uma vez que o pólo era reservado aos nobres e reis. Parece-nos lógica a transformação do pólo em hóquei, uma vez que manter um cavalo era muito caro. Este jogo, porém, não alcançou tanta popularidade como aconteceu na Índia, onde se tronou um esporte nacional.

Por volta de 1592, o estudioso francês Petrus Faber preconizava a volta dos Jogos Olímpicos em seu livro *Agonisticon, sive de re athletica ludisque veterum gymniciis*. Mercuriale, que também era favorável à volta dos Jogos Olímpicos, só tinha elogios para a obra de Faber. Ambos preconizavam um ideal holístico na formação do ser humano: a educação visava à formação do homem, não separando o corpo do espírito.

Em 1599, o acrobata italiano Arcanjo Tuccaro publicou, em Paris, um livro intitulado *Três diálogos sobre a arte de saltar e voltear* após ter dado aula para os reis franceses Carlos IX e Henrique III. Ele recebeu o título de "saltarin du roi" (saltador do rei). Era conhecido por ter sido o primeiro e único a ser capaz de dar um salto mortal para trás, parado, além de poder realizar outras acrobacias.

Por esta mesma época, o inglês sir Robert Dallington viajou pela França e constatou que existiam mais casas para o "jeu de paume" do que igrejas, existindo em Paris mais de 250 destas casas de jogos. Existiam dois tipos: o "longue paume" e o "courte paume". O povo jogava ao ar livre, e os ricos e a nobreza, em casas *(courte)* especialmente construídas para isso. Mulheres e crianças também jogavam. No início, o jogo era jogado com a mão aberta *(paume)* sendo a bola jogada contra uma parede. Mais tarde, surgiram as raquetes e o jogo era jogado ao ar livre. A bola era jogada de um lado para o outro sobre uma corda esticada, e sempre havia discussões se a bola havia passado sobre ou sob a corda até que se decidiu por trocar a corda por uma rede. O jogo se tornou uma mania nacional na França e em muitas cidades europeias, sendo não só um evento esportivo mas também social.

Também na Espanha o "jeu de paume" encontrou adeptos, sendo jogado inclusive por dinheiro e com apostas altas. Porém, um jogo basco ganhava cada vez mais popularidade. O jogo se chamava "blaid a chistera". A "chistera" era uma grande raquete trançada em forma de meia-lua com a qual a bola era jogada em direção a uma parede ("fronton") atingindo velocidades de aproximadamente 120 km/h, tendo que ser rebatida da mesma maneira pelo adversário. Aconteciam jogos simples, de duplas e de equipes de até dez pessoas. Mais tarde, o jogo adquiriu seu nome da parede ou da bola (pelota). Enquanto o jogo francês foi perdendo popularidade e adeptos e deixou de existir no século XVIII, a pelota se espalhou por todos os países de colonização espanhola e perdura até os dias de hoje, sendo conhecido nos EUA como jai-alai.

Datas e Acontecimentos

- Em 1502 – Moctezuma II Xocoyotzin é coroado imperador dos astecas sendo considerado excelente arqueiro e nadador. Ele determina a escalada do Monte Popocatépetl (5.452 m) e oito dos dez integrantes da equipe morrem na tentativa.
- Em 1509 – Pietro Monica escreve o mais antigo texto sobre esgrima intitulado *Opera di Scherma*.
- Em 1511 – Leonardo da Vinci escala o Monte Boso (2.536 m).
- Por volta de 1520 – Hisameri Takeuchi funda no Japão uma escola de jiu-jitsu.
- Por volta de 1530 – Relatos de uso de arco e flecha e lanças; de corridas e de natação; e do uso de caiaques pelos índios da América do Norte.
- Em 1531 – Thomas Eliot descreve em seu livro, como exercícios nobres: equitação, caça, dança, lutas, corridas, natação e tiro com arco e flecha. Atividades como futebol, arremesso de pedras e boliche são consideradas atividades rudes e grosseiras, típicas de plebeus.
- A partir de 1532 – François Rabelais escreve o romance *Gaântua* e *Pantagruel* em que são descritos cerca de 200 jogos.
- Em 1534 – É fundada em Kagoshima (Japão) uma escola de natação Shinto, e seus métodos são mantidos em segredo.
- Em 1535 – No enterro do cardeal Hippolito de Medici, acontecem lutas com negros africanos.
- Em 1540 – Francisco I joga Paume em Orléans (França) contra Carlo V, e pela primeira vez são apresentadas as regras.
- Em 1543 – Devido a um acidente marítimo, armas de fogo chegam ao Japão, e desde então se inicia o declínio da arte de atirar com arco e flecha.
- Por volta de 1550 – Joga-se críquete na Inglaterra ("cryc/cric" é a denominação para taco curvo).
- Em 1559 – O rei Henrique II é morto durante o torneio em homenagem ao casamento de sua filha. É decretada a proibição dos torneios na França.
- Em 1562 – A mais antiga casa de jogos de bola é demolida em Colônia (Alemanha), pois os vizinhos reclamavam do barulho.

- Em 1567 – O rei Carlos IX da França funda a Academia Francesa de Esgrima, sob o comando de esgrimistas italianos.
- Em 1578 – Viajantes relatam sobre jogos com bola na Rússia.
- Em 1585 – O padre jesuíta Ludovico Bertonio relata de suas andanças como missionário sobre um jogo, na região do atual Peru, jogado com uma bola feita de "leite de árvores" (borracha).

Fatos

- No início do século XVI, o Humanismo é um movimento europeu com grande influência nas escolas e também na Igreja. História, poesia, filosofia e retórica passam a ser os conteúdos centrais da educação. A educação se adapta mais às necessidades e ao desenvolvimento das crianças.
- O Humanismo influencia a educação física de forma benéfica, pois promove um reencontro com os antigos ideais gregos, é a favor do corpo físico e incentiva um pensamento educacional mais adequado ao desenvolvimento humano.
- A educação física volta a ser considerada importante para o processo educacional, embora as atividades físicas ainda sejam praticadas de forma desordenada e extraclasse.
- O Humanismo traz as condições básicas e necessárias para o desenvolvimento e a futura diferenciação dos esportes.

De 1601 a 1700

Por volta de 1600, a patinação no gelo era muito popular na Holanda, sendo praticada por homens, mulheres e crianças. Existia uma corporação de fabricantes de patins e tacos. Vários artistas, como Rembrandt, Bruegel e van Ostade, retrataram em suas obras pessoas patinando e jogando um jogo similar ao hóquei de hoje. Este jogo era denominado de *kolv* e era jogado com uma bola de madeira, e em vez de gols eram usadas estacas fincadas no gelo, que tinham que ser acertadas. Este jogo também era praticado no verão. Os holandeses também organizavam corridas de patins e algo como patinação artística.

Por volta de 1604, o esporte encontrou uma certa resistência na puritana sociedade inglesa, principalmente se este acontecesse aos domingos e feriados. O inglês Robert Dover introduziu, com a permissão do rei Jacob I, os *Cotswold Games* inspirados nos Jogos Olímpicos. Existiam competições de esgrima, luta, salto em distância, corrida de sacos, corridas de cavalos e um jogo similar ao *hurling.* O programa variava a cada ano. Em 1620 lançou-se um projeto para a construção de um anfiteatro onde todas as competições olímpicas deveriam ser realizadas, inclusive jogos com gladiadores. Anos mais tarde, os *Cotswold Games* são denominados de Jogos Olímpicos.

Em 1608, é fundado o primeiro clube de golfe do mundo. O rei Jacob I ia uma vez por ano e jogava uma partida. Porém, o jogo mais popular na época era uma espécie de peteca, e para isso foram construídas quatro casas em Londres. Mas o jogo favorito do rei ainda era o golfe, que teve o primeiro registro provavelmente por volta de 1457 na Escócia, e seu nome vem da palavra escocesa *gouf,* que quer dizer tacada.

Por volta de 1613, os duelos custaram as vidas de centenas de pessoas. O rei Jacob I, proibiu os duelos baseado no filósofo Francis Bacon, que classificava os duelos de assassinato. O rei também apontou as causas principais para estas desavenças: jogos de cartas e dados, de boliche e de tênis. Os donos dos locais onde tais jogos eram praticados foram instruídos a interromper brigas, a retirar as espadas dos arruaceiros e a chamar um oficial de justiça.

Em 1618, iniciou-se na Alemanha uma guerra que duraria 30 anos. O rei Jacob I da Inglaterra não interferiu militarmente, mesmo sendo seu genro o futuro rei da Boemia e necessitando de ajuda. Nesse ano foi lido nas igrejas inglesas o *Livro dos Esportes*, que enumerava todas as atividades físicas e esportivas que podiam ser realizadas aos domingos após as missas, porque a Igreja percebeu que as proibições não surtiam efeito. Isto só terminou em 1649, quando os puritanos tomaram o poder.

Em 1622, Henry Peacham, após uma viagem como preceptor dos filhos do Conde de Arundel, escreve o livro *The complete Gentleman*. O ideal cavalheiresco se baseava em normas aristocráticas com grande influência francesa. Um cavalheiro deveria saber andar a cavalo e esgrimar, sendo a luta uma atividade para as classes mais baixas.

Em 1623, foi lançado um livro em Frankfurt (Alemanha) com o título *Civitas solis* (O Estado do Sol), do italiano Tommaso Campanella, que havia 24 anos estava preso por ter incitado uma revolução contra os reis espanhóis na Calábria. Seguindo a linha da *Utopia*, de Tomas Morus, ele pregava um Estado teocrático e comunista, onde todos trabalhavam para o bem comum. As atividades físicas seriam uma obrigação para todos, até para as grávidas. A partir do 3º ano, as crianças receberiam aulas de lutas, corridas e outras atividades.

Por volta de 1626, a equitação era uma arte nobre, sendo a sua supremacia disputada por italianos e franceses. Os franceses tentavam educar o cavalo de uma maneira mais suave, com recompensas, enquanto os italianos eram mais rígidos e usavam mais as punições.

Por volta de 1650, aconteceram verdadeiras guerras nas pontes de Veneza, quando às vezes bairros inteiros se reuniam para lutar contra outros bairros. Muitos iam armados com varas e paus pontudos de madeira, e sempre pessoas eram feridas e algumas mortas nesses embates denominados *Ponte della Guerra*. Em 1674, estas manifestações foram proibidas e substituídas por lutas desarmadas. Aquele que caía da ponte se refrescava na água e podia retornar. Em Pisa, também acontecera uma manifestação desta espécie, porém era mais uma encenação teatral do que uma luta.

Além destas lutas, existiam também apresentações de pirâmides humanas, que chegavam à uma altura de um prédio de cinco andares e também exercícios de equilíbrio em cordas, além de lutas de esgrima com o chamado cano hindu que eram bastões longos e pontudos endurecidos no fogo. O objetivo era fortificar a juventude e prepará-la para o serviço militar.

Por volta de 1669, os jesuítas eram o motor da Contra-Reforma, não só nos campos de batalha, mas principalmente nas escolas, sendo a favor de atividades físicas, muito mais do que os humanistas e os escolásticos. De acordo com o fundador da ordem, Inácio de Loyola, o corpo deveria ser cuidado e fortalecido, pois ele servia à alma e glorificava a obra do criador.

DATAS E ACONTECIMENTOS

- Por volta de 1600 – A arte da esgrima japonesa chega à China. Em Okinawa (Japão), surgem as primeiras formas de caratê.
- Em 1602 – O xogum Tokugawa permite a camponeses, comerciantes e artesãos o uso de arco e flecha, antes restrito aos cavaleiros.
- Em 1603 – O rei Jacob I (Inglaterra) torna públicas as corridas de cavalos acompanhadas de apostas.
- Em 1604 – O missionário Chirino conta que nas Filipinas não existem pontes, pois todas as pessoas são capazes de nadar como peixes.
- Em 1609 – O espanhol Gracilaso de la Vega descreve os exercícios praticados pelos incas, principalmente a corrida de mensageiros.
- Em 1620 – Os puritanos chegam à América do Norte no navio Mayflower e preconizam o esporte como recreação para o corpo e o espírito, mas o proíbem aos domingos e nas ruas.
- Em 1626 – Os holandeses fundam Nova Amsterdã (Nova Iorque) e jogam um jogo parecido com boliche na grama, e que pode ser considerado um antecessor do beisebol.
- Em 1633 – Na cidade de Viena (Áustria), é proibido tomar banho no Danúbio, pois vários bêbados morreram afogados.
- Em 1643 – Surge na China um livro com ilustrações sobre o ts'u chu (futebol), que utiliza gols com redes.
- Por volta de 1650 – O calcio (futebol) é o esporte popular mais difundido na Itália. O hindu Shri Samarth Swami, considerado o pai da ginástica hindu, constrói estabelecimentos para a prática do esporte.
- Em 1653 – O francês Charles Besnard funda, em conjunto com sua obra *Théorie de l'art et pratique de l'espée seule ou du floret*, a escola francesa de florete e introduz o ato de saudação.
- Em 1666 – É fundado o primeiro clube de críquete em St. Albans na Inglaterra.
- Em 1668 – Os médicos da Universidade de Montpellier descobrem excelentes condições de saúde nos jogadores de Mail (espécie de críquete de longa distância). Nicola Perrot é o primeiro branco a ver um jogo de lacrosse, jogado pelos índios tuscarora na Virgínia (EUA).

- Em 1676 – O francês Tavernier relata sobre os corredores na Pérsia, profissão que passa de pai para filho e na qual a prova final é uma corrida de 120 km do nascer ao pôr-do-sol.
- Em 1679 – O livro de registros de um colégio em Cambridge (Inglaterra) descreve as queixas sobre o consumo excessivo de cerveja pelos estudantes durante as partidas de futebol.
- Em 1681 – Na Inglaterra, é realizada a primeira luta de boxe pública. Um corredor do Duque de Albermale luta contra um açogueiro, que vence o combate.
- Em 1683 – Uma equipe de kemari consegue, em um período de quatro horas, chutar a bola 5.188 vezes para cima sem deixá-la cair.
- Em 1686 – O mestre de esgrima Wernesson de Liancourt cria uma máscara de couro para proteção da face.
- Em 1688 – Uma casa para jogos com bola é transformada em hospital em Berlim (Alemanha), devido ao pouco interesse da população nos jogos.

Fatos

- O esporte e os exercícios físicos ainda são atividades realizadas em sua grande maioria fora da escola, sendo praticados com certa reserva somente em universidades e ginásios.
- Nesta época, o Absolutismo promove novas ideias e mudanças sociais e políticas. As características principais do Absolutismo são a centralização do poder e a soberania da monarquia. O exército e o aparato burocrático são as bases do Estado. A nobreza ocupa os cargos mais altos e importantes da administração e do exército.
- O ideal masculino é o do homem aristocrático com conhecimentos militares, culturais e administrativos, sendo que o esporte, e os exercícios físicos são parte integrante desta formação. São fundadas instituições especiais para a formação e educação destes homens (academias militares). São ministradas aulas de equitação, esgrima, ginástica e jogos.
- As aulas de educação física têm as seguintes características: regularidade e sistematização, tendência a um movimento mais estético, uso de professores especializados e utilização de equipamentos específicos.

De 1701 a 1800

Por volta de 1725, aconteceu em Londres a primeira luta de boxe internacional. Um lorde inglês encontrou, em Veneza, durante suas viagens, um gondoleiro com fama de lutador imbatível. Ele o trouxe então para Londres e anunciou um grande prêmio para aquele que o vencesse em uma luta de boxe. O inglês James Figg foi chamado e providenciou um adversário, John Whitacker, um esgrimista de sua escola. Embora o italiano fosse maior, mais forte e com a maior envergadura, o ingês o derrotou em poucos minutos. As apostas eram altas e os ingressos também. Por esta época, teve início o boxe como espetáculo e como empreendimento. James Figg pode ser considerado o precursor dos *promoters* e organizadores de eventos esportivos de hoje. Ele já possuía uma escola de esgrima e organizava diversos eventos esportivos em Londres, tendo sob contrato vários lutadores.

Em 1731, foram usados pela primeira vez relógios com o intuito de marcar o tempo de uma prova. Os ingleses passaram então a medir o tempo de todas as provas físicas: corridas a pé, de cavalo, de barco, de carruagem etc., tudo sempre acompanhado de altas apostas. A partir de agora, qualquer tempo medido se tornava uma marca a ser batida. Agora ninguém mais se vangloriava de uma *performance.* Esta era registrada em um documento *(record).*

Em 1733, o estribeiro do rei francês Ludovico XV, François Robichon de la Gueriniere, reclamou em sua obra *École de cavalerie* da falta de interesse pela equitação e da preparação física dos cavaleiros.

Em janeiro de 1738, foi realizada a última partida de calcio em Florença (Itália) em homenagem à sucessora do trono austríaco Maria Teresa. Em 1766, ainda aconteceu mais um jogo de calcio em homenagem a nobres, mas o jogo já estava esquecido e não era mais jogado pelo povo.

Por volta de 1755, o boxe estava em moda na Inglaterra tanto nas camadas mais populares como também nos círculos aristocráticos, tomando inclusive o lugar do duelo (com armas brancas). Isso devido aos princípios do Iluminismo e seguindo o mote "guardar a honra sem derramar sangue". Existiam várias escolas de boxe e tornou-se aceitável para um cavalheiro, além de praticar outros esportes, também lutar boxe.

O filósofo, escritor e teórico da música suíço Jean-Jacques Rousseau causou furor no mundo cultural europeu em 1762 ao publicar um romance e um estudo. O estudo se intitula *O contrato Social* e visa a uma revolução da ordem política pois, de acordo com ele, todo homem nasce livre. O romance tem o título *Emílio ou da educação* e também representou uma revolução na educação. Para Rousseau, as crianças deviam ser amamentadas pelas mães, brincar livremente nos gramados e ser estimuladas a competir relembrando os ideais olímpicos. Elas deviam correr, nadar, saltar, trepar, arremessar e fazer exercícios de equilíbrio, e também as meninas e mulheres deviam fazer o mesmo, tanto no verão como no inverno.

Em julho de 1777, o jogo de bilhar foi regulamentado em Paris (França). O jogo era muito popular e até a nobreza o jogava. Antes, o rei era admirado pelas suas qualidades de cavaleiro, esgrimista, caçador e jogador de paume, porém por esta época jogos menos extenuantes eram os preferidos.

Em junho de 1783, os irmãos Montgolfier lançaram com sucesso um balão da praça central de sua cidade natal. O balão foi fabricado de papel e tecido e alcançou a suposta altitude de 1.830 metros. Durante este ano, outros franceses construíram mais balões e tentaram alcançar voo, culminando com a travessia do Canal da Mancha em janeiro de 1785 de Dover para Calais por Jean-Pierre Blanchard.

Em agosto de 1786, o médico Michel Gabriel Paccard atingiu, após várias tentativas, o cume do Montblanc (4.807 m). Em 1779, Johann Wolfgang von Goethe tentou, na companhia do duque Karl August de Weimar, escalar o Montblanc, porém sem sucesso. Os suíços escalaram com sucesso os grandes picos da região, entre eles o Pico Linard (3.411 m), o Pico Beverin (2.998 m), o Pico Scesa-Plana (2.967 m) e o Dents du Midi (3.257 m).

O alemão Johann Christoph Friedrich GutsMuts publica em 1793 a obra *Ginástica para a Juventude*. O livro se tornou um sucesso e se baseou na experiência de sete anos de GutsMuts adquirida como professor do famoso Instituto de Schnepfenthal, considerado o segundo Philantropinum (o primeiro fica em Dessau, também na Alemanha). GutsMuts preconiza exercícios para as crianças como salto, corrida, natação, equitação e outros, além de jogos e trabalhos manuais. O homem burguês é o alvo da educação, e não o aristocrático.

- Em 1700 – O *New English Dictionary* define *sportsman* como: *A man who follows, engages in, or practices sport, especially one who hunts or shoots wild animals or games for pleasure.* (Um homem que se interessa por esporte ou o pratica, principalmente aquele que caça animais selvagens ou joga por prazer).
- Em 1714 – O médico britânico Francis Fuller preconiza em sua obra *Medicina gymnastica* exercícios físicos como agentes salutares e curadores.
- Em 1723 – O escritor e filólogo Bernard de Montfaucon procura, por meio de uma carta, incentivar Angelo Maria Querini, arcebispo de Corfu (Grécia), a iniciar as escavações de Olímpia.
- Em 1726 – O espanhol Francisco Romero inicia a tourada moderna, colocando o toreador a pé e armado com muleta e espada.
- Em 1733 – São criadas na Noruega as primeiras regras para o esqui do exército pelo general J.H. Emahusen.
- Em 1744 – É fundada em Edimburgo (Escócia) o *Company of Gentleman Golfer*, clube que sistematiza as regras do golfe.
- Em 1745 – Perto de Oslo (Noruega), acontecem as primeiras competições de esqui, provavelmente de descida de encosta *(downhill)*.
- Em 1747 – O jogador de xadrez árabe Philip Stamma perde na Inglaterra para o francês Philidor, que passa a ser considerado o primeiro campeão mundial. O campeão de boxe Jack Broughton cria as luvas de boxe.
- Em 1758 – O pedagogo alemão Johann Bernard Basedow preconiza exercícios físicos em sua obra *Praktische Philosophie fuer alle Stande.*
- Em 1760 – Lutas de boxe públicas são proibidas na Grã-Bretanha.
- Em 1773 – O inglês Foster Powell faz o percurso de Londres-York-Londres (cerca de 647 km) em 5 dias e 18 horas.
- Em 1780 – O boxe volta a ser popular e legal na Inglaterra e Tom Jhonsson se torna campeão da Grã-Bretanha.
- Em 1781 – É aberta a primeira piscina na Áustria, às margens do Danúbio.
- Em 1791 – Surge em Londres o *The Sporting Magazine* iniciando o moderno jornalismo esportivo.
- Em 1794 – O pedagogo alemão Gerhar Ulrich Anton Vieth publica *Versuch einer Enzyklopaedie der Leibesubungen* (Tentativa de uma Enciclopédia dos Exercícios Físicos), a primeira obra em que se pretende reunir todos os conhecimentos sobre esporte e exercícios físicos desde o início dos tempos.

Fatos

- O movimento mais marcante desta época foi o Iluminismo, que tem como objetivo principal a educação do homem em um ser racional.
- Grandes mudanças sociais aconteceram: certa nivelação da sociedade, princípios da emancipação feminina, da economia, devido ao pensamento de competitividade e de rendimento. A burguesia começa a sua liderança política.
- A educação é mais centrada no ser humano e são criadas escola especiais (Philantropinos), onde são ensinadas ordem, independência, conhecimentos práticos e habilidades manuais. A ginástica é parte integrante do currículo, misturando elementos gregos a formas aristocráticas e burguesas (natação, corridas, saltos, arremessos, jogos e escaladas).
- A educação feminina ainda não se encontra neste estágio.
- Os Philantropos (Basedow e Saltzman) podem ser considerados os precursores da educação física escolar.

De 1801 a 1850

Em agosto de 1801, Johann Wolfgang von Goethe fez outra visita ao famoso Philantropinum em Schnepfenthal (Alemanha), demonstrando grande interesse pelos métodos de educação e pela ginástica praticados na instituição.

Em Londres, no mês de setembro de 1802, o francês Andre J. Garnerin saltou de um balão parado a 2.665 metros de altura com um paraquedas, sendo este o primeiro salto de paraquedas registrado na Inglaterra. Posteriormente ele também realizou saltos em Moscou (Rússia) e até saltos noturnos em conjunto com sua esposa.

Os ingleses sempre gostaram de apostas e de corridas de cavalos. Registrou-se, em uma noite do ano 1803, uma corrida de obstáculos com cavalos. É certamente a primeira corrida noturna já realizada. Os oficiais que participaram do evento vestiram sobre seus uniformes uma grande camisola branca e nas cabeças gorros brancos. Ficaram conhecidos pela população como os "fantasmas de Nacton".

Em agosto de 1805, aconteceu pela segunda vez, perto da ruína do castelo de Unspunnen, uma grande festa para todos os pastores suíços. Este foi o nascimento de uma grande festa nacional na Suíça. A primeira tentativa tinha ocorrido em 1215, tendo apenas repercussão local. A principal atração da festa foram as lutas livres chamadas de "schwingen", que remonta aos mais antigos tempos, de acordo com as tradições suíças.

Em 1807, Johann Heinrich Pestalozzi publicou no primeiro número de sua revista *Wochenschrift für Menschenbildung* o artigo *Sobre a educação do corpo*. Ele concordou com as ideias de Johann C. F. GutsMuts, porém deu mais valor aos exercícios naturais e não tanto à ginástica de aparelhos. Ao longo de sua vida, Pestalozzi desenvolveu várias ideias e conceitos pedagógicos novos, procurando reformar o ensino nas escolas.

No dia 19 de junho de 1811, aconteceu, no sul de Berlim, a primeira festa esportiva *(Turnfest)* da Alemanha, organizada por Friedrich Ludwig Jahn. Ele também introduziu a palavra "turnen" na língua alemã, para fazer oposição ao termo geral ginástica. Para ele "turnen" é mais popular e abrange um maior número de atividades.

Em 1813, Walter Tom escreveu o primeiro livro de treinamento de atletismo. O livro tinha 296 páginas e a sua ênfase era em corridas, esporte muito popular na época. Descreveu também as façanhas atléticas do capitão Robert Barclay Allerdice, um famoso corredor .

Em 1821, o diretor da escola de Eaton (Inglaterra) proibiu jogos de críquete contra Harlow e Harrow. Os alunos, porém, decidiram realizar os jogos nas férias. Nesta época o críquete era muito popular na Inglaterra. Várias escolas construíram campos, e até os diretores, antes céticos e contra o jogo, acabaram por aceitá-lo, vendo nele valores pedagógicos como disciplina e concentração. As regras foram estabelecidas em 1774 por uma comissão composta por membros de seis condados da Grã-Bretanha.

Em janeiro de 1820, com ordens do rei Frederico III, foi decretado que, além de representar um perigo para o Estado, seria desde então proibida a prática do *turnen* (ginástica). O governo não era contra atividades físicas para a população, mas estava preocupado com a atitude moral dos cidadãos, pois o *turnen* é classificado como uma atividade conspirativa. Porém, isto não aconteceu em todos os estados germânicos. Na Baviera, o rei Luis I inaugurou campos para a prática do "turnen". Os prussianos ou treinavam escondidos ou viajavam para outros estados e países para dar continuidade à prática.

Em 1825, o críquete era o jogo mais popular da Inglaterra, mas algumas pessoas das classes mais baixas ainda praticavam um jogo que quase caiu no esquecimento, chamado de *football*. Os estudantes de algumas escolas famosas como Eaton, Harrow, Cambridge jogavam o jogo, porém cada um à sua maneira, devido provavelmente às condições existentes em cada escola.

Em junho de 1829, as equipes da Universidade de Oxford e de Cambridge disputaram a primeira corrida de barcos a remo (oito-com). A partir de então, a corrida acontecia sempre em um domingo antes da páscoa, e as duas torcidas se diferenciaram pelas cores azul escuro ou claro. O percurso ia de Putney a Mortlake, uma distância de 6.778 metros.

Em maio de 1833, aconteceu em Londres uma luta de boxe, válida pelo título inglês. Foi uma luta longa e dura, pois tanto Simon Byrne como James Burke eram exímios lutadores e almejavam o título. O combate se estendeu por três horas e 15 minutos, quando finalmente Burke acertou um poderoso golpe na têmpora do adversário. Byrne caiu imediatamente no chão, permanecendo lá por quase uma hora. Após isto, seus ajudantes o carregaram para uma casa próxima, onde, após três dias, morreu, sem ter recuperado a consciência. Burke, seus ajudantes, o juíz e até alguns espectadores foram presos, mas após o julgamento, libertados.

Em 1835, a Academia das Ciências Francesa premiou a obra *Manuel d'education physique, gymnastique et morale* de Francesco Amoros. Amoros era espanhol de nascimento, dirigiu um Instituto Pestalozzi na Espanha, mas teve que se exilar na França em 1814. Adotou a nacionalidade francesa, dirigiu o Ginásio Normal Militar e foi condecorado coronel. Foi responsável por grande parte dos institutos de ginástica franceses e depois ainda fundou uma escola particular. Por todos os seus feitos, ele é considerado o pai da ginástica francesa.

Em julho de 1836, um pequeno grupo de cavalheiros de Hamburgo (Alemanha) se reuniu e decidiram fundar um clube de remo (Hamburger Ruderclub). O objetivo é o de competir contra barcos ingleses. A primeira disputa é contra o clube inglês English Rowing Club de Hamburgo.

A primeira mulher a escalar o Montblanc (França) foi Henriette d'Angeville, em 1838. Apesar de não possuir nenhum tipo de preparo nem experiência, ela se preparou levando uma grande quantidade de suprimentos (galinhas, vinho, pão, carne, etc.) e vários casacos e saias. Apenas os sapatos não estavam corretos, pois eram muito frágeis. Durante a escalada ela percebeu o quão difícil era a tarefa. Chegou a pensar que iria morrer e pediu que seus ajudantes a carregassem, mesmo morta, até o topo. Ela sobreviveu e completou toda a escalada.

Em fevereiro de 1839, aconteceu, em Aintree, perto de Liverpool, a primeira corrida de cavalos *steeplechase,* que pode ser considerada *Grand National* iniciando toda uma tradição. A corrida aconteceu sobre os campos e pastos da região, e os participantes não podiam passar por nenhum portão ou passagem em uma cerca nem cavalgar nas estradas. Era uma corrida destinada aos cavalheiros, mas muitos dos participantes eram jóqueis profissionais. Havia também a participação feminina, mas em número reduzido.

Em 1841, aconteceu mais uma festa esportiva *(turnfest),* desta vez em Frankfurt (Alemanha), após um longo período de proibição, conhecido como *Turnsperre,* iniciado em janeiro de 1820. Em junho de 1842, o rei Frederico da Prússia assinou um decreto no qual ele reconheceu o valor de atividades físicas para a formação dos homens e retirando da proibição a ginástica e suas festas.

Em 1843, a rainha Vitória, sucessora de seu tio, Guilherme IV, concedeu ao Grand Caledonian Curling Club o direito de se chamar Royal Caledonian Curling Club. A rainha foi considerada uma grande amiga dos esportes, sendo ela mesma uma boa arqueira, e sempre comparecendo a muitas competições esportivas. Ela também foi responsável pela introdução da educação física na Índia.

Em junho de 1846, aconteceu o primeiro jogo público e oficial de beisebol nos Estados Unidos. O jogo deve ter tido suas origens em jogos similares anteriores, conhecidos como *four corners, feeders, rounders* ou *townball* e foi sistematizado por Abner Doubleday. De início, o críquete ainda era muito popular, mas o beisebol logo tomou seu lugar. Os ingleses nunca se interessaram pelo beisebol. Em 1845, canadenses fundaram em Nova Iorque o primeiro clube de beisebol dos Estados Unidos.

Datas e Acontecimentos

- Em 1801 – Surge nos Estados Unidos a revista esportiva *Youthfull Sports*. Joshua Strutt edita em Londres *Sports and Pastimes of the People of England*, em que o boxe não é considerado esporte e o críquete é considerado "na moda".
- Em 1804 – É inaugurada em Viena (Áustria) a Diana-Bad, a primeira piscina pública, e, em 1842, a primeira piscina coberta da Europa. Em Copenhague (Dinamarca), é fundada a primeira escola militar de ginástica e seu diretor é Franz Nachtegall.
- Em 1805 – Per Henrik Ling é nomeado mestre esgrimista na Universidade de Lund (Suécia), iniciando também aulas de ginástica e de natação.
- Em 1809 – O poeta inglês George Gordon Noel, Lord Byron, cruza o Rio Tejo a nado em Lisboa.
- Em 1810 – Phokion Heinrich Clias imigra para a Suíça e ensina educação física (lutas, esgrima, natação, etc). Lord Byron cruza a nado o Dardanelos, vencendo os 1.350 metros em 70 minutos.
- Em 1812 – É fundado o Pugilistic Club em Londres, o primeiro clube de boxe. Lord Byron também toma aulas de boxe.
- Em 1813 – Per Henrik Ling assume a direção do Real Instituto Central de Ginástica da Academia Militar em Carlsberg (Suécia). Em Pau, é construído o primeiro campo de golfe da França.
- Em 1815 – Exibições públicas de ginástica na Suécia dirigidas por Heidenstamm, um aluno de Ling.
- Em 1816 – É fundado em Hamburgo (Alemanha) o primeiro clube de ginástica, o Hamburger Turnerschaft 1816. Lord Byron cruza a nado o Canale Grande em Veneza.
- Em 13.7.1819 – Nesta noite, Jahn é preso em sua casa e levado para o presídio de Spandau em Berlim, sob acusação de pertencer a grupos proibidos e de praticar intrigas demagógicas.

- Em 1820 – A ginástica *(turnen)* é proibida na Prússia.
- Em 1821 – É fundada em Chamonix (França) a *Compagnie des guides* a primeira associação de guias montanheses do mundo.
- Em 1823 – Pearce Egan funda na Inglaterra a revista *Sporting Weekly*.
- Em 1826 – O alemão Karl Follen foge da Alemanha e funda em Boston (EUA) uma academia de ginástica *(turnen)*.
- Em 1828 – Franz Nachtegall publica um livro sobre ginástica escolar e consegue um decreto real que obriga todas as escolas dinamarquesas a oferecerem ginástica como matéria obrigatória. Em sua correspondência de viagens, o príncipe Herman von Puckler-Muskau introduz a palavra *sport* na língua alemã.
- Em 1830 – Das várias piscinas públicas existentes em Buda e Pest (Hungria), uma, em Pest, abre as suas portas das 12:00 às 15:00 também para mulheres.
- Em 1833 – O ginasta suíço Rudolf Obermann é chamado para introduzir a ginástica na Real Academia Militar em Turim (Itália). Acontece a primeira regata de remo em Paris (França) no canal La Villette.
- Em 1836 – A rainha Amalia da Grécia nomeia o alemão Ottendorf como diretor de uma academia de ginástica em Atenas. A ginástica se torna obrigatória nas escolas da Grécia.
- Em 1837 – Acontece em Rugby (Grã-Bretanha) o primeiro *Crik Run*, uma corrida com obstáculos no campo, mais tarde chamada de cross-country.
- Em 1838 – Em Le Havre (França), é fundado o primeiro clube de vela da França.
- Em 1840 – Acontecem os primeiros jogos internacionais de críquete entre Estados Unidos e Canadá em Toronto e Nova Iorque.
- Em 1843 – As Universidades de Yale e Harvard fundam clubes e equipes de remo e iniciam as competições entre si.
- Em 1846 – Primeiras competições de natação em Sydney, na Austrália.
- Em 1849 – É fundado o primeiro ginásio para a prática de ginástica na Alemanha, em Hamburgo.

Fatos

- Após o Congresso de Viena (1814/1815), a ginástica *(turnen)* sofre uma reorganização. Ela é proibida em quase todas as cidades alemãs com prejuízos para a educação física escolar e popular.
- Após a liberação da ginástica, a educação física recebe novos impulsos e é reintegrada nas escolas e surgem os primeiros clubes de ginástica.

- A partir da Inglaterra, chega ao continente europeu uma nova forma de atividade física: o esporte com suas características de rendimento, competição e recordes.
- Fatores sociais que favoreceram o desenvolvimento do esporte na Inglaterra: o país foi o berço do Iluminismo; os puritanos encorajavam a melhoria de rendimento; o já existente aparato de apostas; e escolas públicas e clubes a difundir os esportes.
- Criação de regras, campeonatos e divulgação na mídia dos eventos esportivos.

De 1851 a 1900

Em 1855, acontece um festival de ginástica *(turnen)* em Lausanne (Suíça) no qual constou, como uma das provas, um decatlo composto pelas seguintes disciplinas: arremesso de pedra parado e com corrida, levantamento de pedra, salto em altura e em distância, salto em altura e distância combinado, corridas de 100m e 1.000m, natação e um exercício de livre escolha. Com o passar dos anos, mudou-se a programação. Foi introduzida uma classificação variando de ginastas nacionais e ginastas de arte. Os ginastas nacionais e de arte eram aqueles que além de executarem exercícios de ginástica *(turnen)* também dominavam as provas típicas regionais.

Em agosto de 1857, foi fundado em Londres, por John Ball, o Alpine Club, o primeiro clube de alpinistas do mundo. O alpinismo se tornou uma nova mania entre os ingleses. Quatro anos antes, Albert R. Smith, que já havia escalado o Montblanc, realizava palestras sobre o alpinismo em Londres, conquistando o interesse de várias pessoas, inclusive da rainha Vitória, que assistiu a uma de suas palestras.

Em 24 de outubro de 1857, alguns ex-alunos do internato de Harrow (Inglaterra) fundaram o clube de futebol FC Sheffield. O objetivo era o de diferenciar este esporte do emergente e, (por eles considerado violento) *rugby*. No protocolo sobre regras e regulamentos um ponto mostra esta importância: *That this club be called the 'Sheffield Football Club'* (que este clube seja chamado de 'Sheffield Futebol Clube'), marcando a separação do *rugby*.

Foram redigidas onze regras para a execução do jogo. Por esta época, também foram criados outros clubes de futebol, jogos entre as equipes foram realizados, geralmente terminando com discussões sobre as diferentes regras existentes e, por vezes, brigas. Em um ponto porém todos estavam de acordo: todos os jogadores em campo eram proibidos de tocar a bola com as mãos.

Por volta de 1858, as corridas de cavalos eram muito populares na Alemanha. Em cidades como Aachen e Berlim, existiam grandes pistas de corrida e diversos clubes e associações equestres espalhados por todo o país.

Em 1858, o alemão Adolf Anderssen venceu um torneio internacional de xadrez em Londres e passou a ser considerado o melhor enxadrista do mundo. Este torneio teve uma duração de seis semanas e a cada dia se jogavam até onze horas de xadrez. Ainda neste ano, Anderssen perdeu para o americano Paul Morphy em Paris, mas em 1862 Anderssen derrotou Morphy em Londres, sendo considerado de novo o melhor do mundo.

Em junho de 1859 os americanos foram testemunhas de uma sensação. Um homem cruzou as cataratas do Niágara em cima de uma cabo a 48 metros de altura. A distância percorrida foi de 330 metros. O herói se chamava Charles Gravelet, conhecido pelo nome artístico de Blondin e vindo de uma família de artistas de circo e trapezistas. Em novembro do mesmo ano, outro francês realizou proezas incríveis no Cirque Napoléon em Paris. Jules Léotard executou as manobras mais audaciosas, até então, no trapézio. Com as cordas em movimento, ele salta de uma para outra, tudo sem a proteção de uma rede embaixo. Os jornais o chamaram de rei do trapézio e nos próximos anos ele demonstrou suas proezas em outras cidades europeias como Londres, Berlim e Madri.

Em abril de 1860, foi disputada a chamada luta de boxe do século. Pelo menos era isso que ingleses e americanos comentavam. O inglês Tom Sayers enfrentaria o americano John C. Heanan. Repórteres americanos viajaram até a Inglaterra para testemunhar o espetáculo. A polícia britânica proibiu a luta, mas todos sabiam que ela seria realizada em Farnorough no dia 17 de abril. No dia, nenhum policial apareceu e a luta terminou em um tumulto tão grande que não foi possível determinar quem venceu. Porém, tanto ingleses como americanos reclamaram para si o título de campeão mundial.

Em julho de 1865, o inglês Edward Whymper em conjunto com mais três compatriotas, um guia suíço, seu filho e um francês tentaram escalar o Monte Matterhorn (Suíça), tarefa até então não realizada. O grupo conseguiu chegar ao topo. Porém, durante a descida, ocorreu um acidente e somente Whymper e os dois suíços sobreviveram.

Em 1866, o tcheco Wilhelm Steinitz derrotou, após 14 partidas de xadrez, o alemão Adolf Anderssen. Nenhum jogo terminou em remis. Steinitz venceu por 8:6 e foi considerado campeão mundial.

Também em 1866, J.G. Cambers fundou em Londres o Amateur Athletic Club, e, em março, aconteceram as primeiras competições com provas de arremesso de peso, 120 jardas com obstáculos, corridas de meia, uma e sete milhas, salto com vara e lançamento de martelo. No ano seguinte, foi construída a primeira pista de atletismo com extensão total de 530 metros. Em conjunto com outros clubes, foi formada uma associação e as regras foram estabelecidas. Foi acrescida a regra de que todos os participantes deveriam ser amadores, algo que não vinha acontecendo até então. Todo aquele que treinasse e competisse por dinheiro seria excluído. Uma outra regra também excluía trabalhadores. Teve início então a expansão do atletismo também para as colônias inglesas.

Em 1867, foi apresentada, na Exposição Mundial em Paris, a *Célérífére*, uma bicicleta de metal com pedais, corrente e pneus de borracha, pelo seu construtor, Pierre Michaux. Ele e seu filho, Ernest, desenvolveram e aperfeiçoaram tecnicamente a bicicleta, o que culminou com a criação do esporte ciclismo. A partir desta data, foram realizadas várias corridas em cidades francesas e também em outras cidades europeias. Em Hamburgo e Munique (Alemanha) foram fundados os primeiros clubes de ciclismo da Europa.

Em 1870, a cidade de Frankfurt am Main (Alemanha) presenteia seus remadores com a ilha de Main. Com este impulso, Frankfurt se tornou o segundo centro de remo do país, atrás de Hamburgo. Em maio deste ano foi realizada a primeira regata com disputas entre os dois clubes de Frankfurt: o Clube de Remo de Frankfurt (Frankfurter Ruderverein) e a Sociedade Germania de Remo de Frankfurt (Frankfurter Ruder-Gesellschaft Germania). No ano seguinte, um clube de remo alemão foi fundado em Roterdã (Holanda), e, em 1876, um barco alemão disputou uma corrida no rio Tâmisa (Londres) contra uma equipe inglesa.

Em 1871, os adeptos do *rugby-football* fundaram a sua própria liga, a Rugby-Football Union, à qual ainda se associaram África do Sul, Nova Zelândia e, dois anos mais tarde, a Escócia. Em 1875, as regras foram refeitas: os jogadores podiam chutar e carregar a bola; jogadores com a bola podiam ser seguros, bloqueados e derrubados; e cada equipe contava com 15 jogadores. Cresceu a popularidade do jogo, e *rugby* começou a substituir o *soccer*. Um aluno da Universidade de Yale, Walter Ch. Camp, repensou o *rugby* e o *soccer* e criou o *American Football*. As equipes contavam com 11 jogadores, que podiam ser substituídos à vontade durante o jogo, fazendo com que no banco de reserva sentassem até 30 jogadores. Outras mudanças nas regras tornaram o jogo até mais duro e agressivo.

Até 1873, mais de cem patentes de melhorias técnicas foram registradas na Inglaterra. Foi criada a bicicleta alta, em que a roda dianteira tinha um diâmetro de 1 50 m e a traseira era quatro vezes menor. Neste ano, foi realizada uma corrida do sul da Inglaterra até o norte da Escócia, num total de 1.500 km, que foi concluída pelos ciclistas em 15 dias. As bicicletas foram exportadas para os EUA, custando cada uma cerca de 150 dólares.

Em 1874, o empresário circese Phineas Taylor Barnum inaugurou um ginásio no Madison Square Garden, sem saber que no futuro esta seria uma das maiores arenas esportivas do mundo. Dois anos mais tarde, foi realizada a primeira competição de atletismo no MSG.

Em agosto de 1875, o capitão Matthew Webb conseguiu, em sua segunda tentativa, cruzar a nado o Canal da Mancha, que tem uma largura entre Dover (Inglaterra) e Calais (França) de 33,8 km. No mesmo ano, ele publicou o livro *The art of Swimming*, e faleceu em 1883 ao tentar cruzar as cataratas do Niágara.

Em março de 1876, o estudante F.L. Dodd, da Universidade de Cambridge, conseguiu percorrer de bicicleta a distância de 25,508 km em 1 hora, iniciando assim uma corrida atrás de um dos recordes mais cobiçados do ciclismo.

Em julho de 1877, o All England Croquet Club convidou para o primeiro torneio de tênis a ser realizado em Wimbledon, e 200 espectadores assistiram todas as partidas de simples masculino, disputadas entre 22 jogadores. O torneio teve que ser interrompido, pois todos quiseram assistir ao jogo de críquete entre Harrow e Eaton. A final foi entre Spencer W. Gore e C.G. Heathcote, cujo irmão foi o primeiro a cobrir a bola de borracha com feltro. O iniciador deste jogo foi o oficial reformado Walter Clopton Wingfield. A contagem dos pontos foi copiada do antigo *jeu de paume* mudando-se apenas o penúltimo ponto. Em vez de 45, adotou-se o 40. Quando o jogo empata em 40, traduziram o *à deux* francês (a dois em português) para *deuce* inglês, e o 0 era denominado pelos franceses como *l'oeut* (ovo), e os ingleses traduziram para *love*.

Em 1878, o estaleiro Laux em Frankfurt (Alemanha) iniciou a construção de barcos de remo com assentos móveis, seguindo modelos ingleses. Neste ano, o empresário berlinense Carl Spindler comprou cinco barcos para seus empregados, e, com a orientação de um mestre escocês, todos começaram a remar. No mesmo ano, foi fundado o primeiro clube de remo de Berlim (Alemanha). Outros clubes foram fundados na cidade, mas, em 1883, o clube de Carl Spindler, o Spindlerfelder Ruderverein não foi admitido na Liga Alemã de Remo, sob a alegação de que seus integrantes eram trabalhadores e não amadores.

Em 1880, um inglês redigiu o primeiro livro de regras de futebol para os alemães. A idade mínima era de dez anos, o capitão era chamado de *Spielkaiser* (algo como imperador do jogo) e repreendia os próprios jogadores quando eles cometiam uma falta. Aquele que repetisse uma falta era expulso do jogo pelo capitão. Estes princípios, porém, não se tornaram muito populares entre os alemães. Neste mesmo ano, aconteceu pela segunda vez o campeonato de duplas de tênis, disputado em Oxford e vencido pelos irmãos William e Ernest Renshaw. Os irmãos gêmeos podem ser considerados os primeiros astros do tênis, pois ainda venceram em duplas em 1884, 1885, 1886,1888 e 1889. Em 1887, William não pôde participar por causa de uma dor no braço.

Em 1881, o patinador norueguês Axel R. Paulsen criou um salto que a partir de então foi designado com o seu nome, Axel. A evolução da patinação nos trouxe o duplo e o triplo Axel, porém isto ocorreu bem mais tarde. Paulsen se sagrou campeão de corrida sobe patins em 1884 e 1886 e foi considerado o primeiro astro dos patins na Noruega.

Em 1882, o All England Croquet Club trocou o seu nome para "All England Lawn Tennis and Croquet Club", e quase aconteceu uma pequena revolução, porém mais favorável ao tênis. Anos antes, o tênis foi descrito como uma atividade monótona, entediante e difícil de ser aprendida, e que afujentaria os apreciadores de esportes. Porém, o tênis veio adquirindo popularidade e cada vez mais fãs e foi levado para os Estados Unidos onde aconteceu o Primeiro Campeonato Americano em 1880. Ainda em 1880, aconteceu o primeiro campeonato de tênis australiano e em 1884, o primeiro campeonato de tênis em Baden-Baden (Alemanha).

Em março de 1883, aconteceram as primeiras competições oficiais de remo na Alemanha, em Offenbach, perto de Frankfurt. No fim de 1882, havia sido fundada a Federação Alemã de Remo em Colônia. Nos primeiros anos, o expoente de remo na Alemanha se chamava Achilles Wild, que se sagrou hexacampeão no skiff simples, além de também ter competido em outros barcos.

Em agosto de 1884, aconteceu um congresso de ciclismo em Leipzig (Alemanha) com representantes alemães e austríacos, e, no final do congresso foi fundada a União Alemã de Ciclismo. No mesmo ano, foi construído o primeiro velódromo em Berlim (Alemanha), atraindo a atenção de vários fãs e espectadores. Neste mesmo ano, foi erguida a primeira estátua para um atleta nos tempos modernos. Isto aconteceu em Toronto (Canadá) na margem do lago Ontário. O atleta homenageado foi Edward Hanlan, remador. A sua carreira começou em 1874, sagrando-se campeão canadense, e foi até 1884, vencendo todas as competições das quais participava.

Em agosto de 1886, foi fundada em Berlim a Federação Alemã de Natação. Três anos antes, já haviam acontecido as primeiras competições.

Em 1889, por iniciativa dos nadadores austríacos, aconteceu em Viena o primeiro campeonato europeu de natação, disputado nas distâncias de 68 metros e 1.598 metros.

Em 1890, aconteceu a fundação da Federação de Hóquei sobre o Gelo de Ontário (Canadá). O governador britânico, Lord Stanley of Preston, criou o prêmio Stanley Cup. Os canadenses criaram e desenvolveram tudo que é relativo ao hóquei sobre o gelo. O jogo contém traços de jogos indígenas, irlandeses e britânicos. A primeira equipe a vencer o Stanley Cup, em 1894, foi a Montreal Amateur Athletic Association.

Em junho de 1891, foi fundada em Duisburg (Alemanha) a União Atlética Alemã. A União não conseguiu porém, unificar todas as associações e clubes de lutas e levantamento de peso já existentes. Em competições, atletas de lutas atuavam em levantamento de peso e vice-versa. Os atletas eram considerados muito atraentes e bonitos. A luta livre praticada por ingleses e americanos se assemelhava às lutas da Antiguidade, enquanto a luta no estilo greco-romano praticada por franceses e alemães nada tinha nem de grego nem de romano. Antigamente, os franceses lutavam em pé e podiam continuar no chão; para os alemães, a luta terminava quando um dos lutadores era derrubado.

Em novembro de 1892, o secretário da Union des Sociétés Françaises de Sports Athlétiques, Pierre de Coubertain, fez um pronunciamento na festa dos cinco anos da União. Ele preconizou que o esporte seria uma ferramenta para a paz e finalizou: se os alemães desenterraram o que restou de Olímpia (as escavações começaram em outubro de 1875), por que os franceses não poderiam reviver a glória de épocas passadas? Coubertain tinha esperado que o tomassem por louco, tinha esperado protestos, oposição e ironia, mas todos o aplaudiram e lhe desejaram sorte. Poucos o entenderam. Ele, porém, não desistiu. Em 1893 realizou um congresso na Universidade de Sorbonne, em Paris (França), onde foram discutidos temas e questões relativas a esporte e amadorismo. O último tópico foi:"Possibilidades e condições para a reconstituição dos Jogos Olímpicos", quase não entendido por ninguém. Um ano mais tarde, em 1894, ele realizou outro congresso, desta vez com o título "Congresso para a reconstituição dos Jogos Olímpicos".

Este Congresso terminou em 23 de junho de 1894 com a fundação do Comitê Olímpico Internacional (COI) e seus fundadores /representantes foram: Demetrios Bikelas (Grécia), Pierre Baron de Coubertain e E. Callot (França), Alexander Boutowski (Rússia), Viktor Balck (Suécia),

W. Sloane (EUA), Jiri Guth-Jarkowsky (Boêmia), F. Kemény (Hungria), C. Herbert e Lord Ampthill (Grã-Bretanha), J.B. Zubiaur (Argentina) e L.A. Cuff (Holanda). Provisoriamente entraram o Conde Lucchesi Palliu (Itália) e Conde Max de Bousies (Bélgica). Em 1895, entrou no comitê o representante alemão, Willibald Karl August Gebhardt. Por insistência de Demetrios Bikelas, os primeiros Jogos Olímpicos da Era Moderna deveriam ser realizados em 1896, em Atenas.

Pierre de Coubertain não ficou satisfeito com a escolha de Atenas para sediar os primeiros Jogos Olímpicos, pois ele não acreditava que a Grécia fosse capaz de tal proeza. Os seus planos era realizar os Jogos em 1900 em Paris junto com a Exposição Mundial. No final, ele admitiu que a Grécia tinha direitos históricos de sediar os Jogos. Descobriu-se, porém, que Demetrios Bikelas não era representante do governo grego, não podendo representá-lo. O maior problema, porém, foi econômico: Quem financiaria os Jogos? Coubertain viajou para a Grécia e conseguiu a adesão do príncipe Constantino, que presidiu o Comitê de Organização. Mais ajuda veio do Cairo (Egito), na pessoa do milionário grego Giorgios Averhoff, que doou 900.000 dracmas de ouro para a construção do Estádio Olímpico, que tinha capacidade para 70.000 espectadores. Até o término da construção, quase toda a população grega estava entusiasmada com os Jogos. Giorgios Averhoff não participou dos Jogos. Ele temia que uma alegria tão grande se apoderasse de sua pessoa, e que seu coração não resistisse.

Em julho de 1894, aconteceu a primeira corrida de automóveis na França. A corrida foi patrocinada pelo jornal *Le petit journal* que abriu inscrições para a "corrida com carros sem cavalos", com um trajeto de 126 km entre Paris e Rouen.

Em 6 de abril de 1896, o primeiro dia dos primeiros Jogos Olímpicos da Era Moderna, o estádio se encontrava toalmente tomado pelos espectadores. Ao lado de representantes de todos os países participantes, encontravam-se altos funcionários e a família real grega. O rei declarou os Jogos abertos e teve então início as competições, começando com as eliminatórias dos 100 metros. O estudante norte-americano James Brendan Conolly desembarcou no mesmo dia em Atenas e teve que se apressar para não perder a prova do salto triplo, vencendo-a com a distância de 13,71 m. Ele ainda conseguiu a segunda colocação no salto em altura (1,65 m) e a terceira no salto em distância (6,11 m). Um outro norte-americano, Robert Garrett, venceu a prova de lançamento de disco, mesmo tendo visto e usado o disco pela primeira vez durante os Jogos.

Os resultados dos Jogos Olímpicos, porém, não foram significativos, pois não espelharam a situação esportiva da época. Thomas Burke venceu os 100 m em 12,0 segundos, mas o recorde mundial desde 1891 era de 10,8 segundos. Ellery Clarck venceu o salto em altura com 1,81 cm, porém o recorde mundial desde 1895 era de 1,97 m. Outras provas também demonstraram que os melhores atletas da época não participaram dos jogos, e que aqueles que competiram o fizeram mais por acaso, uma vez que não foram realizadas provas eliminatórias.

No dia 9 de abril de 1896, os ginastas alemães venceram cinco das oito provas de ginástica, porém tal supremacia também se deveu ao fato da fraca concorrência. Na prova de argolas, um grego ganhou, mesmo tendo sua apresentação sido inferior à do alemão Hermann Weingartner, o segundo colocado. As provas disputadas em equipes, barra fixa e barras paralelas, também foram vencidas pelos alemães, na primeira sem concorrentes, e na segunda derrotando os gregos. O ginasta alemão mais famoso foi Carl Schuhmann. Não por ter vencido a prova de salto sobre o cavalo, mas por sua vitória sensacional na competição de luta, sendo desde então chamado de 'pequeno Apolo'. Apesar de a Suíça não ter participado dos Jogos, o suíço Louis Zutter viajou para Atenas, foi acolhido pela equipe alemã e ganhou a medalha de ouro na prova do cavalo com alças e ainda duas medalhas de prata.

No dia 10 de abril de 1896, 25 corredores estavam inscritos para a corrida da maratona, que seria realizada às 14:00. Nenhum dos corredores tinha experiência nesta distância e os estrangeiros nem conheciam o percurso. A ideia da corrida foi do filólogo francês Michel Bréal e desde o início contou com o entusiasmo e a simpatia dos gregos. A corrida foi vencida pelo grego Spyridon Louis com o tempo de 2:58:50 h. Nos últimos 100 m de sua corrida, já no estádio, os príncipes Constantino e George se juntaram a ele e cruzaram juntos a linha de chegada. Para aumentar ainda mais a glória e alegria dos espectadores, tanto o segundo quanto o terceiro colocados também eram gregos. O terceiro, porém, foi desclassificado, pois percorreu parte do percurso de carro.

No dia 11 de abril de 1896, aconteceram as provas de natação. Como ainda não havia uma piscina de 50 metros em Atenas, as provas seriam realizadas no mar. Tanto a saída como a chegada eram cordas amarradas a boias e a água era muito fria. A prova dos 100m foi vencida pelo húngaro Alfred Hajos; a prova dos 500m foi vencida pelo austríaco Paul Neumann. A prova dos 1.200 m também foi vencida por Alfred Hajos, que para escapar do frio passou uma grossa camada de sebo no corpo.

Para as provas de ciclismo, os gregos construíram um pista nova que satisfazia a todas as exigências. Os ciclistas franceses Paul Masson e León Flameng dominaram as provas. Masson venceu os 2.000 m e 10.000 m, Flameng é terceiro nos 2.000 m, segundo nos 10.000 m e vence os 100 km em pista. O austríaco Adolf Schmal venceu a prova das 12 horas, percorrendo 314,997 km neste espaço de tempo. A maratona dos ciclistas foi disputada de Phaleron a Maratona, ida e volta, perfazendo um total de 87 km, e foi vencida pelo grego Aristidis Konstantinidis com um tempo de 3:22:31 h. O segundo lugar foi do alemão August Goederich, que não fazia parte da equipe alemã, e que nas reportagens foi descrito como um austríaco naturalizado grego. Na verdade, ele foi para Atenas como passageiro clandestino e não era conhecido no meios ciclísticos alemães. As provas de remo e vela foram canceladas, pois as condições climáticas não se mostraram favoráveis.

No dia 14 de abril de 1896, deveria ter sido celebrada a festa de encerramento dos primeiros Jogos Olímpicos da Era Moderna, o que não aconteceu, pois no dia chovia muito. No dia seguinte, o céu estava claro e então aconteceu a festa. Um estudante de Oxford fez um pronunciamento em grego antigo. Todos os vencedores foram honrados, recebendo um diploma, uma medalha e um ramo de oliveira. As *performances* dos atletas foram louvadas e os ideais pedagógicos e humanitários de Coubertain receberam fortes impulsos. E como foi prometido pelos ladrões, não houve nenhum roubo ou furto durante os Jogos. O Hino Olímpico de Spyro Samara encerrou as festividades. Por tudo isso e mais um pouco, é compreensível o fato de os gregos não quererem que os Jogos saíssem da Grécia, o que estava previsto por Coubertain, e que se tornou sua próxima luta, pois o rodízio de cidades era parte integrante de seus ideais e planos.

Em 1899, Marshal Walter Taylor venceu 23 das 25 corridas de bicicleta nas quais se inscreveu, tornando-se campeão americano e mundial. Taylor nasceu em Indianápolis. Foi de mecânico a garçom, e depois começou a trabalhar em equipes de ciclismo. Começou cuidando das bicicletas, depois testando-as e também as pistas novas, e por fim participou de uma prova de novatos, vencendo-a. Um empresário acreditou em seu talento e começou a treiná-lo. Em 1892, Taylor quebrou três recordes mundiais em provas disputadas no Madison Square Garden. Taylor foi discriminado pela sua cor, por não beber, fumar ou praguejar, por não competir aos domingos, e principalmente por não aceitar propinas ou subornos, atitudes comuns nessa época no profissionalismo. Não encontrando mais concorrentes nos EUA, ele foi para a Europa e Austrália atrás de competições e desafios.

- Em 1850 – É disputada a primeira regata no lago Alster em Hamburgo (Alemanha). Fundação do primeiro clube de remo sueco em Gotemburgo, e, em Estocolmo, acontecem provas públicas de natação para mulheres.
- Em 1852 – No livro *Laws of Life*, Elisabeth Blackwell reclama da educação somente intelectual para meninas e exige ginástica para as estudantes, seguindo o modelo sueco.
- Em 1856 – J. Thorensen Rue, da Noruega, inicia nos EUA o transporte dos correios sobre esquis, entre as cidades de Carson e Placerville, pecorrendo a distância de 150 km. Ele também ajuda a formar o primeiro clube de esqui em 1867 em La Forte, Califórnia (EUA).
- Em 1859 – Primeira viagem internacional de uma equipe britânica de críquete para os EUA e Canadá. Os britânicos vencem todos os jogos.
- Em julho de 1860 – Festa Alemã de Ginástica *(Turnfest)*, em Coburg reunindo 1.000 atletas de 139 cidades.
- Em maio de 1861– É realizada a primeira festa de ginástica *(Turnfest)* na França. Em julho do mesmo ano, é fundada a Federação Alemã de Tiro, a primeira Federação na Alemanha.
- Em agosto de 1862 – Primeira competição de remo na Suíça, em Zurique, na distância de 800 m, vencida por um barco britânico.
- Em abril de 1863 – Louis Bennett corre 18.590 m em uma hora, em Londres, recorde que perdura por 34 anos.
- Em agosto de 1865 – Primeira festa de ginástica *(Turnfest)* na Bélgica e fundação da Federação Belga de Ginástica.
- Em 1868 – É fundado, em Nova Iorque (EUA), o New York Amateur Athletic Club, o primeiro clube norte-americano de atletismo.
- Em 1869 – É fundado o Altonaer Bicycle-Club (Alemanha), o mais antigo clube de ciclismo do mundo.
- Em 1870 – Primeira corrida ciclística de estrada na Itália, indo de Florença a Pistoia (33 km), vencida por um norte-americano.
- Em 1872 – O inglês Edward Muybridge consegue, pela primeira vez, fotografar atletas em movimento.
- Em 1873 – Primeira competição mundial de bilhar em Nova Iorque (EUA).
- Em 1874 – Em Dresden (Alemanha), acontece um jogo de futebol entre americanos e ingleses. Fundação do Football-Club Dresden.
- Em 1876 – Primeira festa de ginástica *(Turnfest)* em Portugal, no Coliseu dos Recreios em Lisboa. Em fevereiro deste ano, é fundada em Nova Iorque (EUA) a National Baseball League.

- Em 1880 – Viktor Silberer funda na Áustria o jornal *Allgemeine Sportzeitung*.
- Em outubro de 1882 – É realizado um torneio em Paris (França) com provas de 150m, 300m, 500m e 1.200m e com prêmios em dinheiro.
- Em 1883 – Realizada pela primeira vez a regata internacional Semana de Kiel (Alemanha).
- Em maio de 1888 – São realizadas as primeiras competições de atletismo na Austrália, em Sydney.
- Em agosto de 1889 – É realizada a última luta de boxe sem luvas: John Lawrence Sullivan vence Jack Kilrain após 75 assaltos.
- Em setembro de 1892 – James J. Corbett é campeão mundial de boxe após 21 assaltos contra Sullivan. É a primeira luta com luvas.
- Em 1894 – Primeiro confronto entre as universidades de Yale (EUA) e Oxford (Grã-Bretanha), que vence o encontro.
- Em julho de 1898 – É disputada a primeira maratona na Alemanha, em Leipzig. O vencedor faz o tempo de 3:19:50h. No mesmo mês, é disputado o primeiro campeonato mundial de levantamento de peso, em Viena (Áustria). É também realizado o primeiro campeonato alemão de atletismo, em Hamburgo.

Fatos

- Com o crescimento e desenvolvimento da burguesia, a ginástica *(turnen)* se torna obrigatória nas escolas, e, a partir de 1860, também para as meninas. Os clubes e associações de ginástica *(turnen)* crescem, organizam-se *(Deutsche Turnerschaft)* e entendem-se como centros nacionalistas também com função de formação militar.
- Acontece uma divisão dos ginastas, pois os trabalhadores são de opinião contrária e criam sua propria organização *(ATB, Arbeiter Turnerbund)*.
- A partir de 1850, o movimento de emancipação feminina se fortalece, possibilitando às meninas e moças o acesso aos clubes de ginástica *(turnen)*.
- As invenções também começam a ser introduzidas nos esportes (carro, bicicleta e motocicleta).
- A partir de 1850, o esporte começa a se espalhar pelo continente europeu. Novos esportes são criados e antigos são resgatados (boxe, futebol, remo, tênis, hóquei, golfe etc.). Os modelos ingleses de clubes, federações e campeonatos são adotados pelos outros países europeus.
- As mulheres começam a participar com mais intensidade e frequência, sendo os esportes mais praticados a natação, o tênis, o remo, a esgrima e a patinação.

- Os clubes alemães de ginástica relutam em aceitar os esportes, pois os consideram pouco patriotas.
- Até o fim do século XIX, a Revolução Industrial se espalhou por toda a Europa. Características dessa época são o racionalismo, o intelectualismo, pensamento competitivo, de rendimento e de padronização. Em oposição, ocorre um movimento que enfatiza o irracionalismo, a espontaneidade, o individualismo e a volta à natureza. Com isso, surge uma nova visão do corpo e uma reforma pedagógica.
- O esporte feminino cresce cada vez mais, a ginástica escolar *(turnen)* dá lugar a uma educação física escolar mais diversificada (jogos, natação, atletismo). Novas ginásticas são desenvolvidas: funcional, rítmica.
- O Movimento Olímpico criado por Pierre de Coubertin é reforçado por descobertas arqueológicas em Olímpia, pela difusão das ideias inglesas de esporte e pela situação política (prestígio nacional e anseios pela paz).

De 1900 a 1909

No início de abril de 1900, aconteceu pela quinta vez a corrida de bicicletas entre Paris e Roubaix com um percurso de 265 km. A corrida era conhecida como o "inferno do norte", pois, na última etapa, no norte da França, o pavimento era de paralelepípedos, e aqui geralmente aconteciam as decisões dos primeiros lugares. Neste ano, o vencedor da prova foi o francês Emile Bouhours com um tempo de 7:10:30.

No dia 14 de abril de 1900, foi aberta a Exposição Mundial em Paris, que a sediou pela quinta vez e desta vez dispôs de uma área de 1 milhão de metros quadrados, onde foram mostrados os grandes avanços da humanidade. Pierre de Coubertain imaginou que aquela seria uma boa oportunidade para a inclusão dos 2º Jogos Olímpicos da Era Moderna. Porém, muitos atletas não souberam que participariam de Jogos Olímpicos que durariam de maio até o final de outubro. Os preparativos e planejamentos foram complicados, difíceis e recheados de intrigas, a maior parte delas nunca resolvidas.

De 20 a 25 de maio de 1900 foram disputadas as provas de vela. Os organizadores decidiram realizar as provas no rio Sena, e os participantes foram divididos em sete classes. Em agosto aconteceu ainda uma prova para barcos até 20 toneladas, não mais em Paris, mas na costa, perto de Le Havre.

Do dia 21 de maio ao 27 de junho de 1900, aconteceram as provas de esgrima. Foram realizados três campeonatos para os amadores, três para os profissionais e um aberto para todos. A grande maioria dos vencedores foram franceses. Somente o cubano Ramón Fonst e o italiano Antonio Conte conseguem medalhas de ouro. A diferença de habilidade e técnica foi muito grande. Na final do campeonato aberto, Ramón Fonst perdeu para o francês Albert Ayat sem ter conseguido acertar um único golpe no oponente.

De 29 de maio a 2 de junho de 1900, aconteceram as provas hípicas. A grande maioria dos participantes foi composta de oficiais franceses e de alguns belgas, sendo estes também os vencedores de quase todas as provas. Apenas um cavaleiro italiano conseguiu dois segundos lugares, nas provas de salto em altura e distância.

Nos dias 8 e 9 de julho de 1900, aconteceu o campeonato de tênis. Devido ao erros e desacertos acontecidos durante a organização, Pierre de Coubertain não conseguiu mais impedir a participação feminina, e 6 mulheres participaram do campeonato de tênis. A inglesa Charlotte Cooper venceu na final a francesa Hélène Prévost por 6:1 e 6:4. Ela tornou a vencer a final de duplas mista ao lado de Reginald Frank Doherty, derrotando Prévost e o irlanês Harold S. Mahoney. Os astros do tênis eram os irmãos Doherty. Reginald venceu as finais de Wimbledon em 1897, 1898, 1899 e 1900 e com seu irmão Hugh, nos mesmos anos, as finais nas duplas masculinas. Na final masculina Hugh R. Doherty venceu Mahoney por 6:4,6:2 e 6:3. A final de duplas masculina também foi vencida pelos irmãos Doherty.

Entre os dias 14 e 16 de julho de 1900, foram disputadas as provas de atletismo. Ainda não existiam painéis ou placares para a visualização dos resultados. Estes eram anunciados em voz alta por juízes equipados com um pequeno e rudimentar megafone, o que provocou muita confusão, pois muitas pessoas não conseguiram escutar as mensagens ou ouviram apenas fragmentos dos resultados. A pista de corrida de 500 metros era de grama e havia uma pequena arquibancada na sua lateral. A prova de 400m foi vencida pelo americano Maxey Long; a corrida de 60m foi vencida pelo austríaco naturalizado americano Alvin Kraenzlein, que se tornou o astro do atletismo, pois ainda venceu as provas de 200m com barreiras, salto em distância e 110m. com barreiras. A corrida dos 1.500 m foi vencida pelo inglês Charles Bennett. Como algumas provas aconteceram aos domingos, muitos atletas não participaram por questões religiosas.

O americano Irving Baxter venceu a prova de salto em altura com 1,90 m. Ele ainda tentou quebrar o record mundial de 1,97 m, mas falhou. Mesmo se tivesse conseguido, de nada adiantaria, pois em uma competição para profissionais, o recordista Mike Sweeney estabeleceu uma nova marca com 1,99 m. A final do salto com vara estava marcada para um domingo, mesmo sob protestos da equipe americana. Baxter venceu a prova, mas a equipe americana protestou e uma nova disputa foi realizada na segunda-feira. Outros dois americanos conseguiram o primeiro e segundo lugares, mas este fato não foi registrado em nenhum lugar, e para as estatísticas valem a primeira competição. O americano Myer Prinstein venceu o salto triplo com 14,47m.

A prova de lançamento de disco aconteceu perto de um bosque, e várias tentativas foram anuladas, pois o disco entrou pelo meio das árvores. O húngaro Rudolf Bauer venceu a prova com a distância de 36,04 m. O tcheco Frantisek Janda-Suk inovou, mostrando uma técnica na qual ele se agachava e girava duas vezes em torno de si antes de lançar o disco. Ficou em segundo lugar. O arremesso de peso foi vencido pelo americano Richard Sheldon, e no lançamento do martelo, o campeão foi o irlândes, mas com passaporte americano, John Flanagan com a distância de 49,73 m.

A prova do cabo-de-guerra fazia parte do atletismo. O resultado final colocou os americanos na frente dos noruegueses e franceses. Os noruegueses só tinham dois atletas em sua equipe, assim como a Dinamarca e a Suécia. O resultado foi a união dos grupos e a formação de um time escandinavo.

No dia 12 de agosto de 1900, foram realizadas as provas de natação no Rio Marne, um afluente do Rio Sena. Foi grande o número de espectadores, pois havia muito para ser visto. Aconteceram saltos de uma plataforma nos quais os atletas realizaram algumas rotações e piruetas. Esta, porém, não era uma prova olímpica, ao contrário dos 200 m com obstáculos, por incrível que pareça. A prova começava com a escalada de uma barra, depois os nadadores deviam subir e atravessar alguns barcos colocados lado a lado, e uma próxima fileira de barcos devia ser transposta por debaixo da água. O campeão foi o australiano Frederick Lane. Outra prova olímpica de natação foi o nado debaixo da água. Para cada metro nadado ganhava-se dois pontos e para cada segundo debaixo da água, um ponto. O vencedor foi o francês Charles de Vendeville com a distância de 60 m e o tempo de 1:08,4 min.

No dia 26 de agosto de 1900, aconteceram as provas de remo. Na final do dois com patrão, o barco holandês resolveu retirar o seu patrão e colocar em seu lugar um menino de sete anos. A tática funcionou e o barco venceu a prova. O garoto se tornou o mais jovem vencedor nos Jogos Olímpicos, porém desconhecido. Na prova do quatro com patrão, foram sagrados dois campeões: um barco francês e um alemão venceram, pois devido a algumas confusões foram necessárias duas provas finais.

Em fevereiro de 1901, foram celebrados pela primeira vez em Estocolmo (Suécia) os Jogos Nórdicos de Inverno, com provas de esqui cross-country de 30 km, 60 km e 206 km, patinação no gelo com provas de 500 m a 10.000 m, patinação artística e curling, e dentro da Ópera, esgrima, ginástica e danças. O final foi celebrado com uma grande queima de fogos.

Em 10 de março de 1901, os dois ciclistas artísticos Paul e Otto Luders mostraram ao público um novo esporte. Em vez de realizarem piruetas e outras acrobacias sobre a bicicleta, eles delimitaram um campo, colocaram dois gols em cada ponta, e jogaram futebol sobre e com as bicicletas, a bola só podendo ser tocada com as rodas das bicicletas.

De 27 a 29 de junho de 1901, aconteceu a primeira corrida de carros entre Berlim e Paris. A chegada foi no Hipódromo de Berlim. A corrida foi organizada pelo Automóvel Clube alemão e francês, e foi dividida em três etapas: Paris – Aachen, Aachen – Hannover e Hannover – Berlim, num total de 1.206 km.

Em julho de 1901, aconteceu em Berlim, o campeonato mundial de ciclismo. Dois atletas se destacaram: o alemão Thaddeus Robl e o dinamarquês Thornvald Ellegaard.

Em agosto de 1901, aconteceu pela terceira vez o Concours Hippique na cidade belga de Spa. O concurso foi muito famoso e não sofreu influência de nenhum haras estatal, como acontecia na França, na Alemanha e no Império Austro-Húngaro. Os atrativos foram a criação de novos obstáculos, como a barreira tripla, e a alta premiação em dinheiro.

Em janeiro de 1902, aconteceu em Londres (Inglaterra), o campeonato mundial de patinação artística. O vencedor foi o sueco Ulrich Salchow, que mostrou um salto inédito, e se tornou bicampeão, pois vencera o último campeonato mundial em Estocolmo. Neste ano, poucos foram os seus adversários e, assim, uma mulher foi admitida na competição. A inglesa Madge Syers venceu todos os outros competidores, menos Salchow, e terminou em segundo lugar.

Em abril de 1902, aconteceu em Paris (França), mais um concurso hípico. Era um evento que atraía centenas de pessoas, pois o Grand-Palais era uma grande arena coberta. Neste ano, foi introduzida a prova "Championnat du cheval d'armes", hoje denominado de concurso completo ou evento dos três dias. Os participantes deviam realizar as seguintes provas: primeiro uma prova de adestramento; no dia seguinte, uma corrida de steeplechase de 4.000 metros; no dia seguinte, uma corrida de longa distância de 60 km com tempo mínimo, e no último dia, uma prova de saltos.

Em 15 de julho de 1902, o bicampeão olímpico de natação, o inglês John Arthur Jarvis, venceu em Berlim o Troféu do Imperador. Ele foi o recordista nas distâncias de 440 jardas, 550 jardas, 880 jardas, 1.000 metros, e na milha. O seu sucesso se deveu ao seu estilo singular de nadar: os braços eram movidos alternadamente, por baixo e por cima da água. Estilo que ele chamou de crawl e que nada mais é do que um desenvolvimento do antigo estilo cachorrinho.

Em outubro de 1902, um restaurante nos arredores de Berlim mostrou uma inovação tecnológica no esporte bolão (similar ao boliche).

Foi instalada uma máquina automática para levantar os pinos e para devolver a bola para os jogadores. Com isso, o jogo ganhou em rapidez e mais jogadores podiam jogar.

No dia 31 de maio de 1903, aconteceu a final do primeiro campeonato alemão de futebol. Com cerca de 500 espectadores, o jogo começou com meia hora de atraso, pois o juíz teve que procurar uma bola para o jogo. A final foi entre o VFB Leipzig e o DFC Prag. Isto porque, no dia da fundação da Federação Alemã de Futebol, mesmo após intensas discussões, não se havia chegado a uma conclusão definitiva se os clubes alemães do exterior poderiam ser aceitos ou não. Com esta indecisão, chegou até a final o time alemão de Praga. Após o primeiro tempo, o jogo estava empatado em 1:1, mas ao final do segundo tempo, a equipe de Leipzig venceu com o placar de 7:2.

Na madrugada do dia 1º de julho de 1903, foi dada a largada para a primeira Tour de France. Setenta e cinco ciclistas tinham se inscrito, mas somente 60 puderam participar. O organizador e idealizador da prova foi o ex-ciclista Henri Desgrange, editor da revista *L'Auto*. Ele dividiu a corrida em seis etapas: Paris-Lyon (467 km), Lyon-Marseille (374 km), Marseile-Toulouse (434 km), Toulouse-Bordeaux (268 km), Bordeaux-Nantes (425 km) e Nantes-Ville d'Arvay (Paris, 460 km). Foi organizado um grande esquema para controle dos ciclistas, para que eles percorressem exatamente o caminho demarcado. Mesmo assim, um deles foi desclassificado sob a acusação de ter sido rebocado em alguns trechos por um carro. O vencedor foi Maurice Garin com um tempo de 93:29 horas e pela vitória ele recebeu 3.000 francos. Um dos motivos para a realização da corrida era o de aumentar o número de vendas de sua revista, que faria a cobertura jornalística de toda a prova. Isto, porém, não aconteceu.

Em outubro de 1903, aconteceu um acidente mortal na corrida dos 100 km de bicicleta com moto pace-maker (vai à frente determinando a velocidade). A moto de um dos favoritos, o alemão Alfred Goernemann escorregou, caiu e o ciclista também caiu embaixo da moto. Ele fraturou o crânio e a coluna cervical e morreu naquela noite. Em outras provas, acidentes similares aconteceram, mas como elas eram muito populares, poucas providências foram tomadas. O ciclista francês Eugen Brunni construiu, a partir de um velho capacete militar, uma espécie de máscara protetora.

Em 21 de maio de 1904, foi fundada a FIFA (Fédération Internationale de Football Association). Isto aconteceu após várias dicussões, principalmente com a FA *(Football Association)* britânica, que se recusou a participar, mesmo tendo os integrantes da FIFA assegurando que as regras adotadas seriam as inglesas. A Federação Alemã de Futebol enviou seu registro para a FIFA pelo telégrafo. Isto teve como consequência a exclusão da Federação de todas as equipes alemãs sediadas no exterior.

Em julho de 1904, aconteceu pela segunda vez a corrida ciclística Tour de France com o mesmo percurso. Atletas, técnicos e mecânicos se preocuparam em como vencer a prova apesar de todos os imprevistos, que foram muitos. Durante esta segunda edição da corrida, aconteceram vários incidentes com ciclistas, e, no final, descobriu-se que foram todos vítimas de sabotagens. Um teve diarreia, pois foi lhe dado um laxante; outro mal conseguia pedalar, pois colocaram pó-de-mico em sua camisa; um outro ciclista caiu, pois o quadro de sua bicicleta tinha sido serrado; e vários outros ciclista tiveram seus pneus furados durante o percurso.

Mais uma vez, os Jogos Olímpicos foram realizados dentro de uma Exposição Mundial, desta vez nos EUA, na cidade de St. Louis, no período de 1 de julho a 23 de novembro de 1904. A grande maioria dos competidores foi de americanos, e 12 foram os países participantes. Não existiu um Estádio Olímpico propriamente dito, pois grande parte das provas foi realizada no complexo esportivo da Universidade de Washington. O interesse demonstrado pelo público foi médio.

No final de agosto e início de setembro, foram disputadas as provas de atletismo. O americano Archie Hahn venceu as provas de 200 m (21,6 s), a prova de 60 m (7,0 s) e a prova dos 100 m (11,0 s). Outro americano, Harry Hillman, venceu a prova de 400 m, 400 m com barreiras e 220 jardas com barreiras. Em ambas as provas com barreiras, o terceiro lugar foi do americano George Poage, que se tornou o primeiro negro a receber medalhas olímpicas. James Lightbody venceu as provas de 800 m, 1500 m e 2500 m com obstáculos. O salto em altura com corrida foi vencido pelo gigante (2,05 m) Samuel Jones com a fraca altura de 1,80 m.

O salto em distância foi vencido pelo americano Myer Prinstein, com a distância de 7,34 m., que também venceu o salto triplo. Seu colega Charles Dvorak venceu o salto com vara, atingindo 3,50 m. Ainda foram vencidas por americanos as provas de lançamento de martelo por John Flanagan e arremesso de peso por Ralph Rose. A primeira competição do decatlo foi vencida pelo irlandês Tom Kiely. A prova da maratona foi marcada por um grande engano. Ao final da prova, entrou no estádio o atleta Fred Lorz aparentando pouco cansaço. Ele cruzou a linha de chegada e foi sagrado vencedor. Logo após, entrou outro corredor, cambaleando e muito cansado e desgastado, que, após cruzar a linha de chegada procurou uma sombra para se deitar e adormecer. De início, ninguém reparou muito neste espisódio, mas algumas horas depois, foi descoberto o mistério. Fred Lorz era um corredor de meio-fundo, que entrou na competição da maratona mais que por acaso. Logo no início da corrida, ele teve cãibras e entrou em um dos carros que acompanhavam os corredores. Quase no final do percurso, as cãibras acabaram e o motorista disse brincando que ele deveria continuar a corrida, pois eles tinham ultrapassado todos os corredores. Lorz achou que valeria a pena a brincadeira e assim o fez, só que a alegria e a súbita fama fizeram-no esquecer seu embuste e ele ficou com o troféu. Tudo isto foi descoberto; o outro corredor recebeu a condecoração, e Fred Lorz foi excluído de todas as competições por toda a sua vida.

Assim como o atletismo foi dominado pelos americanos, as provas de natação, realizadas de 5 a 7 de setembro, ficaram quase todas nas mãos dos alemães, que retornaram com dez medalhas. As provas foram disputadas em um lago artificial, uma melhoria em relação ao mar aberto ou ao rio das competições anteriores. Porém, os blocos de saída eram uma grande balsa, que quase afundou quando todos os nadadores se colocaram em suas posições.

As provas de esgrima, realizadas nos dias 8, 9 e 10 de setembro, desta vez somente para amadores, foram quase todas vencidas por atletas cubanos.

O torneio de futebol, realizado entre 16 e 23 de novembro, contando com duas equipes americanas e uma canadense, foi vencido pelos canadenses. Devido aos altos custos da passagem, nenhuma equipe europeia se fez representar nos Jogos Olímpicos.

As provas de ciclismo também foram dominadas pelos americanos. Marcus Hurley venceu quatro medalhas de ouro e uma de bronze. Das 21 medalhas distribuídas, 16 foram para os americanos. No mesmo ano, Hurley ainda se tornou campeão mundial dos amadores em Londres.

Nas provas de levantamento de peso, os quatro americanos tiveram apenas a concorrência de um grego. Não existia ainda a divisão em classes, nem regras, nem uma federação mundial. O grego venceu a competição.

A competição de ginástica olímpica aconteceu entre os meses de julho e outubro. Embora a língua oficial fosse o inglês, todos os papéis e documentos relativos à competição de ginástica olímpica foram em alemão. Participaram uma equipe americana, cujos integrantes eram quase todos alemães; outra equipe americana composta em sua maioria por noruegueses ou descendentes de noruegueses; e uma equipe alemã. Todas eram equipes de clubes. A competição individual de seis exercícios foi vencida por Julius Lenhart, que era austríaco, mas estava inscrito em uma equipe americana. A competição individual de nove exercícios foi vencida pelo ginasta profissional Adolf Spinnler, integrante da equipe alemã, mas de nacionalidade suíça.

Em agosto de 1904, aconteceu a primeira corrida de barcos entre Calais (França) e Dover (Inglaterra). O francês Maurice Védrine venceu com o barco Mercedes IV. Ele venceu a distância de 40,7 km em 1:00:07 h, fato marcante, pois até então nenhuma embarcação de 9.000 cv tinha realizado o percurso em menos de 90 minutos. Entre os dias 14 e 19 daquele mês, ele participou da corrida entre Paris e o Mar do Norte, que ele também venceu. A partir desta data, as corridas de barco começaram a ficar mais famosas .

Em fevereiro de 1905, aconteceram em Estocolmo (Suécia) mais uma vez os Jogos Nórdicos de Inverno. Devido ao déficit de neve, as provas de esqui foram transferidas para a cidade de Oestersund, a 600 km da capital. Dentro destes Jogos, aconteceu o campeonato mundial de patinação no gelo. Constavam ainda do programa corridas de skully no gelo, uma corrida de cavalos de Uppsala para Estocolmo de 100 km, uma corrida de esquis puxados por cavalos de 67 km e um torneio de bandy, um jogo similar ao hóquei, além de outras provas de esqui e de patinação.

Durante a primavera de 1905, aconteceu uma transação no futebol inglês que causou um grande alvoroço. O clube Middlesborough pagou a enorme quantia de 1.000 libras britânicas pela transferência do jogador Alf Commons do FC Sunderland. Isso foi possível devido ao grande número de espectadores nos jogos do campeonato inglês e a consequente grande arrecadação. Estas trocas entre os clubes não foram exceção, uma vez que havia mais de dez anos, já vinha sendo praticadas, mas as quantias cada vez maiores causaram espanto e até certa indignação na população.

Em setembro de 1905, aconteceram corridas tanto de motocicletas como de carros. A corrida mais importante para os motociclistas era a Coup Internationale des Motocyclettes, organizada pelo Motorcycle Club de France em Dourdan num circuito de 270 km. Equipes de cinco países participaram: França, Grã-Bretanha, Áustria, Alemanha e Dinamarca. Apenas os austríacos tinham condições de competir com os grandes favoritos, os franceses. O francês Demestre venceu a prova com o tempo de 3:43:43 h. O conde italiano Vicenzo Florio já patrocinava as corridas de barco e agora também o fez com uma corrida de carros, disputada na Sicília (Itália). Como seu condado na ilha era muito grande, ele não teve dificuldade em montar um percurso adequado de 503 km, passando por vales e montanhas. Porém, as condições das estradas eram péssimas, além do calor muito forte em setembro. Desta forma, não foi de admirar que um italiano tivesse vencido a prova em um tempo de 4:46:47 h.

De 22 de abril a 2 de maio de 1906, aconteceu em Atenas a comemoração dos dez anos dos primeiros Jogos Olímpicos da Era Moderna. Não foi uma competição organizada pelo COI (Comitê Olímpico Internacional) e sim pelos gregos, que ainda insistiam na permanência dos Jogos em solo grego e alegavam uma diluição e eventual desaparecimento dos ideais olímpicos se os Jogos fossem realizados em outras cidades. Vinte nações enviaram atletas para esta festa, e muitos europeus que por motivos financeiros, não puderam ir para St. Louis, aproveitaram a chance. Muitos atletas acreditaram estar ganhando medalhas olímpicas, porém não eram. Os americanos confirmaram seu favoritismo no atletismo; os suíços dominaram as provas de tiro; os italianos, as de remo; e a maratona foi vencida por um canadense.

Em 26 e 27 de junho de 1906, aconteceu o primeiro Grand Prix da França. Teria sido a sétima edição da corrida Gordon-Bennett, porém ele decidiu promover uma corrida de balões com o seu nome. Por isso, o Automobil Club de France intitulou a sétima edição como primeiro Grand Prix. A corrida foi aberta para pilotos e marcas, e não mais equipes de países, como vinha sendo. Também foi adotado um limite de peso dos carros. O Circuit de la Sarthe (103 km) deveria ser percorrido 6 vezes em dois dias. O duelo final foi entre o franco-húngaro François Szisz e o italiano Felice Nazzaro.

Em julho de 1906, a FIFA (Fédération Internationale de Football Association) elegeu como seu novo presidente o inglês Daniel Burley Woofall, durante seu congresso em Berna (Suíça). No ano anterior, além da Alemanha, também a Áustria, a Itália e a Hungria se associaram à Federação. O fato mais importante, porém, foi a associação da Inglaterra, que só o fez com garantias de que as regras adotadas fossem as da FA *(Football Association)* inglesa. Com isso, também se afiliaram a Escócia, o País de Gales e a Irlanda. As novas regras determinaram que o goleiro não mais poderia se locomover para frente na cobrança de um pênalti, apenas para os lados; a bola deveria sempre ser de couro; as chuteiras não poderiam conter partes de metal, e o juiz deveria escrever um protocolo ao final do jogo.

No dia 23 de outubro de 1906, um aparelho voador com duas asas e um motor de 150 cv voou um trecho de 220 metros a uma velocidade de 41,29 km/h, levando para isto 21,05 segundos. Este voo foi oficialmente reconhecido por uma autoridade francesa. O piloto foi o brasileiro Alberto

Santos Dumont, que não era nenhum desconhecido dos parisienses no que dizia respeito a máquinas voadoras. Em 1897, ele voou com um balão; em 1900, circundou a Torre Eiffel com um dirigível.

No dia 10 de junho de 1907, foi dada a largada para a maior corrida de carros já realizada até então. O jornal parisiense *Le Matin* patrocinou uma corrida de Peking (China) a Paris (França). Cinco equipes entraram na competição e no final o vencedor foi o príncipe Borghese, após 60 dias, dos quais 44 foram de corrida.

Em julho de 1907, nenhum inglês venceu no torneio de Wimbledon. No feminino, venceu a americana May Sutton — que já havia vencido em 1905 — usando uma saia que deixava à mostra os tornozelos. Um escândalo para a época! Na final masculina, o australiano Norman Brookes derrotou Hugh L. Doherty, pentacampeão do torneio. E em conjunto com o neozelandês Tony Wilding, Norman Brooks derrotou os irmãos Doherty na final de duplas masculina. Ambos vencem ainda no mesmo ano a Copa Davis.

Em fevereiro de 1908, aconteceu o campeonato mundial de patinação no gelo na cidade suíça de Davos. Os irmãos noruegueses Oscar e Sigurd Mathisen foram os astros da competição. Sigurd venceu os 500 m e Oscar venceu os 1.500 m, 5.000 m e os 10.000 m.

No dia 5 de abril de 1908, aconteceu na Basiléia (Suíça) o primeiro jogo de futebol internacional entre Alemanha e Suíça. Damas acompanhadas de cavalheiros, ao entrarem no estádio, recebiam uma barra de chocolate. O jogo aconteceu debaixo de chuva, mas isto não afugentou os 5.000 espectadores. No final, a Suíça venceu por 5:3.

De 27 de abril a 31 de outubro de 1908, foram realizados os 4º Jogos Olímpicos da Era Moderna. A primeira escolha do barão Pierre de Coubertin era a cidade de Roma (Itália). Porém, em 1906, foi escolhida Londres (Inglaterra) para sediar as competições. Foi planejada a construção de um grande estádio olímpico, e, para levantar fundos para esta construção, foi realizada uma exposição. O estádio foi um dos mais modernos já construídos até então. Tinha capacidade para cerca de 50.000 pessoas, possuía uma pista para as provas de ciclismo, uma pista para as provas de atletismo, um grande gramado — neste gramado, diante da tribuna principal, havia uma piscina de 50 m para as provas de natação e saltos com uma plataforma desmontável. Duas experiências negativas anteriores já tinham demonstrado que esta combinação não era benéfica para os atletas, mas desta vez os ingleses demonstraram muito mais interesse nas atividades desportivas.

De 14 a 25 de julho foram realizadas as provas de atletismo, e, para a surpresa de muitos, os americanos não venceram os 100 m,

200 m e 400 m. Aconteceu pela primeira vez uma prova de revezamento na seguinte configuração: 2 x 200m, 1 x 400m e 1 x 800m. A prova, vencida pelos americanos, ficou conhecida como revezamento olímpico, e, embora não faça mais parte do calendário atual, ainda é usada em alguns países nas competições juvenis. O salto em altura teve um atleta americano recebendo ouro e três medalhas de prata divididas entre um francês, um inglês e um húngaro. Isto devido às regras, que não davam vantagem ao menor número de tentativas. No salto com vara, dois atletas americanos receberam ouro; não há segundo colocado, mas três medalhas de bronze. Nas provas de salto em altura e distância parados, o vencedor foi um americano. O americano Ralph Rose venceu a prova de arremesso de peso, estabelecendo novo recorde olímpico. O lançamento de disco teve duas modalidades, grega e livre — ambas foram vencidas pelo americano Martin Sheridan — assim como o lançamento de dardo, estreando nos Jogos Olímpicos com dois estilos, a pegada livre e a central. Ambas as medalhas de ouro vão para o sueco Eric Lemming. A prova de 110 m com barreiras foi vencida pelo americano Forrest Smithson com um novo recorde mundial. O curioso é que Forrest correu todas as eliminatórias, a semifinal e a final com um pequeno livro na mão esquerda. Até hoje não se sabe o porquê disso. Alguns afirmam que era a Bíblia, outros dizem que era um livro sobre corridas e outros afirmam que eram as Aventuras de Sherlock Holmes. O mistério permanecerá. No dia 24, foi disputada a maratona com a distância de 42,263 km. O americano John Hayes venceu a prova, mas o fato mais marcante destes Jogos ficou por conta do corredor italiano Dorando Pietri. Ele entrou em primeiro no estádio para completar a última volta. De tão cansado e fatigado, caiu cinco vezes para depois se erguer e continuar. Na quinta queda, porém, foi ajudado por duas pessoas a continuar e terminar a corrida antes do americano, faltando apenas 5 m para o final. Ele foi desclassificado, mas no dia seguinte, foi convidado para o camarote real onde recebeu das mãos da rainha um pequeno troféu.

Na ginástica olímpica, aconteceu a estreia das atletas femininas inglesas, suecas, norueguesas, dinamarquesas e finlandesas. Não disputaram medalhas, mas receberam muitos aplausos do público.

As provas de natação, disputadas no dia 24 de julho, também tiveram o seu momento dramático. Na prova de revezamento de 4 x 200m os húngaros lideraram até os últimos 50 m, quando seu nadador se contorceu com cãibras, mas ainda nadou mais alguns metros para logo depois afundar. Seus colegas pularam na água e o retiram inconsciente. Os ingleses passaram à frente e venceram a prova, mas só comemoraram a vitória quando o nadador húngaro recobrou a consciência.

O inglês Henry Taylor ainda venceu os 400 m e 1.500 m. Nos saltos ornamentais, todas as medalhas foram para os atletas alemães.

As provas de remo foram quase todas vencidas por barcos ingleses.

No dia 29 de outubro, foram disputadas algumas provas de inverno, muito a contragosto do barão Pierre de Coubertin. Foram disputadas provas de patinação artística no gelo, boxe, tênis indoor, futebol e hóquei. Na patinação artística, venceu a dupla alemã, que dez meses antes havia conquistado o campeonato mundial em São Petersburgo (Rússia). Na prova individual masculina, venceu o sueco Ulrich Salchow, e na feminina a inglesa Madge Syers.

Uma luta de boxe histórica aconteceu em Sydney no dia 26 de dezembro de 1908. O campeão de todas as classes, Tommy Burns, teve que finalmente enfrentar o negro americano Jack Johnson, temido por todos. Johnson foi superior em técnica, altura e força e logo teve o controle da luta. Não nocauteou Burns, mas o fez de saco de pancadas. No final, policiais invadiram o ringue e declararam a luta por terminada, Johnson como vencedor. A notícia logo correu o mundo, e, nos EUA, a população negra idolatrou Johnson. O mundo esportivo aguardaria agora ansiosamente por um lutador branco que derrotasse Johnson.

Em março de 1909, a supremacia do futebol inglês era inquestionável. Na segunda partida da equipe alemã, agora contra os ingleses, o primeiro jogo terminou com a vitória inglesa por 5:1. A segunda partida foi realizada em Oxford, e a vitória inglesa desta vez foi de 9:0. Algumas semanas mais tarde, os ingleses também derrotaram os suíços por 9:0 e depois os holandeses por 4:0. A supremacia técnica dos ingleses se devia ao fato de que eram todos profissionais, com altos salários e intenso calendário esportivo.

Em 15 de março, aconteceu em Berlim (Alemanha), a primeira corrida de seis dias, nos mesmos moldes das corridas realizadas nos EUA. Os alemães não quiseram ficar atrás dos franceses, que tinham construído seu velódromo e se tornaram o centro do ciclismo na Europa. Das 15 equipes que começaram a prova, apenas 9 terminaram após 98 horas de prova.

No dia 9 de abril de 1909, aconteceu a 7ª edição do Meeting de Barcos de Corrida em Mônaco. Ao todo, estão inscritos 98 barcos e 27 lanchas. Um concorrente quase imbatível foi o barco Wolseley-Siddeley de propriedade do Duque de Westminster. Ele venceu a corrida de 100km no tempo de 1:35:09 h. Uma outra lancha conseguiu bater o recorde de velocidade, atingindo a velocidade de 66,42 km/h.

Em outubro de 1909, o lutador de boxe negro Jack Johnson travou novas lutas com lutadores famosos nos EUA, e todos esperavam que um lutador branco o derrotasse. Para isto, as lutas foram reduzidas para seis ou sete *rounds*. Johnson não perdeu nem ganhou nenhuma luta. Todas terminaram em empates, até que um lutador pouco conhecido o desafiou e aí Johnson o derrotou por nocaute.

No dia 8 de novembro de 1909, um carro da firma Benz & Cia de Mannheim (Alemanha) quebrou o recorde mundial de velocidade para automóveis, estabelecendo a fascinante marca de 205 km/h. O carro pesava 1.220 kg, tinha a potência de 200 cv e recebeu o nome de Blitzen-Benz. A façanha foi realizada na pista de Brookland em Weybridge (Inglaterra), especialmente construída para corridas de alta velocidade.

Datas e Acontecimentos

- Em 28.1.1900 – São fundados os clubes de futebol alemães FC Bayern München, FC Nürnberg, FC Kaiserslautern e Borussia Mönchengladbach.
- Em 30.3.1900 – É fundada em Montevidéu (Uruguai) a Uruguay Association Football League, mais tarde denominada Liga de Futbol Uruguay.
- Em 14.4.1900 – É fundada a União Ciclística Internacional (UCI) com 96 nações filiadas.
- Em 14.7.1900 – É aberta a primeira Exposição Internacional de Automóveis em Frankfurt (Alemanha).
- Em 8.4.1901 – A equipe de futebol da Áustria vence a equipe nacional da Suíça em Viena por 4:0.
- Em 21.5.1901 – O barão Pierre de Coubertin nomeia o suíço barão Godefroy de Blonay para assumir o primeiro cargo de secretário-geral do COI.
- Em 5.8.1901 – O irlandês Peter O'Connor estabelece novo recorde mundial para o salto em distância em Dublin (Irlanda) com 7,61m.
- Em 4.10.1901 – O veleiro americano Columbia vence pela segunda vez a America's Cup. Como resultado de uma aposta, o brasileiro Alberto Santos Dumont circunda, com uma aeronave dirigível, a Torre Eiffel.
- Em 1.1.1902 – Surge em Berlim a revista esportiva *Der Rasensport* que se dedica ao futebol e ao atletismo.
- Em 5.4.1902 – Durante um jogo de futebol entre Escócia e Inglaterra, acontece o desabamento de uma arquibancada, matando 25 pessoas e ferindo 340.
- De 9 a 20.9.1902 – É realizada a primeira travessia do Atlântico (London a Long Island), com um barco a motor, por William C. Neumann e seu filho.

- Em dezembro de 1902 – Uma lei na Grã-Bretanha proíbe a prática do futebol por mulheres. O dentista britânico Jack Marks desenvolve o primeiro protetor bucal para boxeadores.
- Em 17.5.1903 – A americana Agnes Wood corre as 220 jardas em 30,6s. É o primeiro registro de uma corrida feminina.
- De 17 a 18.9.1903 – O aeronauta suíço Eduard Spelterini sobrevoa os Alpes de Zermatt a Bignosco (Suíça).
- Em 17.12.1903 – Orville Wright consegue o primeiro voo motorizado, atingindo a distância de 265 m em 59 s.
- Em 22.6.1904 – Durante o encontro do COI em Londres, a cidade de Milão (Itália) se candidata para sediar os Jogos Olímpicos de 1908 e Berlim, para os Jogos de 1912.
- Em 20.11.1904 – É fundada a Federação Suíça de Esqui, reunindo 15 clubes e cerca de 700 sócios.
- Em 5.2.1905 – A Confederação Internacional de Patinação no Gelo decide promover provas para mulheres a partir de 1906.
- Em 6.8.1905 – John Vincent Duncker corre em Berlim (Alemanha) os 100 m, estabelecendo um novo recorde de 10,8 s. Ele tem dupla nacionalidade e, desta forma, tanto a Alemanha como a África do Sul reclamam o título.
- Em 5.11.1905 – São fundadas as Federações Alemã e Austríaca de Esqui.
- Em 28.1.1906 – A britânica Madge Syers vence o primeiro campeonato de patinação artística feminino em Davos (Suíça).
- Em 26.4.1906 – Sem a presença do barão Pierre de Coubertin, o COI elege a cidade de Londres para sediar os Jogos Olímpicos em 1908.
- Em 1906 – O sueco Lindberg corre os 100m em 10,6 s, marcados em um cronômetro manual com marcação de décimos de segundo. Um americano salta a 3,78 m no salto com vara, usando uma vara de bambu.
- Em 1907 – É fundada em Paris (França) a União Internacional de Tiro (UIT).
- Em 10.5.1907 – Durante a nona reunião do COI em Haia (Holanda), é feita a sugestão de que juízes não ingleses também participem das provas.
- Em 26.5.1907 – Em Hamburgo (Alemanha), é fundada a Federação Alemã de Golfe, seguindo as regras do Royal and Ancient Golf Club of St. Andrews.
- Em 26.8.1907 – Durante o primeiro Congresso Internacional das Organizações Juvenis Socialistas, é feita a requisição para o uso do esporte como instrumento político.

- Em 19.4.1908 – O governo alemão proíbe as organizações esportivas de trabalhadores de trabalhar com jovens, para não influenciá-los de maneira negativa.
- Em 15.5.1908 – É fundada em Paris (França) a Liga Internacional de Hóquei sobre o Gelo (LIHG) com representantes da França, Inglaterra, Bélgica, e Suíça.
- Em 19.7.1908 – É fundada, em Londres (Inglaterra), a Federação Internacional de Natação Amadora (FINA).
- Em 20.7.1908 – O primeiro presidente do COI, o grego Demétrios Bikelas, morre aos 73 anos.
- Em 8.10.1908 – A alemã Maria Gerstung nada os 100 m em 1:35,0 min, estabelecendo um recorde não oficial.
- Em fevereiro de 1909 – O norueguês Harald Smith estabelece um novo recorde em Davos (Suíça) saltando 48 m com esquis.
- Em 27.5.1909 – Durante a décima reunião do COI em Berlim (Alemanha), é escolhida Estocolmo (Suécia) para sediar os Jogos Olímpicos em 1912.
- Em julho – François Faber é o primeiro estrangeiro a vencer a Tour de France (ciclismo).
- Em 31.7.1909 – O americano Daniel Ahearne ultrapassa pela primeira vez os 15 m no salto triplo (15,39 m).

DE 1910 A 1919

EM JANEIRO DE 1910, aconteceu o Campeonato Mundial de Patinação Artística no Gelo em Berlim (Alemanha). O russo Panin, vencedor da prova nos últimos Jogos Olímpicos, não estava presente. O seu nome verdadeiro era Nikolai A. Kolomenkin, e era consultor fiscal em São Petersburgo (Rússia). No ano anterior, ele tinha conseguido um atestado médico que o liberava por dois meses do trabalho para poder treinar e competir em Londres. O golpe foi descoberto por seu superior, e, quando retornou, foi banido para a Sibéria.

Em fevereiro e março de 1910, aconteceu em Les Avants (Suíça) o primeiro campeonato europeu de hóquei sobre o gelo. Dos seis países fundadores, apenas quatro (Inglaterra, Alemanha, Bélgica e Suíça) mandaram equipes para o campeonato. A organização decidiu então acrescentar mais uma equipe inglesa. Os ingleses venceram, deixando os alemães em segundo.

No dia 4 de julho de 1910, aconteceu em Reno, Nevada (EUA), a luta de boxe "do século", como foi publicado nos jornais. James Jeffries foi convencido a lutar mais uma vez, já que foi o último campeão imbatível. Ele teria de enfrentar o então campeão, o negro Jack Johnson. O prêmio para o vencedor seria de 60.000 dólares, e o perdedor levaria 40.000 dólares. No 15º assalto, Jeffries estava esgotado e, um gancho de Johnson o nocauteou.

Em 23 de setembro de 1910, o peruano Geo Chavez iniciou uma travessia transalpina em um monomotor, partindo de Brig (Suíça), com chegada em Milão (Itália). O prêmio para a travessia era de 70.000 francos suíços. Quase no final, ele pousou para reabastecer em Domodossola, no Piemonte (Itália). Um erro o fez perder o controle do aeroplano e ele caiu. Foi internado às pressas, mas não resistiu aos ferimentos, morrendo no hospital.

Em janeiro e fevereiro de 1911, surgiram novos talentos na patinação no gelo. Na patinação artística foi a dupla Ludowika Eilers e Walter Jakobsson. Na patinação de velocidade, o russo Nikolai Strunikov quebrou a hegemonia americana e holandesa desta prova.

De 21 de abril a 18 de maio de 1911, aconteceu a primeira prova ciclística alemã, que lembra a Tour de France. É a Travessia Alemã, que não tinha ainda a mesma fama e organização da prova francesa, mas almejava chegar próximo. Foi dividida em seis etapas, partindo de Breslau (Worclaw, Polônia) passando por Dresden, Erfurt, Nuremberg, Mannheim, Frankfurt, Colônia e terminando em Aachen.

No dia 20 de agosto de 1911, aconteceu o Campeonato Alemão de Atletismo, e os resultados mostraram que os alemães estavam com atletas de excelente nível técnico e físico, e com esperanças de medalhas para os próximos Jogos Olímpicos.

Em 6 de abril de 1912, o fundista alemão Paul Nettelbeck anunciou em um jornal que devia suas vitórias e desempenho, ao uso de produtos da firma AMOL, que ele passava no corpo com massagens antes do início da prova. Ele usava em suas camisas a inscrição AMOL.

No dia 5 de maio de 1912, realizou-se a abertura dos Jogos Olímpicos de Estocolmo (Suécia). As competições só começaram no dia 29 de junho, terminando no dia 22 de julho. Antes mesmo do início, o COI teve problemas relativos a representação de três nações: Finlândia, Hungria e Boêmia. A Rússia, no primeiro caso, e a Áustria, nos dois seguintes, não estavam de acordo com a participação isolada como países destas três regiões. O compromisso russo foi o de, no caso de uma medalha finlandesa, a bandeira russa estaria acompanhada de uma flâmula finlandesa. A Áustria abriu mão de qualquer diferenciação. A Boêmia, porém, participaria sob o nome de COT (Comitê Olímpico Tchecoslovaco). Estes foram os primeiros Jogos em que aconteceu a entrada das nações com seus atletas, carregando suas bandeiras. O rei Gustavo V cedeu dez hectares de seus jardins para a construção do Estádio Olímpico, com capacidade para 30.000 espectadores.

A sensação do atletismo, realizado entre os dias 7 e 15 de julho, nestes Jogos Olímpicos, chamava-se Jim Thorpe, índio americano de Oklahoma. Desconhecido de todos, ele surpreendeu o mundo com suas marcas e sua polivalência. Ele começou pelo pentatlo com as provas de salto em distância, lançamento de dardo, 200m rasos, lançamento de disco e 1.500 m. Ele venceu quatro provas e terminou no dardo em terceiro, vencendo o pentatlo. Depois, ele venceu o decatlo, dentro do qual ele terminou seis vezes em primeiro, uma em segundo, duas em terceiro e uma em quarto, somando um total de 8.412,9 pontos.

No dia 14 de julho foi disputada a maratona. Para o azar dos suecos, que conheciam de cor e saltaeado o percurso, neste dia o termômetro estava marcando 45º C, eliminando assim suas chances. Era o primeiro percurso com ida e volta. Aconteceu uma vitória dupla de dois sul-africanos, Gitsham e McArthur. Ocorreu também a primeira morte na Maratona. O português Francisco Lazaro não resistiu ao esforço e à temperatura e faleceu no hospital. O barão Pierre De Coubertin determinou que dali em diante as provas da maratona não poderiam mais ser realizadas próximas do meio-dia.

A tecnologia começou a ser aplicada no esporte nestes Jogos. Pela primeira vez, foi realizada uma medição dos tempos com um instrumento elétrico. Porém, ainda foram usados os cronômetros manuais; e, pela primeira vez, foi usada uma máquina fotográfica na chegada para definir com precisão as colocações de cada atleta.

O revezamento de 4 x 100m masculino foi decidido entre as equipes da Alemanha, Inglaterra e Suécia. Nesta prova, foi necessário recorrer à ajuda da máquina fotográfica para determinar o vencedor, pois um alemão e um inglês chegaram quase que juntos, mas a foto revelou o alemão em primeiro.

Outra sensação do atletismo foi o finlandês Johan Petteri Kohlemainen. Ele venceu as provas de 5.000m e 10.000m, ambas com novo recorde olímpico. Estabeleceu um recorde para a prova de 3.000m por equipe, mas sua equipe não chegou entre os três primeiros. Venceu ainda a prova dos 8.000m cross-country, no individual, e recebeu a prata por equipes. Ele tinha 1,69 m de altura e pesava 60 kg.

No salto em altura, venceu o americano Alma Richards com a altura de 1,93 m. O alemão Hans Liesche ficou com a prata (1,91 m), e outro americano, com o bronze. No arremesso de peso, existiu a divisão entre arremessos com uma e com duas mãos. Com uma mão, venceu o americano Patrick McDonald (15,34 m), e com duas mãos, o também americano Ralph Rose. No lançamento de disco, venceu o finlandês Armas Taipale, tanto com uma como com duas mãos. No lançamento de dardo com uma mão, venceu o sueco Eric Lemming, mas com duas mãos houve uma vitória tríplice dos finlandeses.

Nestes Jogos Olímpicos, existiu uma novidade na natação: uma piscina de 100 m. A equipe da Australásia (Austrália e Nova Zelândia) venceu o revezamento de 4 x 200m crawl; o Canadá, as provas de 400m e 1500m crawl; os EUA, os 100m costas e crawl. Os ingleses ganharam prata no revezamento de 4 x 200m. Os alemães venceram os 400m peito, e nos 200m peito, colocaram três atletas no pódio.

Pela primeira vez, as mulheres também participaram das provas de natação. A australiana Fanny Durack venceu os 100m crawl, e, no revezamento 4 x 100m, a vitória foi das inglesas.

Foi disputado pela primeira vez, o pentatlo moderno, com as seguintes provas: equitação – corrida de cavalos por 5 km, esgrima –

torneio todos contra todos com espada, tiro – 4 séries de 5 tiros com pistola em alvo a 25m, natação – 300m crawl e atletismo – 4 km de corrida cross-country. Este pentatlo deveria substituir o pentatlo do atletismo, e, de acordo com Coubertin, "todos os competidores são atletas perfeitos".

As provas de ginástica artística ainda sofreram com a falta de uma sistematização, e, nestes Jogos Olímpícos, os suecos tentaram arranjar um compromisso, mas sem muito sucesso. As provas não foram premiadas com medalhas.

Os juízes da prova de literatura, que faziam parte das competições artísticas, ficaram atônitos ao receberem apenas duas inscrições e ao constatarem que os dois textos eram iguais, um em francês, intitulado *Ode au Sport* de Georges Hohrod, e outro em alemão, intitulado *Ode an den Sport* de Martin Eschbach. Qual era o original e qual era a cópia? Os jurados decidiram premiar o texto com a medalha de ouro, só não sabiam a quem entregar a medalha. O mistério foi resolvido em janeiro de 1913: o texto era do barão Pierre de Coubertin. Ele apresentou as versões em alemão e francês para fomentar as relações franco-germânicas e usou nomes fictícios para não influenciar os jurados.

No dia 18 de maio de 1912, o americano George Horine estabeleceu um novo recorde mundial no salto em altura. Ele ultrapassou seis pés e sete polegadas, o que representa 2,007 m. A Federação Internacional de Atletismo Amador registrou o recorde como 2,01 m.

Durante o campeonato mundial de patinação artística no gelo, disputado entre os dias 10 a 23 de fevereiro de 1913, os austríacos demonstraram grande superioridade técnica ao vencerem a prova de pares e individual feminina. No mesmo ano, durante outra competição, o austríaco Fritz Kachler venceu a prova individual masculina.

Em maio de 1913, o atleta americano Jim Thorpe, celebrado como um ídolo nacional nos EUA, e no resto do mundo como um super atleta, sofre uma enorme frustração: suas vitórias e medalhas olímpicas foram anuladas, pois lhe foi feita a acusação de profissionalismo. Ele foi impedido de participar de outras competições até o fim de sua vida. Tudo isso porque, havia alguns anos, ele tinha jogado beisebol e por isso recebeu a irrisória quantia de 60 dólares. O segundo colocado no decatlo nos Jogos Olímpicos de 1912, o sueco Hugo Wieslander, ao saber do fato, recusou-se a receber a medalha de ouro.

No dia 8 de junho de 1913, aconteceu a inauguração do estádio Grunewald em Berlim (Alemanha). Nele cabiam 60.000 pessoas, e o arquiteto se inspirou no White City Stadium de Londres (Inglaterra). O gramado tinha 300 metros de comprimento e 120 metros de largura, e, em frente da tribuna especial, havia uma piscina de 100 metros de comprimento. Além da pista de corrida em volta do campo, também existia uma pista para provas de ciclismo com o comprimento de 666 m. A construção foi feita para os Jogos Olímpicos de 1916 de Berlim.

Durante os meses de março e abril de 1914, aconteceu o campeonato europeu de hóquei sobre o gelo em Berlim (Alemanha). Sagrou-se campeã a equipe da Boêmia, deixando a Alemanha e a Bélgica para trás.

No dia 23 de junho de 1914, Pierre de Coubertin convidou políticos, atletas e nobreza para a celebração dos 20 anos do movimento olímpico e do COI na Universidade de Sorbonne em Paris (França). Durante o discurso, ele apresentou pela primeira vez a bandeira olímpica: em um fundo branco, cinco anéis nas cores azul, amarelo, preto, verde e vermelho se entrelaçam, representando os cinco continentes.

Em 28 de junho de 1914, foi assassinado o sucessor no trono austríaco Franz Ferdinand, dando início à crise que culminaria com o início da 1ª Guerra Mundial nas semanas seguintes.

No dia 23 de setembro de 1914, morreu Richard Graf, que em conjunto com seu irmão Paul formava uma das melhores duplas de ciclismo artístico da Europa. A dupla era tecnicamente muito boa e também muito carismática. Richard foi um dos primeiros atletas a falecerem na 1ª Guerra Mundial. Ele não resistiu aos ferimentos de uma granada.

No dia 5 de abril de 1915, aconteceu mais uma grande luta de boxe dos pesos pesados. Em Havana (Cuba), lutaram pelo título mundial o negro americano Jack Johnson contra Jess Willard. A luta teve que ser realizada em Cuba, pois nenhum departamento de polícia americano quis garantir a segurança do evento. Nos primeiros *rounds,* Johnson dominava claramente e fazia seu oponente de saco de pancadas. Até o 15º *round,* quando Willard derrubou seu oponente com um único golpe, vencendo a luta. O juíz provavelmente contou rápido de mais, e Johnson estava velho, foi o que pensaram alguns, mas para a maioria estava claro: ele foi subornado! Porém, o mais importante foi que os americanos tinham mais uma vez um campeão branco.

Em agosto de 1915, finalmente ninguém mais duvidava de que a guerra continuaria por mais tempo. Muitos atletas europeus perderam suas vidas e promissoras carreiras esportivas nos campos de guerra. Corredores, ciclistas, tenistas e outros tiveram que lutar para defender a pátria. Em setembro, os americanos organizaram uma competição internacional de ciclismo em Newark (Nova Jersey) com vários competidores europeus, porém a UCI (Union Cycliste Internationale) não reconheceu a competição.

Em janeiro de 1916, durante os Jogos de Inverno na Noruega, um dos ídolos do esporte de inverno norueguês terminou sua carreira.

Festejado pelos noruegueses como o primeiro "Rei dos Esquis", Lauritz Bergendahl venceu a combinação de 18 km de cross-country e salto em 1910, 1912, 1913, 1914 e 1915. Neste mesmo mês, com a morte do presidente do Comitê Alemão dos Jogos Olímpicos, ficou claro que os Jogos Olímpicos não mais seriam realizados, mesmo com todos os preparativos já encaminhados.

Em 9 de setembro de 1916, foi disputado o campeonato americano de atletismo. A juventude norte-americana podia dedicar-se totalmente ao esporte, pois a guerra não afetava o seu dia-a-dia como o fazia com os jovens europeus. Os americanos mostraram resultados de primeira, e que, se os Jogos Olímpicos daquele ano tivessem acontecido, com certeza conquistariam muitas medalhas.

Em dezembro de 1916, o campeão norueguês de patinação de velocidade no gelo Oscar Mathisen emigrou para os EUA para se tornar profissional. Ele foi não só pelo fato das poucas oportunidades ainda existentes no velho continente, mas principalmente pelas facilidades e novas oportunidades apresentadas pelos americanos. E embora ele não encontrasse concorrentes à altura, vários se tornaram seus alunos.

Em setembro de 1917, a norueguesa Molla Bjurstedt, em sua pátria campeã de tênis, e 3ª colocada nos Jogos Olímpicos de 1912, venceu pela terceira vez o campeonato americano de tênis em simples feminina e pela segunda vez o em duplas feminina. Robert Lindley Murray venceu a simples masculina. Ele foi um dos poucos sobreviventes do desastre do Titanic em 1912, no qual seu pai morreu.

Em abril de 1918, a situação do futebol alemão era deprimente. Dois anos antes, a Federação Alemã de Futebol teve de pedir concordata pois não conseguia mais administrar nada nem fornecer material esportivo para os clubes. Grande parte dos campos tiveram de ser trnsformados em hortas, pois a população precisava de comida, já que a situação do país no final da guerra era lamentável.

Em junho de 1918, foram poucas as competição equestres na Alemanha, pois havia escassez de aveia e poucos eram os cavalos disponíveis para corridas. As corridas aconteciam em Berlim ou em Hamburgo.

Em outubro de 1918, morreram dois pilotos de aviões muito admirados e queridos em seus paises. O alemão Hans Braun, campeão olímpico e ídolo de muitos jovens tanto pela sua *performance* esportiva, como também por sua personalidade. Assim também o francês Roland Garros, primeiro a voar de Saint Raphael (França) até Biserta (Tunísia) e considerado um dos pioneiros da aviação francesa.

Em julho de 1919, a francesa Susanne Lenglen, de 20 anos, venceu a final feminina em Wimbledon contra Dorothea Lambert-Chambers, vinte anos mais velha. Neste mês, aconteceu de novo uma Tour de France, mas o resultado foi fraco, pois ninguém teve muitas possibilidades para treinar. Em Berlim aconteceu a prova de natação. Através de Berlim, com uma distância de 4 km. Venceu a melhor nadadora alemã da época, a berlinense Erna Murray.

No dia 4 de dezembro de 1919, aconteceu a final do campeonato europeu de boxe em Londres (Inglaterra). O francês Georges Carpentier venceu a luta contra o inglês Joe Beckett em 64 segundos.

Datas e Acontecimentos

- Em 8.5.1910 – Em Berlim (Alemanha), é inaugurada a primeira pista de atletismo de terra da Alemanha com 375 m de comprimento e curvas em altura.
- Em 11.6.1910 – Aconteceu em Luxemburgo, a 11ª reunião do COI em que se decide incluir o decatlo e a natação feminina nos Jogos Olímpicos de 1912.
- Em 13.6.1910 – Primeiro registro de um recorde no salto em altura feminino. A americana Carolyn Hale salta 1,41 m.
- Em dezembro de 1910 – Em São Francisco (EUA), é estabelecido um novo recorde para a prova de motovelocidade com a marca de 135,3 km/h.
- Em 14.3.1911 – A Federação Internacional de Hóquei sobre o Gelo adota as regras canadenses: um jogo tem a duração de 3 x 20 min.
- Em 28.4.1911 – O Departamento Imperial para Jogos Olímpicos exige juízes internacionais em competições europeias, mundiais e Jogos Olímpicos.
- Em 1.5.1911 – Realizada pela primeira vez a prova das 500 Milhas de Indianápolis (EUA) em um circuito retangular de 4,2 km.
- Em 23.5.1911 – Em Budapeste (Hungria), acontece a 12ª reunião do COI, e apresentam suas candidaturas para os Jogos de 1916 as cidades de Berlim, Budapeste, Alexandria e Cleveland.
- Em 23.7.1911 – Primeiro registro de uma corrida feminina dos 100m: a finlandesa Siina Simola em 13,8 s.
- Em 5.9.1911 – O inglês Thomas Burgess é a segunda pessoa a cruzar a nado o Canal da Mancha.
- Em 16.4.1912 – Uma americana é a primeira mulher a sobrevoar o Canal da Mancha.

- Em 26.5.1912 – A Federação Alemã de Futebol proíbe o jogo para alunos escolares, e as mulheres de assistirem partidas.
- Em 1.6.1912 – A FIFA determina que o goleiro só pode tocar a bola com as mão dentro de sua área.
- 20.7.1912 – Durante a 13ª sessão do COI, Berlim (Alemanha) vence a disputa para sediar os Jogos de 1916.
- Em março/abril de 1913 – Campeonato Europeu de Hóquei sobre o Gelo em Munique (Alemanha). Bélgica à frente da Boêmia e da Alemanha.
- Em 31.5.1913 – O americano Donald Lippincott estabelece novo recorde para a prova dos 200m rasos: 21,2 s.
- Em 18.8.1913 – Uma nova regra da FIFA determina que na cobrança de faltas a barreira deve estar a uma distância de 10 jardas (9,15 m)
- Em 1913 – É fundada a Federação Internacional de Tênis em Londres (Inglaterra).
- Em 8.2.1914 – O alemão Karl Ingold bate o recorde de permanência no ar com um avião: 16 horas e 20 minutos.
- Em 2.5.1914 – O americano Edward Beeson bate o recorde mundial de salto em altura: 2,02 m
- Em 10.6.1914 – Durante o congresso da IAAF (Federação Internacional de Atletismo Amador), decide-se usar em competições os aparelhos e produtos da firma americana Spalding; apenas o dardo será finlandês.
- Em 4.7.1914 – É introduzida a prova de 3.000 metros com obstáculos.
- Em 1914 – O rei da Inglaterra George V assiste pela primeira vez à final do campeonato inglês de futebol.
- Em 18.3.1915 – Durante uma exposição do COI em São Francisco (EUA), é hasteada pela primeira vez em solo americano a bandeira olímpica.
- Em 10.4.1915 – O barão Pierre de Coubertin assina, em Lausanne, um contrato com a cidade garantindo a permanência do COI no palácio Mon Repos.
- Em fevereiro de 1916 – O campeão mundial de patinação de velocidade no gelo, o norueguês Oscar Mathisen, estabelece novo recorde para os 5.000m com o tempo de 8:36:3 min.
- Em 30.5.1915 – O italiano Dario Resta é o terceiro piloto estrangeiro a vencer a prova das 500 Milhas de Indianápolis.
- Em 10.10.1915 – Pela primeira vez são disputadas provas de atletismo para mulheres na Alemanha, em Munique.
- Em 1.1.1917 – A Federação Alemã de Ginástica declara que dos seus 1.4 milhões de associados, 800.000 se encontram na guerra.
- Em 1917 – O esporte ciclístico está quase extinto na Alemanha, pois toda a borracha existente é necessária para a indústria da guerra.

- Em 29.10.1917 – São criadas as primeiras regras de handebol na Alemanha.
- Em 22.11.1917 – É fundada a Liga Nacional de Hóquei (NHL) no Canadá.
- Em 1917 – Os criadores de cavalos não aceitam a decisão do governo de proíbir as corridas de cavalos, pois eles dependem da receita para a criação, já que muitos cavalos morreram na guerra.
- Em 14.2.1919 – É fundada na Alemanha uma união de remadoras, já que a Federação Alemã não aceitava mulheres.
- Em 23.6.1919 – Durante a 17ª sessão do COI em Lausanne (Suíça), aceita-se a indicação de Coubertin para eleger a cidade de Antuérpia (Bélgica) para sediar os Jogos de 1920. Os belgas têm o direito de convidar e excluem a Alemanha.
- Em 1919 – Devido à 1ª Guerra, os americanos não participam da Copa Davis de Tênis. Os australianos vencem na final os ingleses.

De 1920 a 1929

O COI decidiu, em 1919, que a cidade belga de Antuérpia seria a próxima a sediar os Jogos Olímpicos. Também foi decidido que os belgas poderiam convidar quem quisessem. Por causa da 1ª Guerra Mundial e de sua repercursão, com prejuízos materiais e humanos, os belgas não convidaram a Alemanha, a Áustria e a Hungria, assim como a recém formada URSS (União das Repúblicas Socialistas Soviéticas) e a Polônia que estavam em guerra.

No dia 14 de agosto de 1920, aconteceu a abertura dos Jogos Olímpicos da Antuérpia. Pela primeira vez, foi hasteada a Bandeira Olímpica, e um atleta, representando todos os outros, leu o juramento olímpico. O preço da entrada para as competições era muito caro e assim poucas pessoas puderam assistir aos eventos. O tempo também não ajudou muito: as chuvas castigaram os Jogos fazendo com que a pista de atletismo ficasse pesada e consequentemente nenhum recorde foi quebrado.

No dia 16 de agosto de 1920, começaram as provas de atletismo. O americano Charles W. Paddock surpreendeu a todos com sua chegada nos 100m. Bem no final, ele deu um salto para vencer a prova. Ele tentou fazer o mesmo na prova dos 200m, mas seu colega Allen Woodring o ultrapassou nos últimos dez metros. Charles também ganhou mais uma medalha de ouro no revezamento 4 x 100m. A prova dos 3.000 m por equipes foi vencida pelos americanos, e na prova dos 400m venceu o sul-africano Bevil Rudd, fumante inveterado. A prova dos 10km de marcha foi vencida pelo italiano Ugo Frigerio, e três dias depois ele também venceu a prova dos 3km de marcha.

Uma das grandes figuras do atletismo destes Jogos foi sem dúvida o finlandês Paavo Nurmi, vencendo a prova dos 10km, ficando em segundo nos 5km e ganhando ouro na prova dos 8km de cross-country individual e por equipe. Nurmi nunca revelou seu segredo. Sabia-se que ele corria com um cronômetro na mão, para o qual olhava algumas vezes durante as provas. Imaginou-se que ele tivesse determinado qual o tempo por volta que ele teria que correr para ganhar a prova.

No lançamento de martelo, dois atletas com mais de 35 anos tentaram vencer a prova. O americano Matthew McGarth, que já vencera a prova em Estocolmo e ficara em segundo em Londres, e o irlandês Patrick Ryan. McGarth sofreu uma contusão durante sua segunda tentativa e teve que abandonar a prova, que foi vencida pelo irlandês Ryan. Ele ficou em segundo na prova de lançamento de peso. No lançamento do dardo, as três medalhas foram para atletas finlandeses, e a prova do decatlo foi vencida pelo norueguês Helge Lovland.

As provas de natação aconteceram no final de agosto de 1920, e a organização da competição previa que as provas fossem realizadas na cidade litorânea de Ostende, mas para isto os atletas e suas equipes teriam que gastar mais dinheiro. Decidiu-se então realizar a natação em uma piscina com águas turvas e frias. Os americanos ameaçaram com boicote, pois além da viagem dura e sem conforto até a Antuérpia, eles ainda foram alojados em uma escola, sem nenhum conforto. O americano hawaiano Duke Pahoa Kahanamoku, que já vencera os 100m em Estocolmo, venceu a prova de novo. A equipe americana também venceu a prova de 4 x 200m, os 400m e os 1.500m livres. A americana Ethelda Bleibtrey, de 18 anos, ganhou três medalhas de ouro. Uma façanha, pois ela fora vítima de paralisia infantil.

No dia 23 de agosto de 1920, a tenista francesa Suzanne Lenglen disputou duas partidas finais e uma disputa pelo 3º lugar. Ela venceu a simples feminina, venceu a de duplas mistas ao lado de Máx Décugis, e fica com a medalha de bronze na dupla feminina.

O Brasil teve uma surpreendente participação nestes Jogos. A equipe de tiro brasileira conseguiu conquistar três medalhas: uma de ouro (Guilherme Paraense), uma de prata (Afrânio Costa) e uma de bronze (equipe, pistola livre).

Em 5 de setembro de 1920, aconteceu a final do torneio de futebol. A dona da casa, a Bélgica, enfrentou a equipe da Tchecoslováquia. O jogo foi duramente disputado. Os belgas venceram por 2:0, quando o juíz expulsou um jogador tchecoslovaco. Toda a equipe desistiu e saiu de campo, sendo então desclassificada, e a Bélgica venceu a medalha de ouro.

Pela primeira vez nos Jogos Olímpicos, aconteceu um torneio de hóquei sobre o gelo. Os jogos foram realizados entre os dias 23 e 29 de abril de 1920. Equipes americanas e canadenses também compareceram, muito embora seus países não fossem membros da Liga Internacional de Hoquéi sobre o Gelo. Durante o torneio, ambos os países foram afiliados. Os jogos das equipes europeias contra as norte-americanas e canadeneses foram sempre uma lição de hóquei, pois a superioridade técnica das equipes do novo mundo era enorme. O jogo EUA contra

Suíça terminou com o placar de 29:0 para os americanos. No final do torneio, os canadenses venceram, com os americanos em segundo e a Tchecoslováquia em terceiro.

Quando, em 1918, o então presidente da FIFA Daniel B. Woolfall faleceu, a organização quase cessou suas atividades. Durante uma reunião em 1919, foi negado o pedido de exclusão da Alemanha, Áustria e Hungria feito pela Inglaterra, resultando então na saída da Inglaterra, Escócia, País de Gales e Irlanda da FIFA. Durante os Jogos Olímpicos de 1920 na Antuérpia, formou-se uma nova comissão organizadora da FIFA sob a presidência do francês Jules Rimet.

Em março de 1921, durante o Campeonato Mundial de Xadrez em Havana (Cuba), o campeão mundial Emanuel Lasker, da Alemanha, perdeu após 27 anos o seu título. O novo campeão foi o cubano José Raúl Capablanca y Graupera, que aos 12 anos já era campeão cubano de xadrez.

Em agosto de 1921, foi fundada em Paris (França) a Federação Esportiva Feminina Internacional (FSFI). Além de não mais quererem se submeter aos desígnios dos homens, elas também se basearam nas antigas Hereias, competições só para mulheres gregas em homenagem à deusa Hera. A primeira competição aconteceu no mês da fundação em Monte Carlo. Compareceram equipes dos EUA, Inglaterra, França e Suíça. No ano seguinte, mais países se filiaram à Federação e os jogos passaram a ser disputados anualmente.

Em 27 de setembro de 1921, o atleta americano Johnny Weissmuller, de apenas 17 anos, bateu o recorde mundial das 150 jardas com o tempo de 1:27,4 min. No ano seguinte, ele foi o primeiro nadador a nadar os 100m em menos de 1 minuto (58,6 seg), e bateu ainda os recordes dos 200m (diminuindo-o em 6 segundos) e dos 400m (diminuindo-o em 9 segundos) estilo livre. Ele foi então a sensação da natação mundial. Nada mal para o garoto franzino que fora aconselhado pelo médico a fazer natação para melhorar sua saúde. Mais tarde, ele seria o primeiro Tarzan do cinema e da TV.

Em março de 1922, o jornalista sueco Anders Persen, com o intuito de relembrar a fuga do rei Gustavo Wasas da Suécia atacada pelos dinamarqueses, cria a corrida de Wasa de esquis cross-country, com um percurso de 87 km.

Em julho de 1922, aconteceu mais uma final do tênis feminino em Wimbledon (Inglaterra). A heptacampeã americana Molla Bjurstedt, agora casada com um americano e usando o sobrenome Mallory, encontrou a estrela francesa do tênis, Suzanne Lenglen. O marido de Molla, tão confiante na vitória de sua esposa, apostou 10.000 dólares. O jogo terminou com a vitória de Lenglen por 6:2 e 6:0.

No dia 1º de janeiro de 1923, aconteceu uma partida de futebol entre Alemanha e Itália que representou mais do que um simples jogo. Todos os jogos anteriores disputados pela Alemanha foram sempre contra os ex-aliados da 1ª Guerra (Áustria e Hungria) ou contra a Finlândia e a Suíça.

Em fevereiro de 1923, aconteceram mais uma vez os tradicionais Jogos de Inverno Noruegueses. Neste ano, também participou o príncipe norueguês Olaf, que estava inscrito na prova de salto.

No dia 28 de abril de 1923, aconteceu a final do campeonato inglês de futebol entre os Bolton Wanderers e o West Ham United. A final aconteceu num novo estádio, o Wembley, cuja construção terminara quatro dias antes da partida. O estádio tinha capacidade para 127.000 espectadores. Mesmo assim, isto não foi suficiente para acomodar todas as pessoas que correram para ver a final. Como não foram impressas entradas antes do jogo, todos se amontoaram nas roletas, com o resultado de mais de 800 pessoas feridas. Com a chegada do rei, todos pararam e cantaram "God save the King", o que ajudou a acalmar os ânimos. Estima-se que cerca de 200.000 pessoas assistiram à final. Além daquelas pessoas que estavam dentro do estádio, porém sem lugar, e as que se ajuntaram no campo, muitas outras ficaram do lado de fora.

No final de maio de 1923, aconteceu pela primeira vez uma corrida no famoso Circuit de la Sarthe em Le Mans. Dois pilotos para cada carro, a corrida começando às 12:00 e terminando 24 horas depois. Para esta primeira corrida inscreveram-se 33 carros.

No dia 14 de setembro de 1923, aconteceu mais uma grande luta de boxe. O americano Jack Dempsey era o atual campeão, imbatível. Não se encontrava nos EUA nem na Europa nenhum outro lutador que conseguisse derrotá-lo. Veio então a notícia de um rapaz argentino chamado Luis Angel Firpo, que seria capaz de matar um touro com um soco. A luta aconteceu em Nova Iorque (EUA) e todos perceberam que o argentino não sabia lutar boxe. Dempsey o acertou repetidas vezes, cada qual sendo suficiente para derrotar qualquer outro lutador, mas Firpo sempre se levantava. O argentino acertou Dempsey de tal modo e com tanta força, que o lançou para fora do ringue. Dempsey retornou a tempo de ser salvo pelo gongo e no reinício agiu com mais cautela. Ele acertou um poderoso golpe em Firpo, derrubando-o e vencendo a luta.

De 24 de janeiro a 4 de fevereiro de 1924, aconteceu a Semana Esportiva Internacional de Inverno em Chamonix (França) sob o patronato do COI, que fez do evento um adendo aos 8ºs Jogos Olímpicos, a ser disputado em Paris (França). No ano seguinte, o COI oficializou a semana como sendo os primeiros Jogos Olímpicos de Inverno. Atletas de 16 países participaram, inclusive 13 mulheres. As modalidades esportivas eram: patinação artística e de velocidade no gelo, hóquei sobre o gelo, corridas de trenó e saltos de esquis de plataformas. O torneio de curling aconteceu como demonstração. A Áustria participou pela primeira vez após a 1ª Guerra.

Os Jogos Olímpicos de 1924 aconteceram em Paris (França) entre os dias 4 de maio a 27 de julho. O COI não estava muito inclinado a escolher Paris como cidade-sede destes Jogos, pois ainda estava na memória dos franceses a malsucedida festa de 1900, e a favorita era Amsterdã (Holanda). Porém, Coubertin era de outra opinião. Ele estava pensando em aposentadoria e queria comemorar sua saída em Paris. A cidade atendeu ao seu pedido. Um estádio novo foi construído, e, pela primeira vez, com equipamento de rádio para transmissão dos acontecimentos. O comitê de organização convidou a Áustria, a Hungria e a Turquia. A Alemanha seria convidada, porém com o compromisso de recusar o convite. Os alemães não concordaram. O comitê decidiu então não convidar a Alemanha, alegando não poder garantir a segurança dos atletas em Paris.

Nas provas de atletismo, o finlandês Paavo Nurmi foi sem dúvida a sensação dos Jogos Olímpicos. Ele venceu os 1.500m e os 5.000m no mesmo dia. Dois dias depois, venceu a prova de cross-country no individual e por equipes, e, no dia seguinte, venceu a prova dos 3.000m por equipes. O americano Robert LeGendre bateu o recorde no salto em distância, mas não levou a medalha, pois o fez na prova do pentatlo, na qual ficou em terceiro. Outro americano, Harold Osborne, inscreveu-se no salto em altura e no decatlo, vencendo ambas. Pela primeira vez, um europeu, o inglês Harold Abrahams, venceu a prova dos 100m. Na prova dos 400m, venceu o inglês Eric Lidell, um pastor de Edimburgo (Escócia) que recebeu o apelido de o "pastor voador". Na prova dos 400m com barreiras, o primeiro colocado não tinha seu tempo reconhecido como recorde, pois ele derrubara uma barreira. O segundo colocado, cujo tempo também superara o recorde anterior, recebeu o novo recorde. O americano Clarence Houser venceu as provas de arremesso de peso e lançamento de disco. O finlandês Jonni Myyra venceu no lançamento de dardo, porém com uma distância que não teria-lhe dado nem o terceiro lugar nos últimos Jogos na Antuérpia. A prova da maratona foi vencida pelo finlandês Albin Stenroos, de 35 anos, após uma corrida difícil, pois no dia fazia um tremendo calor, e apenas 28 dos 58 inscritos conseguiram terminar a prova.

As provas de natação aconteceram no bonito estádio de Tourelles em uma piscina de 50m, e, pela primeira vez, as raias foram demarcadas com cordas com pedaços de cortiça vermelha.Vários recordes olímpicos foram quebrados e até alguns mundiais. As provas foram quase todas decididas entre os "três grandes", o americano Johnny Weissmuller, o australiano Andrew Murray "boy" Charlton e o sueco Arne Borg. Weissmuller nadou pela primeira vez em Jogos Olímpicos os 100m livre abaixo de 1 minuto. No revezamento de 4 x 200m, os americanos venceram, seguidos dos australianos e dos suecos.

Nestes Jogos, aconteceu pela última vez o torneio de tênis. A mídia glorificou o esporte branco e mostrou a imagem de um esporte que se popularizou muito nos últimos anos, conseguindo muito adeptos. Mesmo com 28 países mandando tenistas para os Jogos Olímpicos, o COI determinou que não mais haveria o torneio de tênis dali por diante por temer que os tenistas já não eram apenas simples amadores e que estavam jogando demais.

Pela primeira vez, as provas de remo foram divididas em 7 categorias. Inicialmente deveriam ter sido disputadas em Paris, no rio Sena. Porém, foram deslocadas para Argenteuil, localidade bem afastada de Paris. A raia tinha 2.000m de comprimento, porém não era uma reta e sofria a influência das comportas locais, modificando as condições de cada corrida. No oito com patrão, a vitória dos estudantes da Universidade de Yale (EUA) foi fenomenal, pois fora mais rápida do que qualquer outra disputada até então.

O torneio de futebol foi quase considerado o primeiro campeonato mundial, pois além do entusiamo crescente pelo esporte em vários países europeus, 22 equipes participaram. A grande revelação foi o Uruguai. Para muitos, o desconhecido país sul-americano não passava de um figurante. A equipe uruguaia jogou um futebol até então não visto e venceu todos os jogos, derrotando na final a equipe da Suíça por 3:0.

Em julho de 1924, a competição ciclística Tour de France foi vencida pela primeira vez por um italiano. Ottavio Bottechia, de 28 anos era filho de um fazendeiro, e desencantou um pouco apenas nas entrevistas que concedeu, pois difamou os capitalistas. Mais tarde, ele se tornaria muito rico através do ciclismo.

Algumas semanas mais tarde, em agosto de 1924, aconteceu em Paris, os Jogos Internacionais das Mulheres, iniciados em 1921. A participação feminina foi grande, e maior ainda, o interesse do público.

No começo de 1925, Paavo Nurmi era um astro do esporte. Após os dois últimos Jogos Olímpicos, o seu nome foi conhecido por todos os fãs de esportes. Neste ano, Nurmi fez uma turnê pelos EUA, participando de 55 corridas e vencendo 53 delas. Diz-se que ele recebeu uma grande quantia do governo americano, porém nada foi provado. Em sua terra natal, foi feita uma estátua de bronze em sua homenagem.

No ano de 1925, a melhor e mais rápida pista de automobilismo da Europa, até então, encontrava-se em Berlim (Alemanha) e chamava-se Automobil-Verkehrs-und Ubungsstrasse e para o povo ficou conhecida como Avus. Embora ela tivesse sido inaugurada em 1921, somente em 1926 é que se esperava uma grande corrida devido à participação de vários pilotos estrangeiros.

No dia 28 de maio de 1925, aconteceu a 23ª sessão do COI em Praga (Tchecoslováquia). Nesta reunião, o barão Pierre de Cobertin renunciou ao seu cargo de presidente do COI e para seu lugar foi eleito o belga Henry de Baillet-Latour. O COI decidiu nomeá-lo presidente de honra vitálicio. Também foi decidido reconhecer a Semana Esportiva Internacional de Inverno, realizada no ano anterior, como os 1ºs Jogos Olímpicos de Inverno.

Em julho de 1925, as finais do torneio de tênis de Wimbledon foram vencidas por franceses. A divina Suzanne Lenglen venceu na categoria simples e duplas femininas pela sexta vez consecutiva, e nas duplas mistas com Jean Borotra. René Lacoste derrotou o seu compatriota Jean Borotra. Ambos derrotaram os americanos na final de duplas masculinas. Mais dois outros tenistas franceses, Jacques Brungon e Henri Cochet eram também ótimos jogadores, e os quatro receberam o apelido de "os quatro mosqueteiros" quando derrotaram a Irlanda no torneio da Copa Davis.

Em fevereiro de 1926, aconteceu uma das mais esperadas partidas de tênis da história, até então. Na quadra do Hotel Carlton, em Cannes (França) confrontaram-se a francesa Suzanne Lenglen e a americana Helen Wills. Uma produtora cinematográfica chegou a pagar 100.000 dólares para poder filmar a partida. O jogo foi extremamente disputado, e no final a francesa foi vitoriosa.

Em 11 de julho de 1926, aconteceu o Grande Prêmio da Alemanha de Automobilismo em Berlim com grande participação internacional. A corrida foi recheada de acidentes, resultando em vários feridos e nas mortes de pilotos e espectadores, que foram atingidos pelos carros ou por suas partes. O vencedor foi Rudolf Caracciola, que recebeu o prêmio de 100.000 marcos reais.

Em 6 de agosto de 1926, a americana Gertrude Ederle, de 19 anos conseguiu, em sua segunda tentativa, cruzar a nado o Canal da Mancha no tempo de 14 horas e 39 minutos, sendo a primeira mulher a conseguir tal façanha.

No dia 11 de setembro de 1926, aconteceu uma pequena sensação esportiva. Durante uma competição de atletismo em Berlim (Alemanha), o alemão Otto Peltzer venceu a corrida dos 1.500m, deixando em terceiro ninguém menos que Paavo Nurmi, estabelecedo um novo recorde para a distância. Em segundo ficou um corredor sueco, Edvin Wide.

Em 23 de setembro de 1926, aconteceu mais uma 'luta do século' de boxe. Desta vez, cerca de 120.000 espectadores assistiram na Filadélfia (EUA) a luta entre o campeão dos pesos pesados Jack Dempsey e Gene Tunney. A luta foi dura e, no final, a melhor técnica e resistência de Tunney prevaleceram levando-o à vitória.

De 7 a 11 de dezembro de 1926, foi disputado, em Londres (Inglaterra) o 1º Campeonato Internacional de Tênis de Mesa. Além dos ingleses, também participaram alemães, austríacos, húngaros, tchecoslovacos e indianos nas categorias simples e de equipes. Suecos e dinamarqueses participaram apenas na categoria simples. No dia 5 de janeiro de 1926 havia sido fundada, em Berlim (Alemanha), a International Table Tennis Federation (ITTF).

Em 20 de fevereiro de 1927, durante o campeonato mundial de patinação artística no gelo em Oslo (Noruega), a atleta norueguesa Sonja Heine, de apenas 15 anos, venceu o título, deixando em segundo lugar a austríaca Herma Jarosz-Szabo.

No ano de 1927, teve início a popularização das transmissões de rádio de eventos esportivos. Surgiu uma nova profissão – o repórter radialista de eventos esportivos. A população se acostumou rápido à novidade, e logo todos escutavam as transmissões esportivas. Nos estádios foram construídas cabines especiais para os repórteres.

No dia 21 de maio de 1927, o americano Charles A. Lindbergh se tornou o primeiro homem a cruzar o Atlântico em um avião. No dia 20 de maio, ele decolara de Long Island, Nova Iorque (EUA), e após 33 horas e 29 minutos de voo, ele pousou, com os tanques completamente vazios, no aeroporto Le Bourget em Paris (França). Ele voou a uma velocidade média de 173 km/h e quase teve que retornar logo no início por causa de uma forte nevasca.

No dia 19 de junho de 1927, foi inaugurada mais uma excelente pista para corridas de automóveis e motos. A pista se chamava Nurburgring e ficava na Alemanha. A primeira corrida de carros disputada no dia de sua inauguração foi vencida por Rudolf Caracciola, pilotando um Mercedes 680 S.

Em julho de 1927, a americana Helen Wills venceu pela primeira vez o torneio de tênis de Wimbledon, com a ausência da francesa Suzanne Lenglen. Ela venceu o torneio de simples e também o de duplas feminino, ao lado de Elisabeth Ryan, antiga parceira de Suzanne Lenglen. Helen jogou tênis de modo forte e preciso. Ela não encantava a torcida e nem se esforçava para tal. Ela vinha de uma família rica e não jogava pelo dinheiro.

Por isso recebeu o apelido de "Miss Pokerface", porém isto se deveu ao fato de nunca mudar a expressão de sua face durante o jogo.

No dia 7 de agosto de 1927, aconteceu o Campeonato Alemão de Atletismo e dessa vez conta com grande participação feminina, pois no ano seguinte, 1928, as mulheres teriam sua primeira participação oficial nos Jogos Olímpicos nesta modalidade esportiva. A alemã Lina Radke-Batschauer estabeleceu um novo recorde para os 800m, assim como anteriormente o fizeram Eva von Bredow na corrida curta com barreiras e Anelise Hargus no lançamento de dardo.

No dia 2 de setembro de 1927, foi realizado o campeonato Europeu de natação em Bolonha (Itália). A sensação da competição se chamava Arne Borg. O nadador sueco foi um verdadeiro fenômeno. Ele nadava os 1.500m em novo tempo recorde – 19:07,2 min. Os jornalistas se esbaldaram escrevendo artigos sobre o super nadador. Ele bateu ainda um recorde europeu e outro mundial em provas de estilo livre. Comentou-se que ele conseguiu este rendimento pois estava tomado de uma grande raiva. No início do ano, ele fora derrotado em uma competição pelo húngaro Barany, que ainda comentara que Borg não tinha nenhuma noção sobre técnica e estilo de nado crawl. Arne Borg transformou sua raiva em vitórias.

Os 2os Jogos Olímpicos de Inverno foram realizados de 11 a 19 de fevereiro de 1928 na cidade suíça de St. Moritz. Os suíços tiveram bastante tempo para a organização, e o calendário estava igual ao de quatro anos atrás, porém a participação de atletas foi maior assim como o interesse do público. O único inconveniente, impossível de ser controlado, foi o tempo. Os Jogos foram marcados para as semanas mais ricas em neve, de acordo com a experiência dos suíços, mas neste ano a neve quase não caiu e chegou a chover forte durante alguns dias.

Na prova dos 18km de esqui cross-country, venceu o norueguês Johann Grotumsbraaten. A sua vantagem sobre o segundo colocado foi tamanha que ele também venceu a combinação nórdica, para o que ele necessitava apenas de um salto médio. Na prova dos 50km de esqui cross-country venceu o sueco Per Erik Hedlund com o pior tempo até então registrado, por causa das péssimas condições da pista. As provas de patinação de velocidade também sofreram com o tempo – em vários momentos, o gelo da pista derreteu parcialmente. O mesmo ocorreu nas provas de patinação artística, mas o empenho dos atletas compensou. O sueco Gillis Grafstrom venceu na categoria masculina, deixando em segundo lugar o campeão mundial, o austríaco Willy Bockl. Na categoria feminina, a norueguesa Sonja Heine venceu deixando a austríaca Fritzi Burger em segundo.

Em julho de 1928, os franceses venceram os americanos na disputa anual da Copa Davis por 4:1 em Paris (França) no novo estádio construído perto do Bois de Boulogne e denominado de Roland Garros, em homenagem ao famoso aviador francês. Em maio deste ano, já havia sido disputado ali o primeiro Torneio French Open.

Também em julho de 1928, aconteceu mais uma prova ciclística Tour de France. Desta vez vence, repetindo seu feito do ano anterior, o atleta luxemburguês Nicolas Frantz.

Os 9ºs Jogos Olímpicos da era moderna foram disputados entre 28 de julho a 12 de agosto de 1928 em Amsterdã (Holanda). O estádio especialmente construído para os Jogos tinha capacidade para 40.000 espectadores. Somente as provas de remo, vela e equitação tiveram que ser disputadas em locais mais afastados. O restante, ou no estádio ou em locais bem próximos. Um acordo entre o Comitê Organizador e uma firma para exclusividade das fotos resultou em um problema, pois muitas pessoas queriam fotografar os atletas, mas tiveram que deixar suas máquinas na bilheteria. Mas vários conseguiram burlar o controle. Foi a primeira vez, depois da 1ª Guerra Mundial, que a Alemanha estava participando novamente de Jogos Olímpicos, embora a estreia já tivesse sido nos Jogos Olímpicos de Inverno no início do ano. Na Holanda, não havia nenhuma animosidade, pois o país não tinha participado da guerra. Os alemães treinaram bastante e mandaram uma boa equipe. Três alemães eram membros efetivos do COI.

As provas de atletismo aconteceram no mês de agosto. As provas de 100m e 200m foram vencidas pelo canadense Percy Williams; a prova dos 400m foi vencida pelo americano Raymond Barbuti, e os 800m foram para o inglês Douglas Lowe. O grande atleta Paavo Nurmi venceu a prova dos 10.000m e ficou em segundo tanto nos 5.000m como nos 3.000m com obstáculos. Especulou-se que ele tivesse deixando o seu compatriota Ville Ritola vencer a prova dos 5.000m por algum motivo o qual nunca saberemos. O vencedor da maratona foi o franco-argelino El Quafi. A canadense Ethel Catherwood venceu a prova do salto em altura com 1,59 m, e na prova dos 800m feminino, a vencedora foi a alemã Lina Radke com novo recorde mundial de 2:16,8 min.

As provas de equitação foram muito bem organizadas, e os alemães conseguiram duas medalhas de ouro e uma de bronze, o que surpreendeu a todos, pois ninguém contava com uma equipe alemã tão forte.

Todos queriam ver em ação os três grandes da natação: Johnny Weissmuller, Arne Borg e "Boy"Andrew Murray Charlton.

Weismuller venceu os 100m livres e o revezamento 4 x 200m livre. Nos 400m livre, venceu, para surpresa geral, o argentino Alberto Zorilla, derrotando Borg e Charlton. Na prova dos 1.500m livre, Borg venceu com facilidade.

Em 11 de março de 1929, o major inglês Henry Segrave bateu, em Daytona, Flórida (USA), o recorde mundial de velocidade para automóveis. Seu carro, o Golden Arrow, tinha uma potência de 875 cv e atingiu a velocidade de 372,45 km/h.

Em 15 de maio de 1929, aconteceu mais um jogo de futebol entre a Inglaterra e a Espanha. Os espanhóis perdiam por 3:1 no primeiro tempo, mas com grande empenho conseguiram vencer a partida por 4:3. Os ingleses não conseguiam mais uma vitória internacional já havia alguns jogos, provavelmente devido ao constante entra e sai da FIFA. Neste jogo, o ídolo espanhol, o goleiro Ricardo Zamora, foi até vaiado por causa dos gols sofridos. No dia seguinte, descobriu-se o por que de sua fraca atuação – ele havia fraturado o esterno e mesmo assim continuava jogando.

Em 19 de setembro de 1929, o piloto de motocicletas bávaro Ernst Henne, funcionário da firma BMW, bateu o recorde de velocidade para motos. Em uma estrada no interior da Baviera, ele alcançou com uma moto da BMW a velocidade de 216,7 km/h.

Datas e Acontecimentos

- Em 15.6.1920 – O primeiro campeão da Liga Alemã de Futebol no pós-guerra é o FC Nürnberg, vencendo na final a SpVgg Fürth por 2:0.
- Em 26.6.1920 – O americano John Norton bate o recorde dos 400m com barreiras com 54,2 s.
- Em 30.8.1920 – Durante a 18ª reunião do COI na Antuérpia (Bélgica), o barão Pierre de Coubertin se mostra contra o aumento das provas femininas nos Jogos Olímpicos, embora muitos outros membros se mostrem favoráveis a tal mudança.
- Em 28.5.1921 – Representantes da Bélgica, Itália, França, Japão, Holanda, Noruega, Polônia, Suécia e EUA fundam a Federação Equestre Internacional em Lausanne (Suíça). A Alemanha se filia alguns meses mais tarde.
- Em 15.6.1921 – Durante a 19ª sessão do COI em Lausanne, é descartada a criação de Jogos Olímpicos de Inverno. As entidades esportivas francesas recebem permissão para organizar uma Semana Esportiva de Inverno.
- Em 18.9.1921 – A Federação Ginástica Alemã realiza o primeiro campeonato alemão de handebol.

- Em 1921 – Os EUA recebem os japoneses em Nova Iorque para defender a Copa Davis.
- Em 29.1.1922 – Termina o 1° Jogos de Guerra Alemães de Inverno. Foram realizados em sinal de protesto devido à exclusão de atletas de língua alemã dos Jogos Olímpicos.
- Em 27.5.1922 – Na primeira tentativa de escalar o Monte Everest (8.848 m, Nepal), uma equipe inglesa alcança a altitude de 8.326 m.
- Em 25.7.1922 – Durante a primeira festa esportiva dos trabalhadores alemães, é usado pela primeira vez um cronômetro eletrônico.
- Em 3.9.1922 – Em Copenhague, o norueguês Charles Hoff bate o recorde no salto com vara alcançando 4,12 m.
- Em julho de 1923 – Pela quinta vez consecutiva, a francesa Suzanne Lenglen vence o torneio de tênis de Wimbledon nas categorias simples e duplas.
- Em 22.7.1923 – Charles Hoff melhora o seu recorde no salto com vara para 4,21m.
- Em setembro de 1923 – O time New York Yankees inaugura seu estádio de beisebol.
- Em 16.9.1923 – É inaugurado em Colônia (Alemanha), pelo então prefeito Konrad Adenauer, o estádio Mungersdorf, o maior parque esportivo da Europa.
- Em 7.1.1924 – É fundada em Paris (França) a Federação Internacional de Hóquei.
- Em 2.2.1924 – É fundada em Chamonix (França) a Federação Internacional de Esqui.
- Em 5.7.1924 – É fundada a Association Internationale de la Presse Sportive (AIPS) em Paris (França).
- Em 1924 – A Inglaterra, Escócia, País de Gales e Irlanda retornam à FIFA, após terem deixado a entidade em 1920 em sinal de protesto à permanência da Alemanha.
- Em 30.5.1925 – A Federação Internacional de Natação Amadora readmite a Alemanha e decide promover campeonatos europeus.
- De 25-28.7.1925 – É realizada a primeira Olimpíada Internacional dos Trabalhadores em Frankfurt a.M. (Alemanha) com representantes de dez países.
- Em 5.9.1925 – A Federação Internacional de Remo determina sete classes para os seus barcos: skiff simples e duplo, dois com e sem patrão, quatro com e sem patrão, e oito.
- Em 1.10.1925 – É fundado o Instituto de Educação Física da Universidade de Leipzig, colocando a educação física pela primeira vez como objeto de estudo e pesquisa.

- Em julho de 1926 – O vencedor da 20ª Tour de France é o belga Lucien Buysse.
- De 18-22.8.1926 – É realizado o primeiro campeonato europeu de natação em Budapeste (Hungria), os alemães vencem com 5 medalhas de ouro.
- Em 10.9.1926 – O francês Georges Michel cruza o Canal da Mancha a nado em novo recorde: 11horas e 5 minutos.
- Em 29.1.1927 – A Comissão Olímpica do Departamento de Educação Física Alemão decide candidatar uma cidade alemã para os Jogos Olímpicos de 1936: escolha entre Berlim, Colônia, Frankfurt a.M. e Nuremberg.
- Em 27.4.1927 – Durante a 25ª sessão do COI, em Mônaco, decide-se realizar os Jogos de 1932 em Los Angeles e, para 1936, escolha entre Berlim, Roma, Milão, Barcelona, Helsinqui, Budapeste, Alexandria e Rio de Janeiro.
- Em 10.9.1927 – Pela disputa da Copa Davis, sensacional vitória da França sobre os EUA por 3:2 em Filadélfia (USA).
- Em 28.4.1928 – O americano Lee Barnes bate o recorde mundial no salto com vara alcançando 4,30 m.
- Em 29.5.1928 – Em Amsterdã (Holanda), a FIFA decide a realização do primeiro campeonato mundial a ser realizado no Uruguai.
- Em 5.8.1928 – É fundada a Federação Internacional Amadora de Handebol em Amsterdã (Holanda).
- Em 11.4.1929 – Durante a 27ª sessão do COI em Lausanne (Suíça) é indicada a cidade americana de Lake Placid como local para os 3ºs Jogos Olímpicos de Inverno.
- Em 14.4.1929 – é realizado pela primeira vez o Grande Prêmio de Mônaco de Automobilismo, disputado nas ruas da cidade. Vence o inglês William C.F. Grover-Williams, pilotando um Bugatti.
- Em junho de 1929 – Alfredo Binda vence pela terceira vez consecutiva o Giro d'Itália (ciclismo).
- Em 25.8.1929 – O negro americano Eddie Tolan bate o recorde dos 100m rasos em Copenhague (Dinamarca) com o tempo de 10,4 s.

De 1930 a 1939

Em janeiro de 1930, aconteceram os Jogos Acadêmicos de Inverno em Davos (Suíça), com as provas de downhill (descida), slalom e combinação. Inicialmente os tchecos tentaram protestar contra as provas de slalom e downhill, mas a organização da competição manteve as provas. Quase todas as provas foram vencidas pelos austríacos e isso se deveu ao fato de eles esquiarem com esquis especiais, que possuíam tiras de metal nos lados.

No dia 12 de junho de 1930, aconteceu mais uma grande luta de boxe no Madison Square Garden em Nova Iorque (EUA). Desta vez enfrentaram-se o alemão Max Schmelling e o americano Jack Sharkey. A luta foi dura e Sharkey tentou eliminar Schmeling logo no começo. Este começou a revidar no 4º assalto, mas recebeu de Sharkey um golpe baixo e foi para a lona. O juíz iniciou a contagem, mas foi interrompido pelo gongo. Ao início do próximo assalto, ouviu-se pelos alto falantes do estádio: Jack Sharkey desqualificado.Vencedor e novo campeão, Max Schmeling. O público não gostou e o vaiou. O mesmo aconteceu na Alemanha, onde as pessoas não queriam um campeão mundial que ganhou o título no chão. Max Schmeling ainda tinha que provar para o mundo que era um verdadeiro campeão.

A primeira Copa de Futebol do Mundo foi disputada entre os dias 12 e 30 de julho de 1930 no Uruguai. O presidente da FIFA, Jules Rimet, pediu que todos tomassem parte, mas, devido à crise financeira e ao crescente desemprego na Europa, apenas a Bélgica, Romênia, Iugoslávia e França compareceram. Participaram ainda EUA, México, Brasil, Bolívia, Argentina e outros. A final foi entre as seleções da Argentina e do Uruguai, sendo o jogo muito disputado. A seleção uruguaia venceu por 4:2, e Jules Rimet ficou muito emocionado ao ver com que entusiamo, calor e paixão os sul-americanos se entregavam ao jogo.

Em novembro de 1930, um grupo internacional seguiu em uma expedição para escalar o Monte Everest no Himalaia. O líder do grupo foi o suíço Dr.Gunter Oskar Dyrenfurth, alpinista experiente e geólogo.

Devido à condições climáticas não favoráveis, a escalada teve de ser interrompida. O grupo, porém, escalou quatro montanhas no Himalaia, todas com mais de 7.000 m de altura. Foram eles o Yongsang Peak, Nepal Peak Dodang, o Nyima Peak e o Ramtang Peak.

O primeiro campeonato mundial de esqui alpino aconteceu em fevereiro de 1931 em Murren (Suíça). A inglesa Esme MacKinon foi a campeã entre as mulheres, vencendo o slalom e o downhill. Entre os homens, venceram os suíços Walter Prager (downhill) e David Zogg (slalom).

No dia 3 de julho de 1931, o boxeador alemão Max Schmeling retornou ao EUA para uma nova luta. Desta vez, ele lutou contra William Stribbling, um boxeador americano que já tinha vencido mais de 100 lutas por nocaute. A luta foi demorada e longa. Schmeling estudou o adversário, defendendo-se dos golpes; de vez em quando revidava. Então, no 15º assalto, Schmeling acertou o oponente com força e o nocauteou. Ele venceu e provou para todos que era um digno campeão.

Em julho de 1931, a final feminina no torneio de Wimbledon foi uma surpresa para todos. Duas alemãs estavam na final, Hilde Krahwinkel e Cilly Aussem. A favorita era Hilde, com porte atlético e bem ágil. Mas foi Cilly quem venceu, mostrando-se mais ágil e bem mais criativa nas jogadas do que sua adversária.

Os terceiros Jogos Olímpicos de Inverno foram disputados em Lake Placid (USA) entre os dias 4 e 13 de fevereiro de 1932, que contou com a participação de 307 atletas de 17 países. Foi feito um grande investimento pelos organizadores, mas, no final, eles ainda tiveram que arcar com um prejuízo de quase 1 milhão de dólares. As condições climáticas também não ajudaram, pois estava quente demais para a época do ano. Um ginásio teve de ser construído às pressas para as provas de patinação. O interesse do público foi bem menor do que se esperava. O juramento olímpico foi lido 17 vezes — um representante de cada país tinha sido escolhido para esta tarefa. Só depois foi que o (então) governador do estado de Nova Iorque Franklin Delano Roosevelt declarou os Jogos abertos.

As provas de patinação de velocidade foram marcadas por algumas confusões e erros. Muitos dos melhores atletas nem sequer apareceram, pois não estavam de acordo com as condições das provas. Alguns atletas foram desclassificados devido ao comportamento antiesportivo. Americanos e canadenses levaram a maior parte das medalhas.

O norueguês Johann Grottumsbraaten venceu a prova da combinação nórdica. O finlandês Veil Saarinen venceu a prova dos 50km cross-country e o sueco Sven Utterstrom venceu a prova dos 18km cross-country. O torneio de hóquei sobre o gelo foi disputado por apenas quatro equipes: USA, Canadá, Alemanha e Polônia. Canadá venceu deixando os americanos em segundo e os alemães em terceiro.

Em 24 de fevereiro de 1932, o piloto Malcolm Campbell bateu mais uma vez o recorde de velocidade com um carro. Em Daytona Beach, Flórida (USA), ele alcançou a velocidade de 408,72 km/h pilotando o Bluebird II, um carro equipado com um motor de avião de 1.400 cv.

De 30 de julho a 14 de agosto de 1932, aconteceram os 10ºs Jogos Olímpicos de Los Angeles (USA). O Comitê Organizador dos Jogos se empenhou muito. A propaganda foi excelente, o estádio Coliseum foi uma obra-prima e, pela primeira vez, todos os atletas masculinos foram alojados em uma vila olímpica, especialmente construída para os Jogos. À disposição de cada nação, estavam um cozinheiro e um tradutor-intérprete além de saunas, massagens e, diariamente, toalhas, roupa de cama e sabonetes novos.

Infelizmente, uma das maiores vergonhas do esporte olímpico aconteceu nestes Jogos. O grande atleta Paavo Nurmi, atleta integrante da equipe da Finlândia, teve que retornar ao seu país antes sequer de pôr os pés nas pistas. Assim como outros grandes atletas da época, ele competia por dinheiro. Isto, porém, não era admissível e não combinava com a filosofia amadorística de muitas pessoas (predominantemente funcionários e não-atletas). O presidente do Comitê Organizador dos Jogos Olímpicos, Avery Brundage, era uma dessas pessoas. Ele poderia muito bem ter desqualificado outros ou então todos os atletas que estavam na mesma condição, inclusive muitos americanos. Ele, porém, quis apenas um como exemplo, e Nurmi foi escolhido, um dos maiores atletas e mitos esportivos da época, que pretendia encerrar sua carreira naquela competição.

A prova dos 100m rasos foi vencida pelo negro americano Thomas Edward Tolan, seguido por outro negro americano, Ralph Metcalfe e, em terceiro, pelo alemão Arthur Jonath. Tolan também venceu os 200m rasos, e a equipe americana também venceu os 4 x 100m, mas sem Tolan e Metcalfe. Na prova dos 100m rasos femininos, a vencedora foi a polonesa Stanislawa Walasiewicz (nos EUA conhecida como Stella Walsh), deixando em segundo a canadense Hilda Strike.

No lançamento de dardo feminino, venceu a americana Mildred Didrikson, que também ganhou a prova dos 80m rasos com barreiras. No lançamento de disco venceu a americana Lilian Copeland. Na prova dos 3.000m com obstáculos, os juízes erraram na conta e os atletas correram uma volta a mais. O vencedor foi o finlandês Volmari Iso-Hollo, e em segundo, o inglês Thomas Evenson, que, constatou-se mais tarde, tinha estado na terceira colocação quando a corrida tinha acabado, e que na última volta (a mais) passou de terceiro para segundo.

Na prova dos 5.000m, era quase que certa a vitória finlandesa. Lauri Lehtinen e Lauri Virtanen dominaram a corrida até os 4.000m, mas entrou na disputa o americano Ralph Hill. Os finlandeses aceleraram, mas o americano acompanhou. Virtanen não acompanhou o ritmo, e Hill ameaçou Lehtinen. Na curva, deu a impressão de que o finlandês tivesse fechado o americano, assegurando assim sua vitória. Hill não encaminhou nenhum protesto, e na premiação ambos trocaram os emblemas. A prova da maratona foi muito disputada, a ponto de entrarem no estádio para a última volta quatro atletas. O argentino Juan Zabala se esforçou ao máximo e venceu a corrida.

No salto em distância, venceu o americano Edward Gordon; no salto em altura, o canadense Duncan McNaughton. No salto com vara, a vitória quase que escapou dos americanos. William Miller venceu, mas foi seguido de perto pelo japonês Shuhei Nishia. No salto triplo, o vencedor foi o japonês Chuhei Nambu, batendo o recorde mundial com 15,72 m. Nas provas de arremeso de peso e lançamentos, os americanos dominaram. Leo Sexton venceu no arremesso de peso; John Anderson, no lançamento de disco; no lançamento de martelo, venceu o irlandês Patrick O'Callaghan; e, no lançamento de dardo, mais uma vez um finlandês foi vitorioso, Matti Jarvinen. Na prova do decatlo, venceu o americano James Bausch.

Uma das grandes surpresas destes Jogos aconteceu nas provas de natação, em que os americanos eram considerados grandes favoritos em quase todas as distâncias. Os japoneses venceram as provas de 4 x 200m, 100m e 1.500m estilo livre, 100m costas e 200m peito. Todos os atletas do Japão tinham idades entre 15 e 17 anos. Nas provas femininas, as americanas conseguiram mais medalhas, graças à grande nadadora Helen Madison, que venceu os 100m e os 400m estilo livre e também o revezamento de 4 x 100m.

O torneio de boxe sofreu mudanças significativas. A luta terminou obrigatoriamente após o terceiro assalto, e os juízes deviam determinar o vencedor. Atenta-se mais para o estilo e para a estratégia de luta dos boxeadores. Os americanos ganharam duas medalhas de ouro e três de bronze. Para as provas de remo, foi construída uma raia nova e moderna de 2.000m sem curvas. Os americanos venceram o oito com patrão, deixando italianos e canadenses para trás. O australiano Henry Pearce venceu no skiff simples.

Para os alemães, as provas de ciclismo eram chances de medalha, mas nenhum atleta tinha condições de pagar a passagem até a América.

Este teria sido o menor dos problemas para os ciclistas profissionais, mas ao mesmo tempo o único que os impedia de participar. A ajuda veio do Clube de Ciclismo Alemão de Nova Iorque, que cedeu quatro atletas para a prova dos 100km de estrada. Os italianos venceram por equipe e no individual.

No dia 7 de dezembro de 1932, a seleção austríaca de futebol perdeu uma partida de futebol para os ingleses em Stamford Bridge por 3:4. Durante os anos de 1931 e 1932, esta equipe austríaca foi a melhor equipe europeia, tendo derrotado quase todas as demais. Ela foi denominada por Hugo Meisl, o mais famoso jornalista esportivo austríaco da época, de "Schmieranski Team".

Em junho de 1933, a dupla mista de tenistas Gottfried von Cramm e Hilde Krahwinkel venceu o torneio de Wimbledon sem perder um set.

Em 29 de junho de 1933, aconteceu mais uma grande luta de boxe na arena do Madison Square Garden em Nova Iorque (USA). O gigante italiano Primo Carnera enfrentou Jack Sharkey pelo título mundial. A luta foi dura, mas no 6º assalto Carnera desferiu um poderoso golpe, e Sharkey foi nocauteado.

Em agosto de 1933, aconteceu a primeira grande prova ciclística da Suíça, a Tour de Suisse. Sessenta ciclistas deveriam percorrer 1.253 km, divididos em sete etapas. O interesse do público foi grande, e o evento foi transmitido pelo rádio. Para diferenciar a corrida das outras, o vencedor de cada etapa recebia uma camisa branca (amarela na Tour de France e rosa no Giro Italiano).O primeiro vencedor foi o austríaco Max Bulla.

Em fevereiro de 1934, aconteceu em Sankt Moritz (Suíça), o Campeonato Mundial de Esqui Alpino. Os austríacos começaram a ganhar concorrência com a ascenção dos atletas alemães, que conquistaram algumas medalhas de ouro. Isto se deveu ao empenho do técnico da equipe alemã, o austríaco Toni Seelos. Existiu também uma prova combinada com cross-country, salto, slalom e downhill.

O segundo Campeonato Mundial de Futebol aconteceu na Itália entre os dias 27 de maio a 10 de junho de 1934. O campeão mundial, Uruguai, não participou, assim como os ingleses. Como 31 países se inscreveram, tiveram de ser feitos jogos eliminatórios para se chegar a 16 países nas últimas rodadas. O time italiano jogou sua segunda partida contra a Espanha. Todos ansiavam por uma vitória fácil, mas o jogo foi duro, e os espanhóis marcaram primeiro. Os italianos tentaram desesperadamente empatar e só o conseguem quando o juíz não marcou uma falta no goleiro espanhol, com consequente gol italiano. No segundo jogo, o juíz anulou o gol dos espanhóis e validou o gol dos italianos, dando a vitória para os "Azzuri". O próximo jogo dos italianos foi contra os austríacos, e também o resultado final foi discutido, pois ficou claro para muitos que o juíz mais uma vez favorecera a vitória dos italianos. A final contra a Tchecoslováquia foi também um jogo duro. Os tchecos eram tecnicamente melhores, porém os italianos venceram, mais uma vez com a impressão de que o juíz não fora completamente correto.

No dia 14 de junho de 1934, aconteceu mais uma grande luta de boxe no Madison Square Garden em Nova Iorque (USA). O americano Max Baer derrotou de maneira sensacional o campeão Primo Carnera, derrubando-o várias vezes durantre a luta, e os americanos festejaram a volta do título para seu país.

Em setembro de 1934, aconteceu o primeiro campeonato europeu de atletismo em Turim (Itália), só para homens. O finlandês Matti Jarvinen bateu o recorde mundial de lançamento de dardo com 76,66 m.

A Suíça sediou o campeonato mundial de hóquei sobre o gelo, que aconteceu entre os dias 19 e 27 de janeiro de 1935 em Davos. A equipe suíça estava no topo de sua forma e prestígio e chegou na final do campeonato após derrotar a Suécia, Holanda, Grã-Bretanha, França e Tchecoslováquia. Na final, teve que enfrentar um time canadense. Jogam bem, mas perdem por 4:2.

O dia 25 de maio de 1935 ficou conhecido pelos americanos como "day of the days". Neste dia, aconteceu o Big Ten Meeting, a mais importante festa esportiva das universidades. O evento aconteceu na Universidade de Michigan em Ann Arbor (USA). Neste dia, o atleta Jesse (James Cliveland) Owens venceu cinco provas, com novos recordes mundiais, em menos de uma hora: primeiro, a prova das 100 jardas em 9,4 s, depois, o salto em distância, com 8,14 m, depois 220 jardas com 20,3 s, representando o recorde para esta distância e para os 200m, e, no final, 220 jardas com obstáculos. A mídia o chamou de pantera negra e raio marrom, e ele agora era o atleta mais famoso desta época.

No dia 13 de junho de 1935, a luta de boxe entre o campeão Max Baer e o veterano James J. Braddock se transformou em surpresa para todos. A vitória era certa para Baer — assim pensavam todos, inclusive Baer. Mas a vida de campeão amoleceu Baer, que não treinava mais com tanta assiduidade e frequência. Após 15 assaltos, Braddock venceu por pontos e se tornou campeão.

Em 5 de novembro de 1935, o presidente do COI, Henry de Baillet-Latour, teve uma audiência importante com o chanceler alemão Adolf Hitler. Era necessário garantir que os Jogos Olímpicos de Berlim, em 1936, fossem realizados de acordo com as regras do COI. Também para esclarecer a questão dos atletas alemães judeus. Motivo para isso foi a promulgação das "Leis de Nuremberg", claramente antissemitas.

A quarta edição dos Jogos Olímpícos de Inverno aconteceu na cidade alemã de Garmisch-Partenkirchen entre os dias 6 e 16 de fevereiro de 1936. A organização não poupou esforços para fazer desta a melhor festa de inverno que já se viu. Grande parte do dinheiro arrecadado foi de doações particulares. A propaganda nazista já começava a causar problemas, pois em vários pontos da cidade e no trajeto de Munique para Garmisch encontravam-se placas e letreiros com dizeres como: "Judeus fora" ou "Judeus não são bem-vindos" e similares. O presidente do Comitê Organizador teve de intervir no Ministério do Interior para que a propaganda fosse retirada, pois senão haveria um grande prejuízo para os Jogos. O COI também tinha advertido Hitler de que os Jogos não poderiam ser usados como propaganda para o governo. O próprio Hitler esteve na tribuna de honra e declarou os Jogos abertos.

Nas provas de esqui alpino, alemães e noruegueses venceram quase todas as medalhas. Pela primeira vez, foi disputado o revezamento 4 x 10km de cross-country, e os noruegueses eram favoritos. Porém, a vitória foi dos finlandeses. A combinação nórdica (salto e cross-country) foi vencida por um norueguês. Na patinação artística, a norueguesa Sonja Heine, venceu pela terceira vez consecutiva o ouro, porém desta vez a disputa foi muito acirrada contra a inglesa Cecilia Colledge, que demonstrou grande talento. No masculino, venceu o austríaco Karl Schafer.

A nona edição dos Jogos Olímpicos da Era Moderna aconteceu de 1 a 16 agosto de 1936 em Berlim (Alemanha). O COI não imaginou, em 1931, que ocorreriam tantas mudanças desfavoráveis na Alemanha em tão pouco tempo. Porém, a perfeita organização dos Jogos de Inverno no início do ano em Garmisch-Partenkirchen impressionou os membros, que "aceitaram" a boa vontade e as promessas do governo alemão. Também devido à doação alemã de uma elevada quantia ao COI e à promessa de Hitler de que o governo alemão continuaria e terminaria as escavações em Olímpia (Grécia). Não só o estádio olímpico mas todas as outras instalações eram tão belas e perfeitas que impressionaram bastante. Seguindo uma ideia dada pelo secretário geral, do Comitê Organizador, Carl Diem, a chama olímpica foi acesa em Olimpía e transportada por mais de 3.000 corredores da Grécia até Berlim. O rádio transmitiu para mais de 40 países e foram testadas as primeiras transmissões de TV. A cineasta alemã Leni Riefenstahl filmou, com 80 câmeras, um documentário épico sobre os Jogos.

As provas de atletismo foram realizadas de 2 a 9 de agosto. O negro americano Jesse Owens venceu os 100m, os 200m, o salto em distância e o revezamento 4 x 100m, este com o recorde de 39,8 s, que perdurou por 20 anos. A prova do revezamento feminino de 4 x 100m foi dramática. As alemãs tinham uma excelente equipe. Três de suas velocistas estavam na final dos 100m, terminando em 3º, 4º e 6º lugares. Nas eliminatórias, a equipe alemã bateu o recorde mundial e tinha quase que certa a vitória. No dia da corrida, as alemãs lideraram a prova, mas na última troca do bastão, aconteceu o inesperado: o bastão caiu. O estádio inteiro gritou, as corredoras choram desesperadas, mas a equipe americana venceu a prova. O revezamento de 4 x 400m masculino foi vencido pelos ingleses, embora os americanos fossem favoritos. Eles, porém, não escalaram para a corrida seus dois melhores corredores de 400m, o que foi decisivo para a vitória inglesa.

As provas de 5.000m e 10.000m também foram muito disputadas e quase tiveram um final inesperado. Em ambas as provas, competiu o pequeno japonês Kohei Murakoso. Ele surpreendeu de tal forma os adversários, que, nas duas corridas, ele quase venceu, mas conquistou o público pela sua coragem e espírito lutador. A prova da maratona foi vencida pelo coreano Kitei Son com o tempo de 2:29:19,2, mas como na época a Coreia estava sob domínio japonês, a vitória foi creditada para o Japão.

A prova do decatlo foi vencida por um americano, com outros dois americanos em segundo e terceiro. Os alemães venceram no dardo, peso e martelo, e no disco venceu novamente um americano.

Os japoneses foram os grandes vencedores das provas de natação no masculino, deixando os americanos em segundo, e a única prova que não ficou com uma das duas nações foi a de 100m livre, vencida pelo húngaro Ferenc Cisk. No feminino, as campeãs foram as holandesas, deixando de novo as americanas em segundo; porém, nos saltos ornamentais elas ficaram com o ouro.

As provas de remo foram dominadas pelos alemães, que perderam apenas no oito. Pela primeira vez aconteceram provas de caiaque e canoas. Alemanha e Áustria conseguiram o maior número de vitórias.

Nas provas de esgrima, foi introduzido pela primeira vez o sistema de marcação elétrico. Tanto a arma como a roupa dos esgrimistas estavam conectadas a uma máquina que emitia um sinal luminoso assim que acontecesse um toque. No masculino, os italianos venceram quase todas as medalhas de ouro, e os alemães conseguiram colocar uma equipe em todas as finais.

Nas provas de ginástica artística, os alemães vieram com equipes fortemente preparadas e venceram tanto no masculino como no feminino por equipes e no individual, deixando a equipe suíça em segundo.

O torneio olímpico de futebol era mais uma esperança de medalha para os alemães. O primeiro jogo foi vencido com facilidade, contra a fraca equipe de Luxemburgo. Para a segunda partida, o desentendimento entre os dirigentes foi a provável causa da derrota de 2:0 para a Noruega. O time foi dividido entre reservas e titulares sob o pretexto de pouparem alguns titulares.

Aconteceu a final do primeiro torneio de handebol olímpico. O jogo era novo, tendo sido criado após a 1ª Guerra Mundial. A final foi disputada entre Alemanha e Áustria. A Áustria já havia derrotado a Alemanha em 1925 no primeiro jogo internacional de handebol. Na final olímpica, os alemães garantiram a vitória no último terço do jogo, que terminou em 10:6.

No dia 16 de agosto, a festa de encerramento dos Jogos Olímpicos foi um tremendo sucesso. A Alemanha foi a grande campeã, com mais de 30 medalhas de ouro e mais de 25 de prata, demonstrando para o mundo, como fora planejado pelo governo nazista, a superioridade da nação nos esportes. Toda a organização fora excelente: a introdução da corrida e do acendimento da chama olímpica foi muito bem recebida; as instalações estavam impecáveis; e a ideia de crianças trazendo as bandeiras nacionais à frente de cada delegação também agradou a todos.

No dia 19 de junho de 1936, aconteceu mais uma luta de boxe em Nova Iorque, desta vez no estádio dos Yankees. O alemão Max Schmeling, que já havia sido campeão mudial de todas as classes, enfrenta a nova sensação americana do boxe, o negro Joe Louis. A luta terminou no 12º assalto, quando Louis foi à lona após ter recebido alguns golpes de direita certeiros do alemão. A vitória surpreendeu os americanos e, na Alemanha, foi utilizada para fins de propaganda política do governo nazista.

Em janeiro de 1937, a patinadora norueguesa Sonja Heine, tricampeã olímpica e várias vezes campeã mundial, decidiu se aposentar do esporte. Ela se mudou para Hollywood (USA) e começou a participar de filmes. Posteriormente, começou a produzir seus próprios shows de patinação artística no gelo, o que lhe trouxe fama e muito dinheiro.

De 30 de junho a 25 de julho de 1937, aconteceu mais uma edição da prova de ciclismo Tour de France. O vencedor foi o francês Roger Lapiébe, que, após vários empurrões de torcedores, tinha recebido uma penalidade. Ele conseguiu recuperar o tempo perdido, e também foi auxiliado pela saída do belga Sylvére Maes, que liderava a prova.

No dia 20 de julho de 1937, o tenista alemão Gottfried von Cramm jogou contra o americano Donald Budge na disputa pelo terceiro e decisivo ponto da partida entre Alemanha e USA da Copa Davis. O jogo foi muito disputado: os dois primeiros sets foram vencidos pelo alemão, e os dois seguintes, pelo americano. No último set, a guerra de nervos e de condição física foi finalmente vencida pelo americano por 8:6.

No dia 2 de setembro de 1937, morreu em Genebra (Suíça) o barão Pierre de Coubertin. Durante um passeio no parque, ele passou mal e sentou-se em um banco. Transeuntes o encontram já morto.

Em 28 de janeiro de 1938, o piloto de corridas alemão Rudolf Caracciola quebrou o recorde de velocidade para carros pilotando um Mercedes-Benz, atingindo a velocidade de 432,69 km/h. Horas mais tarde, outro piloto alemão, Bernd Rosemeyer, tentou bater outro recorde na mesma pista. Uma forte rajada de vento jogou seu carro para fora da pista e ele morreu no acidente.

Em fevereiro de 1938, o americano Henry Armstrong sagrou-se campeão mundial de boxe em três categorias: pena, superpena e leve. Nestas categorias, não era possível ganhar muito dinheiro, e Henry largou o boxe para se tornar um pastor batista de grande sucesso.

De 4 a 19 de junho de 1938, aconteceu o terceiro campeonato mundial de futebol, desta vez em Paris (França). Os países sul-americanos queriam que a copa fosse sediada por um de seus países, mas a FIFA acabou se decidindo pela França, talvez para homenagear seu presidente, Jules Rimet. Argentina e Uruguai não compareceram, somente Brasil e Cuba. A final foi disputada entre a Itália e a Hungria, com vitória italiana por 4:2.

Em 22 de junho de 1938, o pugilista alemão e campeão mundial Max Schmeling retornou mais uma vez a Nova Iorque (EUA) para uma luta de boxe. O oponente é de novo Joe Louis. Desta vez, porém, a luta foi rápida e durou menos de 2 minutos. Louis atacou Schmeling com rapidez e força, cobrindo-o com golpes sem dar-lhe chance de contra-atacar. O técnico de Schmeling, Machon, invadiu o ringue e terminou a luta com medo de que seu lutador sofresse algum prejuízo físico.

No dia 31 de julho de 1938, o ciclista italiano Gino Bartali venceu a Tour de France, deixando em segundo o belga Felicien Verwaeke. Bartali era um ótimo ciclista e já havia vencido duas vezes o Giro d'Itália (1936/1937). Neste ano, ele não se inscreveu para o Giro, treinando e concentrando-se somente para a Tour de France.

Em 25 de setembro de 1938, o tenista americano Donald Budge venceu a final do Aberto dos USA em Forest Hills. Com esta vitória, ele foi o primeiro jogador a vencer os quatro maiores torneios internacionais de tênis em um ano (os abertos da Austrália, França, Inglaterra e USA). Já se falava sobre o Grand Slam antes, mas nenhum atleta havia conquistado tal feito.

De 3 a 12 de fevereiro de 1939, aconteceu o 11º Campeonato Mundial de Hóquei sobre o Gelo nas cidades de Basileia e Zurique (Suíça). O Canadá foi representado pelo Clube Trail Smoke Eaters. Eles venceram todos os jogos, levando apenas um gol.

De 11 a 19 de fevereiro de 1939, aconteceu mais um campeonato mundial de esqui, esta vez em Zakopane (Polônia). Pela primeira vez um atleta centro-europeu conseguiu vencer os escandinavos na prova de combinação (cross-country e salto). O alemão Gustav Berauer venceu a combinação e o austríaco Joseph Bradl venceu o salto.

Em 2 de julho de 1939, o pugilista alemão Max Schmeling entrou de novo em um ringue de boxe. Após sua derrota e longa recuperação no ano anterior, ele enfrentou seu compatriota Adolf Heuser. A luta foi curta. Após 1 minuto, Heuser está no chão, nocauteado.

De 10 a 30 de julho de 1939, aconteceu mais uma edição da Tour de France. O vencedor foi o belga Silvere Maes, que já havia vencido a prova em 1936. Este ano os ciclistas alemães e italianos não participaram da prova.

No dia 30 de julho de 1939, a alemã Christel Schulz bateu o recorde mundial de salto em distância durante um torneio no estádio Olímpico de Berlim. Este recorde perdurava desde 1928, pertencendo à japonesa Kinue Hitomi. No ano anterior, duas mulheres já haviam saltado mais de 6 metros, mas as marcas não foram homologadas, pois as condições não eram aceitáveis.

Datas e Acontecimentos

- Em 22.5.1930 – Durante a 28ª sessão do COI em Berlim, a cidade de Lausanne (Suíça) se candidata para os Jogos Olímpicos de 1944.
- Em 12.7.1930 – Pela primeira vez, acontecem as Espartakiades para crianças dos 10-14 anos em Berlim (Alemanha) com provas de atletismo.
- Em 9.8.1930 – O canadense Percy Williams bate o recorde mundial dos 100m rasos em Toronto (Canadá), marcando 10,3 s.
- Em 14.9.1930 – Pela quarta vez em quatro semanas, o finlandês Matti Jarvinen melhora o recorde mundial de lançamento de dardo, marcando 72,93 m.

- Em 23.4.1931 – Devido à Guerra Civil Espanhola, a sessão do COI em Barcelona é interrompida. Somente Berlim e Barcelona se candidatam para os Jogos de 1936, mas nenhuma decisão é tomada.
- Em 13.5.1931 – Em uma votação por cartas, o COI decide-se pela cidade de Berlim para os Jogos de 1936, tanto de verão como de inverno.
- Em julho de 1930 – A prova comemorativa dos 25 anos da Tour de France é vencida pelo francês Antonin Magne.
- Em 6.9.1931 – Após a fundação da Federação Internacional de Tiro de Arco (FITA) em Varsóvia (Polônia), acontece o primeiro campeonato mundial em Lemberg (França).
- Em 11.6.1932 – O Comitê Executivo do COI exige ações contra o semiprofissionalismo nos esportes olímpicos.
- Em 20.9.1932 – O americano A. Garfield Wood atinge pela primeira vez uma velocidade superior a 200 km/h com uma lancha.
- Em 21.11.1932 – A Federação Equestre Internacional (FEI) proíbe o uso de chicotes em torneios, introduz uma medição de tempo, exclui as mulheres das provas de equipes e determina que os hinos nacionais só podem ser tocados nos Jogos Olímpicos ou Grandes Prêmios nacionais.
- Em 4.2.1933 – A Federação Internacional de Bobsleigh e Tobogã exclui as mulheres das provas de bobsleigh e proíbe o aquecimento das tinas.
- Em 9.6.1933 – Durante a 31ª Sessão do COI em Viena (Áustria), os representantes alemães garantem a participação de judeus nos Jogos de 1936.
- Em 20.8.1933 – O COI autoriza a execução de prova de caiaque nos Jogos de Berlim (1936).
- Em 1933 – Na final do campeonato inglês de futebol, entre Everton e Manchester City, pela primeira vez os jogadores usam números nas costas, de 1 a 11 e 12 a 22.
- Em 8.5.1934 – O Comitê Executivo do COI reconhece o handebol como modalidade Olímpica.
- Em 19.5.1934 – Durante a 32ª Sessão do COI em Atenas (Grécia), o representante alemão apresenta a ideia de realizar uma corrida com a chama olímpica de Olímpia até Berlim para a abertura dos Jogos.
- Em 10.8.1934 – Durante um congresso em Lucerna (Suíça), a Federação Internacional de Remo (FISA) determina a distância das provas em 2.000 m.
- Em 18.8.1934 – O inglês E. Temme é o primeiro homem a cruzar o Canal da Mancha nos dois sentidos.
- Em 16.2.1935 – A Federação Internacional de Tênis de Mesa determina em Londres que dali por diante só existem jogadores, sendo as classificações amador e profissional riscadas.

- Em 28.2.1935 – Durante a 33ª Sessão do COI em Oslo (Noruega), professores de esqui são proibidos de participar de Jogos de Inverno e jogadores de futebol só podem participar dos Jogos se não receberem remuneração por este período.
- Em 7.12.1935 – Em Paris, acontece a fundação de um Comitê Internacional para a proteção do Ideal Olímpico, com o intuito de boicotar os Jogos de Berlim em 1936.
- Em 14.12.1935 – Quebra do recorde mundial do salto triplo pelo australiano Jake Metcalfe em Sydney, marcando 15,78 m.
- Em 12.4.1936 – A patinação sobre rodas está em ascensão: em Stuttgart (Alemanha), Campeonato Mundial de Hóquei sobre Patins e Campeonato Europeu de Patinação Artística e de Velocidade.
- Em 31.7.1936 – Durante a 35ª Sessão do COI, em Berlim, a cidade de Tóquio (Japão) é escolhida para sediar os Jogos de 1940.
- Em 11.8.1936 – A Federação Internacional de Atletismo (IAAF) determina como limite para homologação de recordes a velocidade de 2 m/s do vento de costas.
- Em 13.8.1936 – Durante uma reunião da FIFA, em Berlim, a Alemanha se candidata a sediar o Campeonato Mundial em 1938, mas retira sua candidatura em favor da França.
- Em 29.5.1937 – É batido o recorde mundial no salto com vara pelos americanos Bill Sefton e Earle Meadows em Los Angeles (EUA), marcando 4,54 m.
- Em 6.7.1937 – A capital da Noruega, Oslo, se candidata para sediar os Jogos Olímpicos de Inverno de 1940.
- Em 12.8.1937 – O americano Melvin Walker bate o recorde do salto em altura em Malmo (Suécia), marcando 2,09 m.
- Em 19.11.1937 – O americano George Eyston bate o recorde de velocidade com carros em Boneville (EUA), atingindo a velocidade de 502,3 km/h.
- Em 9.2.1938 – Com a permissão do COI, é fundado, em Berlim (Alemanha), um Instituto Olímpico sob a direção de Carl Diem.
- Em 18.3.1938 – Durante a 37ª Sessão do COI, no Egito, discute-se a realização dos Jogos de 1940 em Sapporo e Tóquio, devido à Guerra Sino-Japonesa. Contacta-se as cidades de Oslo, Helsinque e Sankt Moritz.
- Em 9.6.1939 – As cidades de Oslo e Sankt Moritz se declaram incapazes de realizar os Jogos Olímpicos de Inverno de 1940 durante a 38ª Sessão do COI em Londres. A cidade alemã de Garmisch-Partenkirchen é escolhida.

- Em.1939 – A FIFA determina que todos os jogadores devam ter números nas costas de suas camisas.
- Em 1939 – O inglês John Cobb bate o recorde de velocidade para automóveis em Boneville (EUA) atingindo a velocidade de 595 km/h.

De 1940 a 1949

Em 15 de janeiro de 1940, foram cancelados os Jogos Olímpicos de Verão e Inverno de 1940, em Tóquio e Sapporo (ambos no Japão), e os de Verão e Inverno de 1944, em Londres (Inglaterra) e Cortina d'Ampezzo (Itália). Um ano antes, a Alemanha recebera do COI a ordem de sediar novamente os Jogos de Inverno e a euforia foi grande, mas, devido à guerra, a competição foi cancelada.

Com o avanço das batalhas da Segunda Guerra, as competições esportivas internacionais eram canceladas. A Tour de France não aconteceu mais a partir de 1940; o campeonato inglês de futebol terminou em 1939. Na Alemanha e em outros países, começa o racionamento de alimentos e também de gasolina e de outros materiais essenciais para a prática esportiva tais como borracha e aço.

De 17 de maio a 2 de junho de 1940, aconteceu a prova ciclística Giro d'Itália. O vencedor foi o italiano Fausto Coppi, um talento promissor e futuro campeão.

No dia 7 de março de 1941, ainda aconteceu uma competição internacional de saltos de esquis. Havia cerca de dois anos que os saltadores estavam cada vez mais ousados, e distâncias de 100 metros se tornaram frequentes. Nesta competição, o alemão Rudi Gehring estabeleceu novo recorde mundial com a marca de 118 m.

No dia 7 de dezembro de 1941, o boxeador americano Joe Louis se alistou no exército e realizou algumas lutas para os soldados. Nos dois anos anteriores, ele havia defendido seu título mundial em oito lutas, vencendo sete delas por nocaute.

Em 6 de fevereiro de 1942, morre, em consequência de um infarto do coração, o presidente do COI, Henry de Baillet-Latour, aos 66 anos. Em 1920, ele fora o presidente do Comitê de Organização dos Jogos da Antuérpia, e, em 1925, ele substituiu Pierre de Coubertin na presidência do COI.

No dia 23 de maio de 1942, o americano Cornelius Warmerdam estabeleceu um novo recorde para o salto com vara (de bambu). Ele saltou 4,77 m e a alegria dos fãs foi tanta que eles invadiram o campo e conseguiram destroçar o sarrafo e levar os pedaços de recordação. Ele conseguiu elevar esta marca para 4,79 m algumas semanas depois em uma competição indoor.

No dia 20 de setembro de 1942, o sueco Gunder Haag conseguiu realizar uma façanha. Desde 1º de julho, ele vinha batendo um recorde atrás do outro nas seguintes provas: milha, 2 milhas, 1.500m, 2.000m, 3.000m, 3 milhas e 5.000m. Em 12 semanas, ele conseguiu bater dez recordes mundiais. Sua carreira, porém, foi curta, e antes do fim da 2ª Guerra, ele já abandonara o esporte.

Em 9 de maio de 1943, a nadadora alemã Gisela Grass bateu o recorde mundial dos 100m peito. Ela usou, em uma parte da distância, a técnica borboleta, que foi apresentada pela primeira vez em 1933 pelo americano Jack Sieg. A Federação Internacional de Natação Amadora (FINA) reconheceu esta técnica como uma variação do estilo peito, e não um estilo separado (ainda). A maior desvantagem deste estilo é que ele é muito extenuante, diziam os especialistas da época.

Até esta época, vários atletas alemães de nível nacional e internacional já haviam sido convocados para lutar pela Alemanha na 2ª Guerra, e cada vez mais homens eram recrutados, pois o governo nazista planejava a "guerra total". Em decorrência deste fato, muitas instalações esportivas foram sendo desmontadas ou mesmo destruídas. Atletas famosos vestiram uniforme para lutar nos campos de batalha, entre eles o boxeador Max Schmeling e tantos outros que perderam ali suas vidas, como Lutz Long, vice do salto em distância de 1936 e campeão europeu, e o campeão olímpico de 1936 de arremesso de peso Hans Woelke.

Em julho de 1944, o COI festejou, apesar da 2ª Guerra, o cinquentenário de sua existência. Uma placa comemorativa dizia: "O movimento olímpico procura reunir todos os princípios para o aperfeiçoamento do ser humano." Infelizmente na época não havia muita aplicabilidade para esta ideia.

Em setembro de 1944, aconteceu o campeonato feminino de tênis nos EUA, já que os homens estavam lutando na guerra.

Em 27 de abril de 1945, morreu, durante uma batalha sem sentido, um promissor talento alemão. Klaus Junge havia nascido no Chile, mas, quando criança, sua família fixou residência em Hamburgo (Alemanha), onde iniciou sua carreira de enxadrista. Ele conseguiu subir ao pódio dividindo o primeiro lugar com o então campeão mundial, Alexander Aljochin, durante um torneio em Praga.

Após o fim da Segunda Guerra Mundial, a Alemanha foi dividida em quatro zonas governadas por americanos, ingleses, franceses e soviéticos. Todos os clubes e associações esportivas foram fechados e proibidos de funcionar. A população só poderia praticar esportes de forma organizada se este não ultrapassasse o âmbito local. Cada clube ou organização nova necessitava da permissão do comandante aliado responsável pela zona para funcionar.

Em 19 de junho de 1946, 45.000 espectadores se reuniram no Yankee Stadium em Nova Iorque (USA) pela disputa do título dos pesos pesados entre Joe Louis e Billy Conn, com vitória de Louis no oitavo assalto. Também neste mês foi disputada novamente a final do campeonato inglês de futebol no estádio de Wembley. Derby County venceu o Charlton Athletic por 4:1 na prorrogação.

De 15 de maio a 7 de junho de 1946, foi disputado novamente a prova ciclística do Giro d'Itália. O vencedor foi Gino Bartali, que durante a guerra se manteve recluso em um monastério. Para seu grande rival, o também italiano Fausto Coppi, que lutou e foi feito prisioneiro durante a 2ª Guerra, isto tinha o mesmo significado que deserção. Algumas semanas mais tarde, Bartali também vencia a Tour de Suisse.

Em 9 de abril de 1947, o tenista alemão Gottfried von Cramm recebeu do comandante britânico uma permissão para viajar para a Suécia e se encontrar com o rei Gustavo V, seu amigo de longa data, e também conhecido como "Mr. G." na riviera francesa, onde costumava participar de campeonatos de tênis.

De 25 de junho a 21 de julho de 1947, aconteceu mais uma prova da Tour de France, a primeira após o término da 2ª Guerra. Os franceses estavam confiantes em uma vitória, já que os dois campeões italianos, Coppi e Bartali, estavam se preparando para o Giro d'Itália. A Tour deste ano teve 21 etapas, passando por Luxemburgo e Bruxellas. O francês Jean Robic venceu, embolsando a quantia recorde de 500.000 francos.

No dia 5 de dezembro de 1947, o boxeador Joe Louis lutou mais uma vez para defender seu título de campeão mundial dos pesos pesados. Ele lutou contra Jersey Joe Walcott. Após 15 assaltos, a decisão foi por pontos, e os juízes declararam vencedor Joe Louis, embora durante a luta Walcott tivesse se saído bem melhor.

De 30 de janeiro a 8 de fevereiro de 1948, foram disputados os primeiros Jogos Olímpicos depois da 2ª Guerra Mundial. Ao todo, foram 713 atletas de 28 países que se encontraram na cidade de Sankt Moritz (Suíça). Vários novos talentos surgiram e conseguiram resultados fantásticos. Foi criado e disputado um pentatlo de inverno com provas de equitação, esgrima, tiro, 10km de esqui cross-country e descida de montanha. A competição não foi bem-vista e muitos criticaram, inclusive os próprios suíços. O torneio de hóquei sobre o gelo terminou com a vitória dos canadenses, mas o curioso é que os americanos enviaram duas equipes para a competição, uma mandada pela Amateur Hockey Association (AHA), reconhecida pelo COI, e outra mandada pela Amateur Athletic Union, reconhecida pelo Comitê Olímpico Americano. O responsável pela desorganização foi o próprio Comitê Olímpico Americano, na pessoa de seu presidente, Avery Brundage.

Os primeiros Jogos Olímpicos de Verão após a Segunda Guerra foram disputados entre 29 de julho e 14 de agosto de 1948 em Londres (Inglaterra). Foram Jogos que tiveram como objetivo ser uma festa da Paz. Os ingleses, porém, não se entusiasmaram muito com a festa, pois sua cidade ainda se encontrava em uma situação não muito boa, já que várias bombas alemãs atingiram alvos londrinos. Uma das poucas vantagens de Londres foi que todas as instalações esportivas já existiam, sendo que algumas necessitavam apenas de uma pequena reforma. Alemães e japoneses não foram convidados, e 59 nações enviaram delegações para a festa. As menores eram Malta e Cingapura, cada uma com 1 atleta. Os norte-americanos tinham o maior contingente.

Um dos destaques das competições de atletismo foi a atleta holandesa Francina"Fanny" Blankers-Koen. Aos 30 anos de idade, já era considerada velha para disputar uma Olimpíada. Ela venceu os 100m rasos, os 200m rasos, o revezamento de 4 x 100m e ainda os 80m com barreiras. Ela foi recebida com honras e festa na sua volta para Amsterdã. Milhares de pessoas a receberam quando ela desfilou em uma carruagem pelas ruas da cidade. Ela recebeu uma condecoração da rainha Juliana.

A prova do revezamento de 4 x 100m masculino foi, de início vencida pelos americanos. Um juiz, porém os desclassificou, pois alegou que em uma passagem a troca aconteceu fora da área específica. Os ingleses receberam a medalha, porém uma foto mostrou que o juiz se orientou pela linha errada, e, assim, as medalhas voltaram para as mãos dos americanos.

Outra grande figura dos Jogos foi o atleta tcheco Emil Zatopek. Na prova dos 5.000 m, ele venceu com um estilo de corrida que fez pensar que ele não aguentaria dar mais uma volta, e por pouco ele não venceu a prova dos 10.000 m, ficando com a prata. Os americanos ocuparam as três primeiras posições no arremesso de peso, e, pela primeira vez, a marca dos 17 m foi ultrapassada. O finlandês Tapio Rautavaara, e atualmente ator de cinema, foi convocado para o lançamento de dardo. Ele alcançou a inexpressiva marca de 69,77 m, mas assim mesmo venceu o ouro. Um americano de 17 anos venceu a prova do decatlo. Robert "Bob" Mathias conseguiu marcar apenas 7.139 pontos e ficou longe do recorde, mas devido às condições dos dias das provas — muita chuva e vento — o seu desempenho foi notável.

Nas provas de natação, as equipes americanas conseguiram a maioria das medalhas. A melhor nadadora foi a dinamarquesa Karen Harup, com duas medalhas de prata e uma de ouro. As provas de ginástica olímpica sofreram um atraso e tiveram que ser realizadas em um ginásio, pois as condições climáticas não permitiram a execução ao ar livre como programado. Os finlandeses venceram a competição individual e por equipes e em segundo vieram os suíços.

O torneio de basquete se estendeu por 15 dias, e os americanos venceram, deixando os franceses em segundo e os brasileiros em terceiro. Esta também foi a última vez que foram realizados concursos artísticos durante os Jogos Olímpicos.

Em 25 de julho de 1948, aconteceu mais uma edição da prova ciclística Tour de France. Gino Bartali, com 34 anos, mostrou grande técnica e condição física e venceu a prova.

Em abril de 1949, aconteceu em Estocolmo (Suécia) o campeonato mundial de hóquei sobre o gelo. Os canadenses eram favoritos e destruíram os dinamarqueses por 47:0, porém não conseguiram passar pelos tchecos, que venceram o campeonato, deixando-os com a prata.

Em maio e julho de 1949, o ciclista italiano Fausto Coppi conseguiu realizar o sonho de todos os ciclistas: ele venceu o Giro d'Itália e a Tour de France, batendo seu grande rival, Gino Bartali.

Em 24 de setembrto de 1949, foi novamente fundado o Comitê Olímpico Alemão em Bonn (Alemanha).

Datas e Acontecimentos

- Em 2.3.1940 – Apesar da 2ª Guerra, ainda acontece em Londres a tradicional competição de remo entre Oxford e Cambridge, que vence a disputa este ano.
- Em 29.6.1940 – Novo recorde no salto com vara pelo americano Cornelius Warmerdam com 4,60 m.
- Em 6.6.1941 – O americano Cornelius Warmerdam bate de novo o recorde no salto com vara, marcando 4.72 m.
- Em setembro de 1941 – O americano Bobby Riggs vence o US Open, o campeonato americano de tênis.
- Em 23.5.1942 – O americano Cornelius Warmerdam bate de novo o recorde no salto com vara, marcando 4.77 m. Esta é a melhor marca com uma vara de bambu.

- Em setembro de 1942 – O americano Ted Shroeder vence a final de tênis do campeonato americano em Forest Hills.
- Em 27.6.1943 – Ainda é disputado o campeonato alemão de futebol, sagrando-se campeão este ano o time Dresdner SC.
- Em setembro de 1943 – A americana Pauline Betz vence pela segunda vez o campeonato aberto americano de tênis.
- Em 14.8.1944 – A russa Nina Dumbadse bate o recorde mundial de lançamento de disco em Moscou (União Soviética), marcando 49,88 m
- Em 14.11.1944 – A campeã olímpica de esgrima húngara Endre Kabos morre em um trem quando este passava sobre uma ponte que foi explodida por tropas alemãs em Budapeste (Hungria).
- Em junho de 1945 – A FIFA exclui a Alemanha da Federação .
- Em 24.8.1945 – Primeiro encontro do COI após o término da guerra.
- Em 1945 – Pela primeira vez é realizado um campeonato de nado sincronizado nos EUA.
- Em 30.5.1946 – A primeira corrida das 500 Milhas de Indianápolis após a 2ª Guerra é vencida pelo americano George Robson.
- Em 18.9.1946 – Joe Louis defende o seu título mundial de peso pesado em Nova Iorque (EUA) derrotando Tami Mauriello por nocaute no primeiro assalto.
- Em fevereiro de 1947 – Recorde de velocidade sobre esquis pelo italiano Zeno Cólo em Cervinia (Itália).
- Em 18.7.1947 – O ítalo-americano Rocky Graziano se sagra campeão mundial de boxe dos pesos médios, vencendo Tony Zale em Chicago (EUA).
- Em 16.9.1947 – Recorde mundial de velocidade para carros batido pelo inglês John Cobb com a velocidade de 648 km/h em Utah (EUA).
- Em 2.7.1948 – A americana Louise Brough vence as três finais de Wimbledon: simples, duplas e duplas mistas.
- Em 5.9.1948 – A equipe americana defende seu título na Copa Davis, derrotando a Austrália por 5:0.
- Em 2.10.1948 – Primeiro Grande Prêmio na Inglaterra depois da 2ª Guerra. Vence o italiano Luigi Villoresi, montando Maserati.
- Em 1949 – A FIFA readmite a Alemanha em seu quadro e permite que a equipe alemã volte a competir internacionalmente.
- Em 11.6.1949 – O atleta tcheco Emil Zatopeck bate o recorde dos 10.000m
- Em 1.7.1949 – Apesar de protestos por parte dos aliados, é refundada a Federação Alemã de Futebol.

De 1950 a 1959

Em março de 1950, foi disputada pela primeira vez uma competição de esqui alpino nos EUA, na cidade de Aspen, no Colorado. A atleta austríaca Dagmar Rom venceu as provas de slalom e slalom gigante. Ela recebeu inúmeros telegramas, não de felicitações, mas de pedidos de casamento. Para não perder o talento, o técnico da equipe feminina a pediu em casamento.

Durante a Copa do Mundo de Futebol, de 24 de junho a 16 de julho de 1950, disputada no Brasil, aconteceram algumas surpresas. No dia 29/6, a Inglaterra jogou contra os Estados Unidos. Os americanos conseguiram derrotar os ingleses por 1:0 e surpreenderam a todos. Os ingleses estavam chocados e também perderam para os espanhóis logo depois por 1:0. A primeira participação dos ingleses em um campeonato mundial terminou em uma quase tragédia.

No dia 16/7/1950, foi disputada a final da Copa do Mundo. O estádio Maracanã estava lotado — estima-se que 205.000 pessoas tinham entrado. A vitória brasileira era quase que certa. O Brasil marcou seu primeiro gol apenas no segundo tempo e a festa explodiu. Os uruguaios, porém, não se intimidaram, marcaram dois gols e venceram o torneio. Foi com certeza um dos dias mais tristes para a população brasileira.

Em 3 de setembro de 1950, foi disputado o Grande Prêmio da Itália de Automobilismo. De acordo com a FIA (Federação Internacional de Automobilismo), sete eram as provas do campeonato mundial: Suíça, Inglaterra, Mônaco, Bélgica, França, Itália e as 500 Milhas de Indianápolis. A FIA determinou que os carros da Fórmula 1, criada em 1947, tivessem motores com cilindradas de 1.5 l com compressor, ou 4.5 l sem compressor. O italiano Giuseppe Farina venceu a corrida na Itália, e com suas vitórias na Inglaterra e Suíça, ele é o primeiro campeão mundial de Fórmula 1.

Em 5 de janeiro de 1951, os atletas alemães quiseram, porém não tinham condições de participar dos próximos Jogos Olímpicos de inverno e de verão. O Comitê Olímpico Alemão, recém-refundado, não dispunha de recursos financeiros.

Em julho de 1951, a tenista americana Doris Hart venceu as finais simples e de duplas no torneio de tênis de Wimbledon. O feito não foi uma sensação se não fosse o fato de que Doris, quando criança, sofrera de paralisia infantil, e um de seus joelhos sofrera uma deformação que a impossibilitava de andar normalmente.

Em outubro de 1951, o argentino Juan Manuel Fangio se sagrou campeão de Fórmula 1. Ele venceu a última corrida em Barcelona, deixando em segundo o italiano Alberto Ascari, que também ficou em segundo na contagem geral. Foi o primeiro título de Fangio, isso aos 40 anos.

No dia 26 de outubro de 1951, o pugilista negro Joe Louis subiu mais uma vez ao ringue para lutar, desta vez contra o ítalo-americano Rocky Marciano. A luta foi fácil para Marciano, nocauteando o oponente no oitavo assalto. Louis estava no fim da carreira e coberto de dívidas.

Nestes Jogos Olímpicos de Inverno, disputados entre 14 e 25 de fevereiro de 1952 em Oslo (Noruega), a Alemanha enviou uma delegação que, apesar de tudo, foi muito bem recebida e tratada. As provas de esqui super slalom, slalom e descida foram difíceis, pois a pista estava dura. O norueguês Stein Eriksen surpreendeu a todos e conseguiu o ouro no super slalom e a prata no slalom. No feminino, a americana Andy Mead-Lawrence demonstrou grande espírito esportivo e conquistou duas medalhas de ouro. Em uma das provas, ela caiu duas vezes, mas ainda assim conseguiu o melhor tempo na outra descida. Pela primeira vez, é realizada uma prova de esqui cross-country feminina na distância de 10 km e as finlandesas ocuparam as três primeiras posições. Nas provas masculinas de combinação nórdica, esqui, esqui cross-country e salto de rampa, as medalhas ficaram com os nórdicos.

Os Jogos Olímpicos de Helsinque (Finlândia) foram disputados entre 19 de julho e 3 de agosto de 1952. Com a participação de quase 5.000 atletas de 69 países competindo em 17 modalidades esportivas. Os russos voltaram a participar dos Jogos. A última participação havia sido em 1912. Eles, porém, não queriam seus atletas morando próximo aos atletas "capitalistas", e todos os outros Estados do Leste Europeu aderiram à ideia russa. Durante a cerimônia de abertura, todos especularam quem seria o último corredor a carregar a tocha olímpica e acender a pira olímpica. O estádio inteiro se levantou e comemorou a entrada de Paavo Nurmi.

Uma das maiores figuras destes Jogos foi sem dúvida o atleta tcheco Emil Zatopek. Ele venceu as provas dos 5.000km, 10.000km e também a maratona. Sua esposa, Dana Zátopková, também foi uma grande atleta, e no mesmo dia em que Emil venceu os 5.000km ela venceu a prova do lançamento de dardo.

Nas outras provas de atletismo, os americanos dominaram com facilidade, e no decatlo, um americano conseguiu o bicampeonato, o atleta Bob Mathias, que levou o ouro. Além deles, apenas a Jamaica conseguiu duas vitórias com seus excelentes corredores. Foi marcante a participação e a vitória do brasileiro Ademar Ferreira da Silva no salto triplo com uma nova marca mundial, 16,01 m.

As mulheres tiveram uma maior participação nas provas, e o público festejava suas *performances*. A holandesa Francina Blankers-Koen, campeã olímpica de Londres, ainda tentou mais uma vez vencer a prova dos 80m com barreiras. Ela tropeçou na terceira barreira e caiu, dexando a australiana Shirley de la Hunty-Strickland com a vitória. Uma das atletas mais versáteis destes Jogos foi a russa Alexandra Tschudina. Ela conseguiu a medalha de prata no lançamento de dardo e no salto em distância, e a de bronze no salto em altura.

Nas provas de ginástica olímpica, as equipes russas demonstraram uma grande superioridade técnica, vencendo quase todas as medalhas. Na natação, os americanos derrotaram os japoneses e os franceses, mas as nadadoras húngaras conquistaram a maioria das medalhas no feminino. No hóquei de grama, a Índia continuou imbatível e a final do basquete masculino demonstrou o que estava por vir: russos e americanos medindo forças e deixando as outras equipes quase sem chances.

De 17 a 29 de agosto de 1952, foi disputado o primeiro campeonato mundial de voleibol feminino em Moscou (Rússia). Foram oito as equipes participantes: União Soviética, Polônia, Bulgária, Tchecoslováquia, Romênia, Hungria, França e Índia. As russas venceram — no time se encontrava a versátil atleta Alexandra Tschudina, que já havia participado dos Jogos Olímpicos em provas de atletismo.

Em julho de 1952, o atleta italiano Fausto Coppi repetiu o seu feito de 1949. Ele venceu, no mesmo ano, as provas ciclísticas Tour de France e Giro d'Itália.

Em 23 de setembro de 1952, aconteceu, nos EUA, mais uma grande luta de boxe. Rocky Marciano lutou contra Jersey Joe Walcott, também conhecido como "The old Nigger". No primeiro assalto, Marciano foi à lona, mas se recuperou. A luta foi dura até o 13º assalto, quando Marciano acertou uma direita no queixo de Walcott, que foi ao chão, assegurando a vitória de Marciano.

Em 29 de maio de 1953, o homem conquistou a mais alta montanha da terra. O neozelandês Edmund Percival Hillary e seu guia Sherpa Tenzing Norgay são os primeiros a alcançar o cume do Monte Everest a 8.848 metros de altura.

No dia 5 de junho de 1953, o atleta americano Parry O'Brien, que criou uma nova técnica para o arremesso de peso, que leva seu nome, conseguiu um novo recorde com a marca de 18,04 m.

Em setembro de 1953, a tenista americana Maureen Conolly venceu o torneio aberto de tênis dos EUA em Forest Hills. Ela já havia ganho neste ano o aberto da Austrália em Melbourne, o aberto da França em Roland Garros, e Wimbledon. Com isso, torna-se a primeira mulher a ganhar o Grand Slam, isto aos 18 anos.

Em março de 1954, aconteceu mais um campeonato mundial de hóquei sobre o gelo em Estocolmo (Suécia), desta vez com a participação de uma equipe russa. Os canadenses eram os favoritos e queriam conquistar seu 16º título mundial. Eles venceram todos os jogos com facilidade e, na final, encontraram os russos, que chegaram lá com muito esforço. A Rússia derrotou o Canadá por 7 a 2 em um jogo sensacional.

Em 6 de maio de 1954, o atleta inglês Roger Bannister participou de uma competição entre alunos da Universidade de Oxford e uma equipe de atletismo da Grã-Bretanha. Ele tinha como objetivo correr a milha em menos de 4 minutos, um dos sonhos de todos os atletas. A corrida seguiu como planejado. Dois atletas amigos de Bannister atuaram como "coelhos"e, no final, Bannister desmaiou na chegada, mas conseguiu o seu objetivo: seu tempo foi de 3:59,4 min.

Em agosto de 1954, aconteceu mais um campeonato mundial de atletismo, desta vez em Berna (Suíça). Emil Zatopek chegou como favorito absoluto, pois ele detinha os recordes dos 5.000m, 10km, 20km, 25km, 30km, das 6, 10 e 15 milhas e da Hora. Ele venceu a prova dos 10.000m, mas perdeu os 5.000m. Quando perguntado como ele conseguiu tal proeza, ele respondeu: "Eu faço como o cachorro, me estico um pouco para todos os lados e saio correndo".

De 16 de junho a 4 de julho de 1954, aconteceu mais uma edição do campeonato mundial de futebol, desta vez na Suíça. Com três vitórias na primeira fase, o Brasil ficou em quinto lugar no campeonato. A final foi disputada entre Hungria e Alemanha, que venceu por 3 a 2 e sagrou-se campeã pela primeira vez. A equipe foi recebida com muita festa em Berlim. Todos os jogadores receberam uma condecoração do presidente e o futebol se tornou o esporte mais popular na Alemanha.

No dia 5 de setembro de 1954, o piloto de Fórmula 1 Juan Manuel Fangio venceu o grande Prêmio da Itália em Monza. Foi a sua sexta vitória neste ano e, assim, ele conquistou o título mundial mais uma vez. Ele estava completamente recuperado de seu acidente de 1952, o que para muitos foi uma surpresa, pois todos acreditavam que sua carreira tivesse chegado ao fim. Mas ele provou o contrário e ninguém duvidou de sua vitória no próximo ano, pois a combinação Fangio/ Mercedes-Benz era considerada imbatível.

Em março de 1955 foi disputado, na Alemanha, o campeonato mundial de hóquei sobre o gelo. Os canadenses mandaram sua melhor equipe, a do clube Penticton V's. Os canadenses estavam ansiosos pelo jogo contra os russos, pois a derrota do ano passado ainda estava na lembrança. Na final, as duas equipes se defrontaram, e, desta vez, os canadenses derrotam os russos por 5 a 0.

No dia 1º de junho de 1955, durante a corrida do Grande Prêmio de Fórmula 1 em Le Mans (França), aconteceu um dos mais terríveis acidentes automobilísticos de todos os tempos. Durante uma ultrapassagem arriscada, três carros foram envolvidos em um acidente no qual um dos carros capotou, entrou na multidão e explodiu. Com mais de 70 mortos e mais de 100 feridos, a tragédia foi indescritível, mas, para o espanto geral de todos, a corrida prosseguiu. O diretor da prova alegou que a interrupção acarretaria em prejuízos e processos enormes por parte de algumas equipes.

Em junho de 1955, a tenista americana Louise Brough venceu pela quarta vez o torneio de tênis de Wimbledon. Sua vitória não foi tão festejada pelos americanos, que ainda se ressentiam da tragédia ocorrida no ano anterior com Maureen Conolly, a tenista mais famosa e querida da época. Ela recebera de presente um cavalo e, durante uma cavalgada, sofreu uma queda e teve uma de suas pernas destroçadas, obrigando-a a terminar sua carreira esportiva aos 20 anos.

No dia 21 de setembro de 1955, o boxeador Rocky Marciano lutou mais uma vez para defender seu título mundial. A luta foi contra Archie Moore, que foi nocauteado no 9º assalto. Após a luta, Marciano anunciou que, aos 32 anos, abandonaria o boxe. Sabe-se que ele foi aconselhado pelo seu empresário, Al Weill, e nunca mais Marciano entrou em um ringue, apesar de ter recebido muitas e generosas ofertas.

De 20 de janeiro a 5 de fevereiro de 1956, aconteceram mais uma vez Jogos Olímpicos de Inverno, desta vez na Itália, na cidade de Cortina d'Ampezzo. O cenário foi muito bonito, pois a cadeia de montanhas Dolomitas impressionavam pela beleza. Pela primeira vez, uma mulher, a esquiadora italiana Giuliana Minuzzo-Chenal, leu o juramento olímpico; pela primeira vez, as equipes russas participaram dos Jogos de Inverno; e pela primeira vez, as competições foram tansmitidas ao vivo pela TV.

O austríaco Toni Seiler, até então desconhecido, foi a revelação do esqui: ele venceu as provas de slalom, slalom gigante e o downhill. Os russos venceram o torneio de hóquei sobre o gelo, derrotando o Canadá e os EUA, como também conquistaram quase todas as medalhas na patinação de velocidade.

De 10 a 17 de junho de 1956, foi realizado o torneio de Equitação dos Jogos Olímpicos de verão em Estocolmo (Suécia). Isso se deveu ao fato de que a Austrália possuía severas e rígidas leis de quarentena, o que impossibilitou a entrada de cavalos no país, impossibilitando também que o torneio fosse realizado na época e local corretos. Atletas de 29 países competiram pelas medalhas e, na tribuna de honra estava o casal real da Suécia e suas convidadas, a rainha Elisabeth da Inglaterra e sua irmã Margaret.

Em 29 de junho de 1956, o francês Jacques Anquetil bateu o recorde da Hora, percorrendo uma distância de 46,159 km. Seu recorde só perdurou até 19 de setembro daquele ano, quando o italiano Ercole Baldini marcou 46,393 km.

De 22 de novembro a 8 de dezembro, foram realizados os 16ºs Jogos Olímpicos de Verão em Melbourne (Austrália). Para os atletas norte-americanos e europeus, era uma época em que não aconteciam muitas provas de verão, pois no hemisfério norte era inverno. Mas os australianos, que participaram dos Jogos Olímpicos desde o início e sempre tiveram seu calendário organizado em função do hemisfério norte, agora receberam a chance de mostrar que também sabiam organizar e competir no mesmo nível. A tocha olímpica foi carregada de Cairns até Melbourne, na até então mais longa corrida realizada. Ao todo foram 3.184 atletas participantes de 67 países.

Nas provas de atletismo, o americano Robert Morrow venceu três medalhas de ouro (100m, 200m e revezamento 4 x 100m), e sua compatriota Betty Cuthbert repetiu a mesma atuação nas mesmas três provas. O russo Wladimir Kuz venceu as provas de 5.000m e 10.000m. O brasileiro Ademar Ferreira da Silva repetiu a sua atuação de quatro anos antes e venceu mais uma vez no salto triplo. No feminino, as russas começaram a se sobressair.

Nas provas de natação, as equipes australianas dominaram, conseguindo oito medalhas de ouro e cinco de prata e de bronze.

Uma das sensações dos Jogos, mesmo não sendo positiva, foi a partida de basquete entre o Brasil e a União Soviética. A partida mais se assemelhou a uma luta: foram cometidas 68 faltas durante o jogo: cinco brasileiros e quatro russos foram expulsos da quadra; o brasileiro Edson dos Santos, retirado do jogo por ter sido agredido por um jogador russo, volta cinco minutos depois e nocauteia outro russo. A plateia vibrou com o lamentável espetáculo.

As equipes russas demonstraram que eram sérias candidatas a qualquer medalha: no halterofilismo, nas lutas, no boxe, no tiro, na ginástica olímpica, no remo e no caiaque ou no basquete, eles estavam sempre entre os primeiros colocados. Sem sombra de dúvida, foi iniciada a rivalidade esportiva entre EUA e União Soviética, seguindo a já existente oposição político-econômica, que perduraria por muitos anos.

Em 27 de abril de 1957, aconteceu em Moscou (Rússia) o campeonto mundial de xadrez. Os finalistas foram os russos Michail M. Botwinnik, então campeão, e Wassili W. Smyslow. Durante a 22ª partida da final, Botwinnik aceitou um Remis e o placar estava 12,5 a 9,5. Smyslow era o novo campeão; porém, no próximo ano ele perderia na final para Botwinnik. A hegemonia russa no xadrez estava mantida.

Em 6 de julho de 1957, aconteceu mais uma final do torneio de tênis de Wimbledon. Desta vez, a final teve uma novidade, pois, pela primeira vez, uma atleta negra estava em quadra. Althea Gibson derrotou sua compatriota Darlene Hard e foi a primeira negra campeã em Wimbledon.

Em 4 de agosto de 1957, o piloto de fórmula 1 Juan Manuel Fangio venceu o grande prêmio da Alemanha no circuito de Nurburgring, sagrando-se pela quinta vez campeão mundial, desta vez pela equipe Maserati. O primeiro título veio em 1951 com a Alfa Romeo; depois, em 1954 e 1955, com a Mercedes-Benz, seguindo-se o quarto em 1956 com a Ferrari.

De 1 a 9 de fevereiro de 1958, foi disputado mais um campeonato mundial de esqui alpino, em Badgastein (Áustria). O talentoso esquiador austríaco Toni Seiler venceu no downhill, no slalom gigante e na combinação alpina. Ele também iniciou uma carrreira cinematográfica, de longe não tão bem-sucedida como a esportiva.

De 8 a 29 de junho de 1958, foi disputado mais um campeonato mundial de futebol, desta vez na Suécia. Ao todo, foram 16 países participantes. Na semifinal, o Brasil enfrentou a França e venceu por 5:1. O outro finalista foi a equipe da casa. Brasil e Suécia fizeram a final no dia 29 de junho. Os suecos começaram marcando 1:0, mas com grandes jogadas e muita garra o Brasil venceu por 5:2 e foi campeão mundial.

Em 20 de julho de 1958, terminou a Tour de France, desta vez com a vitória de um luxemburguês, Charly Gaul, com o que ninguém contava. Os favoritos eram Louison Bobet (grave queda nos Pirineus) e Jacques Anquetil (pneumonia durante a prova).

De 19 a 24 de agosto de 1958, aconteceu mais um campeonato europeu de atletismo. Em Estocolmo (Suécia), ficou claro quais eram as quatro grande forças do atletismo: União Soviética, Alemanha, Grã-Bretanha e Polônia. Principalmente alemães e ingleses disputaram com os soviéticos cada medalha.

Em março de 1959, durante o campeonato mundial de hóquei sobre o gelo, disputado em Praga (Tchecoslováquia), os canadenses realizaram partidas perfeitas, derrotando todos os adversários. Na rodada final, eles se defrontaram com os donos da casa, perderam por 3:5 e se viram disputando o título com os soviéticos. Eles venceram apenas pela diferença de gols pro.

No dia 2 de maio de 1959, foi disputado mais uma vez o Kentucky Derby, uma famosa corrida de cavalos nos EUA. E, pela primeira vez, o resultado da corrida pôde ser definido sem qualquer dúvida. Uma câmera especial foi instalada na reta final e a foto da chegada foi muito clara e em cores.

Em 26 de junho de 1959, a luta de boxe entre Floyd Patterson e Ingemar Johansson, disputada no New York Yankee Stadium (USA), terminou com a clara vitória de Johansson. Anos antes, este grande boxeador tivera que devolver uma medalha de prata em um campeonato, e sofrera grande vergonha em seu país. Após a vitória contra Patterson, Johansson também recebeu, além do título, a medalha de prata de volta.

No dia 14 de julho de 1959, a tenista Maria Esther Bueno foi a primeira brasileira a ganhar uma final nas simples do aberto de tênis de Wimbledon. Ela venceu a americana Darlene Hard por 6:4 e 6:3. Dias antes, ela havia contagiado a plateia masculina em um torneio em Roma (Itália), mas os sisudos senhores ingleses não aprovaram a saia, muito curta, da tenista. Em 1958, Maria Esther Bueno havia vencido a final de duplas feminina junto com a americana Althea Gibson.

No dia 12 de dezembro de 1959, o australiano Jack Brabham participou da corrida 12 horas de Seabring, válida pelo campeonato mundial de Fórmula 1. Durante a última volta, seu carro ficou sem combustível. Em um ato de pura determinação, ele desceu e empurrou seu carro até a linha de chegada, desmaiando após cruzá-la. Ele perdeu a corrida, mas conseguiu garantir os pontos necessários para vencer o campeonato daquele ano.

Datas e Acontecimentos

- Em 28.8.1950 – A Federação Alemã de Atletismo é readmitida na Federação Intenacional de Atletismo.

- Em 22.10.1950 – É fundada em Leipzig a Escola Superior Alemã de Educação Física, tornando-se o centro de excelência do esporte na Alemanha Oriental.
- Em novembro de 1950 – A Federação Equestre Internacional readmite a Federação Alemã de Equitação.
- Em março de 1951 – São disputados pela primeira vez os Jogos Panamericanos em Buenos Aires (Argentina).
- Em 8.5.1951 – Durante a sessão do COI em Viena (Áustria), é reconhecido o Comitê Olímpico da União Soviética.
- Em 30.9.1951 – Ademar Ferreira da Silva bate o recorde mundial do salto triplo no Rio de Janeiro, marcando 16,01 m.
- Em 14.11.1951 – O COI permite, pela primeira vez, a participação de mulheres em provas de equitação.
- Em fevereiro de 1952 – Realização do primeiro campeonato mundial de Tênis de Mesa em Bombaim (Índia). Os japoneses vencem quatro títulos.
- Em 1.4.1952 – A Liga Internacional de Hóquei sobre o Gelo admite em seus quadros a União Soviética.
- Em junho de 1952 – É realizado pela terceira e última vez, em Zurique (Suíça), o campeonato mundial de handebol de campo, no qual os alemães sagram-se campeões. Cada vez mais o handebol de campo perde espaço para o handebol jogado em ginásios.
- Em 28.3.1953 – Morre o atleta americano Jim Thorpe, de orígem indígena. Como homenagem, sua cidade natal adota o nome de Jim-Thorpe-Town.
- Em 16.4.1953 – Durante a sessão anual do COI na Cidade do México (México), decide-se sediar os próximos Jogos Olímpicos em Melbourne, apesar de a data (novembro/dezembro) ser muito diferente da habitual.
- Em 31.5.1953 – A Federação Internacional de Remo decide organizar campeonatos europeus femininos de remo.
- Em julho de 1953 – É realizada, pela primeira vez, a Gymnastrada em Roterdã (Holanda)
- Em 17.1.1954 – É realizado, pela primeira vez, o campeonato mundial de handebol em ginásio, em Gotemburgo (Suécia), com vitória dos donos da casa.
- Em junho de 1954 – No campeonato mundial de ginástica olímpica, realizado em Roma (Itália), os russos vencem por equipes no masculino e feminino assim como no individual masculino e feminino.
- Em 28.12.1954 – Os americanos derrotam os australianos em Sydney (Austrália) pela Copa Davis.

- Em 2.3.1955 – Representantes de 29 países europeus fundam em Viena (Áustria) a União Europeia de Futebol (UEFA) e criam o campeonato europeu dos campeões.
- Em julho de 1955 – O presidente do COI, Avery Brundage, declara que o reconhecimento do Comitê Olímpico da Alemanha Oriental será anulado se as tentativas de formar uma única equipe olímpica alemã falharem.
- Em 12.6.1955 – É realizada a primeira final de futebol do campeonato europeu dos campeões. Em Paris (França), o Real Madrid vence o Stade Remis.
- Em julho de 1956 – É batido o recorde mundial de velocidade para motocicletas em Bonneville, Utah (EUA). Wilhelm Herz atinge a velocidade de 339 km/h.
- Em 19.10.1956 – A Federação Internacional de Natação unifica as regras para o nado sincronizado.
- Em março de 1957 – Por motivos políticos, o Canadá e os EUA não participam do campeonato mundial de hóquei sobre o gelo realizado em Moscou (Rússia). Os suecos vencem, deixando os russos com a prata.
- Em 17.3.1957 – No campeonato mundial de Tênis de Mesa, em Estocolmo (Suécia), os japoneses vencem no individual masculino e feminino e também por equipes masculino e feminino.
- Em julho de 1957 – É realizada a segunda edição da Gymnastrada, em Zagreb, com grande participação.
- Em 24.9.1957 – Durante a 53ª sessão do COI em Sófia (Bulgária), o voleibol é aceito como modalidade olímpica para homens e mulheres.
- Em 25.2.1958 – O campeão mundial de Fórmula 1, Juan Manuel Fangio, é feito refém por 25 horas em Havana (Cuba).
- Em 29.5.1958 – O time do Real Madrid vence pela terceira vez a Copa dos Campeões da Europa, derrotando na final o AC Milão.
- Em 28.7.1958 – É batido o recorde mundial do salto triplo por Oleg Rjachowskij em Moscou (Rússia) com 16,59 m.
- Em 13.2.1959 – Os americanos se negam a construir uma pista para corridas de trenó em Squaw Valley para os Jogos Olímpicos. O COI e a Federação Internacional de Trenó e Tobogã não se pronunciam.
- Em março de 1959 – O campeonato mundial de hóquei sobre o gelo é disputado na Tchecoslováquia. A Federação Internacional de Hóquei sobre o Gelo recebe cerca de 100.000 francos suíços pelos direitos de transmissão. O Canadá vence, deixando os russos em segundo.
- Em julho de 1959 – É muito discutida a decisão do COI em aceitar a "China vermelha" em sua organização e também aceitar o Comitê Olímpico de Formosa (Taiwan).

DE 1960 A 1969

NO DIA 2 DE JANEIRO DE 1960, morreu o ciclista italiano Fausto Coppi, um dos maiores atletas italianos da época. Ele não resistiu às complicações de uma pneumonia.

De 18 a 28 de fevereiro de 1960, foram disputados os 8os Jogos Olímpicos de Inverno em Squaw Valley nos EUA. A escolha do local foi muito criticada, pois em Squaw Valley não havia nem uma vila, nem uma cidade, era apenas uma região muito bonita nas redondezas do lago Tahoe. No verão, muitas pessoas passavam férias por ali.

A festa de abertura foi organizada por ninguém menos que Walt Disney. Todos os participantes e espectadores tinham que tomar um ônibus ou avião para chegar em Squaw Valley. Seguindo uma recomendação do Ministério de Relações Exteriores, foram proibidos de entrar no país jornalistas e treinadores da Alemanha Oriental.

Nas provas de esqui alpino, austríacos, franceses e suíços levaram quase todas as medalhas, e no feminino também. Nas provas de esqui cross-country, as primeiras colocações ficaram entre os atletas suecos e finlandeses. Na prova de combinação nórdica, venceu o alemão George Thoma, surpreendendo a todos, e seu compatriota Helmut Recknagel venceu o salto da rampa. Pela primeira vez, é disputada a patinação de velocidade para mulheres, com a vitória da russa Natalia Donchenko. Os russos também venceram no masculino. Pela primeira vez, também aconteceu a prova de biatlon masculino na distância de 20km. O vencedor foi o sueco Klas Lestander. A final do torneio de hóquei sobre o gelo foi entre os EUA e a União Soviética. A partida foi disputadíssima, mas os americanos conseguiram vencer por 3:2.

A 17ª edição dos Jogos Olímpicos de Verão aconteceu entre os dias 25 de agosto e 11 de setembro de 1960 em Roma (Itália). Os Jogos retornaram mais uma vez a um solo clássico e histórico. Algumas competições foram realizadas em antigas construções: ginástica nas Termas de Caracalla e lutas na Basílica de Maxentius. Mas a tecnologia estava presente, principalmente no satélite Echo, em órbita sobre o Mediterrâneo, que realizou as transmissões de rádio e TV. A Alemanha se apresentou com uma equipe unificada e carregou uma bandeira com as cores de ambos os Estados, mas com os anéis olímpicos substituindo os símbolos de cada um.

No atletismo, registrou-se a sensacional vitória do atleta da Etiópia Abebe Bikila na maratona, que correu a prova descalço. O velocista alemão Armin Hary venceu nos 100m marcando 10,0 s. O chinês Chuan-Kwang Yang de Taiwan venceu a prata no decatlo. Sua equipe participou dos Jogos "sob protesto", pois eles não puderam usar o nome China. Nas outras competições, assistiu-se a um duelo quase sempre entre soviéticos e americanos. Na ginástica, portanto, venceram no masculino e no feminino. No remo, os alemães conseguiram derrotar os soviéticos, e no torneio de basquete, os americanos venceram, deixando os soviéticos com a prata e os brasileiros com o bronze.

No dia 18 de maio de 1960, o time do Real Madrid entrou pela quinta vez consecutiva na final da Copa dos Campeões da UEFA. O jogo aconteceu em Glasgow (Escócia) e a torcida estava quase toda a favor do adversário, o time alemão Eintracht Frankfurt. Os espanhóis, porém, foram os melhores em campo e venceram por 7:3.

Em setembro de 1960, a tenista brasileira Maria Esther Bueno venceu a final de duplas femininas de Wimbledon. Ela havia vencido nas duplas também em Melbourne, Paris e Forest Hills, e com isso ganhou o Grand Slam de duplas.

No dia 3 de fevereiro de 1961, foi usada pela primeira vez uma vara de fibra de vidro. Durante os Milrose Games disputados no Madison Square Garden, em Nova Iorque (EUA), o americano Aubrey Dooley usou uma vara de fibra de vidro na prova de salto com vara e saltou 3,50 m. Em maio deste mesmo ano, outro americano, George Davies, saltou 4,83 m usando uma vara de fibra de vidro. A vara é aprovada pela IAAF.

No dia 15 de fevereiro de 1961, aconteceu mais uma grande tragédia para o mundo esportivo. O avião da companhia belga Sabena, no qual estava toda a delegação americana de patinação artística no gelo, caiu um pouco antes de aterrissar no aeroporto de Bruxelas.

Em março de 1961, aconteceu o campeonato mundial de patinação de velocidade sobre o gelo em Gotemburgo (Suécia).Um holandês venceu, depois de mais de 50 anos, novamente o campeonato. Henk van der Grift deixou o favorito, o russo Viktor Kositschkin, em segundo.

Também em março de 1961, aconteceu o quarto campeonato mundial de handebol. Desta vez, o campeonato foi disputado na Alemanha, na cidade de Dortmund. A final foi entre a Tchecoslováquia e a Romênia. O jogo teve duas prolongações, mas no fim a Romênia venceu por 9:8. O jogo ganhava cada vez mais adeptos, pois fascinava pela velocidade e agilidade.

No dia 2 de dezembro de 1961, aconteceu uma grande derrota para os japoneses. Durante o campeonato mundial de judô, realizado em Paris (França), o holandês Antonius Geesink, faixa preta e sétimo dan, disputou a final contra o japonês Kenji Sone, então campeão mundial. Antonius era um gigante de 1,98 m de altura e 130 kg de peso, mas que conhecia todos os golpes e contra-golpes, além de usar sua vantagem física muito bem. Depois de 8 minutos de luta, ele derrotou o japonês.

De 11 a 18 de fevereiro de 1962, aconteceu mais um campeonato mundial de esqui alpino, desta vez em Chamonix (França). O governo francês proibiu a entrada de atletas da Alemanha Oriental e, com isso a FIS não quis reconhecer como campeonato mundial. Enquanto os políticos discutiam, os atletas competiam, — os alemães orientais venceram provas de slalom, slalom gigante, descida e combinação.

De 30 de maio a 17 de junho de 1962, foi disputado mais um Campeonato Mundial de Futebol, desta vez no Chile. Dois meses antes, o país tinha sofrido um grande trauma, pois um terremoto deixou milhares de pessoas desabrigadas e destruiu muitos estádios de futebol. A FIFA quis eleger outro país para realizar a copa, mas os chilenos insistiram em organizar o campeonato assim mesmo. Os brasileiros eram os favoritos, e na final tiveram que enfrentar o time da Tchecoslováquia. O jogo foi mais difícil do que o esperado, mas o Brasil venceu por 3:1 sagrando-se bicampeão mundial.

No dia 9 de setembro de 1962, aconteceu o primeiro campeonato mundial de remo. Cerca de 500 atletas de 25 países competiam no Lago Vermelho, nos arredores de Luzern (Suíça). Os alemães venceram cinco provas, inclusive a mais concorrida, o oito com patrão.

Em setembro de 1962, o tenista australiano Rod Laver venceu a final do aberto americano de tênis e conquistou assim o Grand Slam, pois havia vencido também em Sydney, em Paris e em Wimbledon. Em dezembro, ele ainda ajudou sua equipe a vencer a Copa Davis, derrotando na final a equipe mexicana.

No dia 28 de fevereiro de 1963, aconteceram as últimas provas do campeonato mundial de patinação artística no gelo, desta vez em Cortina d'Ampezzo. A dupla alemã Marika Kilius e Hansjürgen Baümler venceu ouro à frente de duas duplas russas. No ano anterior, ambos já tinham participado do campeonato mundial, mas uma queda tirara-lhes qualquer chance de medalhas.

Em 19 de junho de 1963, o pugilista americano Cassius Clay lutou na Wembley Arena em Londres (Inglaterra) contra Henry Cooper. Ele até mesmo avisara que o nocautearia no quinto assalto, algo que os ingleses, notórios apostadores, usaram nas apostas. Após sua vitória nos Jogos Olímpicos de Roma, ele se tornou profissional, lutando na classe dos pesos pesados. Ele afirmava ser o melhor, mais rápido, mais ousado e mais bonito lutador de boxe profissional do mundo.

No dia 29 de junho de 1963, aconteceu a última edição do campeonato alemão de futebol. O Borussia Dortmund venceu a equipe do 1 FC Köln. A partir do ano seguinte, teria início o campeonato com a nova Bundesliga, iniciando a era do futebol profissional. De todas as equipes existentes, foram determinadas apenas 16 para atuar nesta liga principal. São elas:

- Hertha BSC Berlin, Eintracht Braunschweig, SV Werder Bremen, Borussia Dortmund, Eintracht Frankfurt, Hamburg SV, 1 FC Kaiserslautern, Karlsruher SC, 1 FC Köln, Meidericher SV, TSV 1860 München, SC Preussen Münster, 1 FC Nürnberg, 1 FC Saarbrücken, FC Schalke 04, VfB Stuttgart.

As finais do torneio de Wimbledon foram disputadas no dia 4 de junho de 1963. A dupla mista australiana Margaret Smith e Ken Fletcher venceu e assim conseguiram ser os primeiros a conquistar o Grand Slam em duplas mistas, pois anteriormente já haviam vencido em Sydney, Paris e Forest Hills.

No dia 21 de julho de 1963, o atleta russo Valerij Brumel saltou 2,28 m batendo o recorde do salto em altura pela sexta vez. Em quatro anos, ele conseguiu melhorar a marca em 27 cm. Além de treinar muitos saltos, ele também fazia treinamento de força (agachamentos com pesos nas costas) e alguns exercícios dos halterofilistas.

No dia 18 de dezembro de 1963, o atleta australiano Ronald Clarke foi o único sério corredor de uma prova de seis milhas realizada em Melbourne (Austrália). Os outros 22 participantes eram apenas "coelhos" que deveriam ajudar Clarke na quebra do recorde. E a tática funcionou, pois ao final dos 9.696 m ele conseguiu bater o recorde. Porém, ele continuou correndo para completar os 10.000 m e, assim, também conseguiu o recorde nesta distância.

De 29 de janeiro a 9 de fevereiro de 1964, aconteceram os Jogos Olímpicos de Inverno, sediados pela cidade austríaca de Innsbruck. Algumas críticas antecederam os jogos. Falou-se de gigantismo e de gastos desnecessários. A cidade, porém, lucrou, pois a infraestrutura foi melhorada e ganhou dois novos estádios. Mais de mil atletas de 36 países participaram das competições e ao todo quase 1 milhão de pessoas assistiram as provas ao vivo.

Uma das sensações dos Jogos foram as irmãs francesas Christine e Marielle Goitschel. Na prova do slalom venceu Christine, deixando a irmã em segundo, e na prova do slalom gigante, Marielle venceu, deixando a irmã em segundo. Até o presidente Charles de Gaulle mandou um telegrama de felicitações. Elas ainda se permitiram uma pequena piada, pois Marielle disse que noivaria com o esquiador francês Jean-Claude Killy, fato que ele próprio desconhecia, mas o alvoroço na mídia foi grande.

A russa Claudia Bojarskich venceu três medalhas de ouro nos 5km, nos 10km e no revezamento de 4 x 5km cross-country. No biatlon, também venceu outro russo, Wladimir Melanin, que não errou nenhum dos 20 tiros obrigatórios, deixando seu colega Alexander Priwalow em segundo. Nas provas de trenó pequeno, os alemães venceram quase todas as provas. Nas provas com trenós grandes de 2 e 4 lugares, as medalhas foram para a Itália o Canadá e a Inglaterra.

Nas provas de patinação artística no gelo, a dupla alemã era a favorita, porém perdeu e ficou com a prata à frente da surpresa geral — os canadenses com bronze. Uma juíza canadense não foi muito justa, pontuando a todos com notas baixas e a dupla canadense com as notas máximas. Um mês mais tarde, durante o campeonato mundial de patinação artística no gelo disputado na Alemanha, os alemães confirmaram seu favoritismo e venceram.

Outra grande atleta dos Jogos foi a russa Skoblikowa, que venceu quatro medalhas de ouro nas provas de patinação de velocidade, que foram os 500m, os 1.000m, os 1.500m e os 3.000m. Fora das pistas, uma tímida e tranquila professora de biologia, mas dentro da pista, uma atleta excepcional e grande amiga de suas companheiras.

Em julho de 1964, aconteceu mais uma edição da Tour de France. O francês Jacques Anquetil venceu pela quinta vez a prova, fato inédito até então.

Os Jogos Olímpicos de Verão aconteceram entre 10 e 24 de outubro de 1964 em Tóquio (Japão). Para os japoneses era uma questão de honra mostrar ao mundo como organizar perfeitamente um evento desta magnitude. A derrota e a vergonha sofridas na Segunda Guerra ainda não estava totalmente esquecida. A abertura foi uma festa lindíssima e muito bem organizada. Estádios modernos, espetaculares e bem equipados foram construídos, recebendo do presidente do COI a denominação de "catedrais do esporte". As variadas cores dos uniformes dos participantes agradaram ao público, e a música eletrônica mostrou que o país também se adaptou aos avanços tecnológicos muito bem. Mais de 5.000 atletas de 94 países competiram pelas medalhas em 19 modalidades esportivas.

Nas provas de atletismo, os americanos venceram muitas medalhas, deixando os russos em segundo. As atletas russas conquistaram mais medalhas do que as de outras nacionalidades. Nas provas de halterofilismo, os russos venceram com facilidade. Os japoneses conseguiram cinco medalhas de ouro em classes mais leves, nas provas de luta. No judô, os japoneses dominaram o torneio, com exceção da classe peso absoluto, em que venceu o holandês Antonius Geesink. Nas provas de ciclismo, o domínio foi dos italianos com 3 ouros e 4 pratas. Nas provas de ginástica olímpica, a tcheca Vera Cáslavská derrotou a favorita russa Larissa Latynina, considerada uma das maiores ginastas de todos os tempos com 9 medalhas de ouro 5 de prata e 4 de bronze. Na natação, as equipes americanas foram as grandes campeãs, e ao todo vários recordes mundiais, europeus e olímpicos foram batidos. No torneio de basquete, os americanos venceram os russos na final, deixando o Brasil com o bronze. As japonesas venceram o torneio de voleibol, derrotando as russas na final em um jogo emocionante, e, no masculino, os russos venceram o ouro. O torneio de futebol foi fraco. Os húngaros venceram na final, derrotando os tchecos por 2:1.

O piloto de Fórmula 1 escocês Jim Clark venceu, no dia 30 de maio de 1965, a corrida das 500 Milhas de Indianápolis, o que um europeu não fazia havia mais de cinquenta anos. Ele venceu ainda as corridas dos GPs da Holanda, Londres, África do Sul, Alemanha, Bélgica e França, conquistando o campeonato mundial pela segunda vez após 1963.

O atleta australiano Ronald Clarke era um corredor obstinado e persistente. Entre os meses de maio e julho de 1965, ele percorreu o mundo, participando de campeonatos e torneios de atletismo, correndo sempre as distâncias de 5.000m e 10.000m. Neste curto período, foram 15 corridas em 13 cidades, com 11 vitórias e cinco quebras de recordes mundiais. Um de seus objetivos era participar dos Jogos Olímpicos de 1968 no México.

De 18 a 25 de julho de 1965, aconteceram os primeiros Jogos Africanos em Brazzaville (Congo). Os países africanos ainda estavam dando os primeiros passsos em direção às organizações esportivas, mas eles possuíam grandes talentos esportivos, disso ninguém duvidava. Nesta primeira edição, 27 nações africanas enviaram 2.500 atletas. As competições foram em atletismo, tênis, boxe, judô, ciclismo, natação, handebol, futebol, vôlei e basquete. O Egito levou o maior número de medalhas, seguido pela Nigéria e pelo Quênia.

Em 19 de setembro de 1965, a atleta russa Tamara Press bateu o recorde mundial no arremesso de peso em uma competição na Alemanha. Semanas antes, ela havia batido o recorde mundial de lançamento de disco em Moscou (URSS). Estas foram as últimas aparições internacionais da atleta. A Federação Internacional de Atletismo (IAAF), para eliminar os boatos, que aumentavam, decretou que, em futuras competições oficiais, todas as atletas deveriam passar por um exame de comprovação de sexo, realizado pelo Comitê Organizador de cada evento. Além de Tamara, outras atletas soviéticas nunca mais competiram em eventos internacionais a partir de então, somente participando de competições nacionais.

No dia 7 de novembro de 1965, o norte-americano Craig Breedlove inscreveu o seu carro Spirit of Americas na corrida para a quebra do recorde mundial de velocidade, em Boneville,Utah (EUA). O carro foi equipado com uma turbina de avião e conseguiu quebrar o recorde ao atingir a velocidade de 966,57 km/h, chegando muito perto da barreira do som.

No dia 1º de dezembro de 1965, o Madison Square Garden (Nova Iorque, EUA) estava cheio e todos aplaudiam entusiasticamente o único boxeador que subiu no ringue. Sugar "Ray" Robinson, pseudônimo de Walker Smith, despedia-se fazendo uma reverência com um sorriso triste nos lábios. Ele participou de 202 lutas como profissional, vencendo 109 por nocaute, e foi cinco vezes campeão mundial. Os repórteres e jornalistas esportivos especializados o elegeram como o melhor boxeador de todos os tempos.

Em março de 1966, os holandeses dominaram as provas de patinação de velocidade sobre o gelo, tanto no Campeonato Europeu, disputado em Deventer (Holanda) como também no Campeonato Mundial, disputado em Gotemburgo (Suécia), onde os russos não conseguiram nenhuma medalha.

Em julho de 1966, aconteceu o último campeonato mundial de handebol de campo em Viena (Áustria). Apenas seis equipes participaram, confirmando claramente que, durante todo o ano, jogou-se cada vez mais handebol em ginásios. A Alemanha venceu este último campeonato.

No dia 2 de julho de 1966, a tenista americana Billie Jean King venceu a final de Wimbledon, como já fizera havia quatro anos atrás. Desta vez, ela derrotou a brasileira Maria Esther Bueno. Neste ano, ela tinha se casado com um advogado, Larry King. Ela era uma fervorosa adepta do movimento feminista. Era totalmente profissional e não tolerara discriminação entre homens e mulheres em torneios de tênis.

De 11 a 30 de julho de 1966, a bola rolou mais uma vez em uma Copa do Mundo de futebol, desta vez no país em que o esporte foi criado, a Inglaterra. O Brasil era o grande favorito e os outros 15 participantes teriam que se esforçar muito para chegar na final. A África do Sul foi excluída devido à política de Apartheid, e outras 15 nações africanas não participaram em sinal de protesto, pois o continente deveria formar um só grupo junto com a Ásia.

Dias antes do início dos jogos, a taça "Jules Rimet" fora roubada de uma exposição. Toda a polícia inglesa e a Scotland Yard procuraram intensivamente, mas foi um cachorro que encontrou a taça em um jardim nos arredores de Londres. O Brasil teve fraca atuação: uma vitória e duas derrotas, terminando em 11º lugar. As semifinais foram entre Alemanha e União Soviética, e Inglaterra contra Portugal. A final foi entre Alemanha e Inglaterra. O jogo foi muito disputado e enquanto no placar era 2:2, os nervos estavam à flor da pele. Os ingleses fizeram então o famoso terceiro gol. A bola bateu na trave e na linha do gol, e um alemão a cabeceou para escanteio. O juíz estava muito longe para ver se a bola tinha entrado. Ele consultou o banderinha, que, apesar de estar mais longe do que o juiz, afirmou ter sido gol. Os alemães resignaram-se e sofreram ainda um quarto gol, perdendo o campeonato. A discussão perdura até os dias de hoje, embora um grupo de cientistas ingleses tenha chegado à conclusão, com o auxílio de um computador, de que a bola não tinha entrado.

De 4 a 14 de agosto de 1966, aconteceu, para a surpresa de todos, o campeonato mundial de esqui alpino em Portillo (Chile). Três anos antes, um senhor chileno tinha procurado a Federação Internacional de Esqui e feito a sugestão. Os funcionários ficaram confusos. Ninguém sabia onde ficava Portillo e muito menos se havia pistas de esqui adequadas, mas o campeonato foi muito bem organizado. As pistas eram ótimas e o tempo estava maravilhoso. Os franceses conquistaram 16 das 24 medalhas.

Em setembro de 1966, aconteceu na Alemanha, o campeonato mundial de ginástica olímpica. A cada ano, os atletas estavam mais jovens. A russa Natalia Kutschinskaja tinha apenas 16 anos e conseguiu a prata. Os japoneses dominaram no masculino, mas, no individual, o russo Michail levou o ouro. Pela primeira vez, 27 países europeus assistiram ao vivo as competições pela TV.

No dia 28 de abril de 1967, o boxeador norte-americano Muhammad Ali (Cassius Clay) se negou a prestar o serviço militar e combater no Vietnam, pois, como muçulmano, ele não poderia tirar a vida de outra pessoa. O governo americano o puniu com cinco anos de cadeia e uma multa de 10.000 dólares. Ele também perdeu seu título de campeão mundial.

Em maio de 1967, o decatleta alemão Kurt Bendlin participou de um campeonato de atletismo em Heidelberg (Alemanha). Após duas operações de menisco, ele teve que ficar parado por muito tempo, mas antes da liberação dos médicos, começou a treinar. Ele venceu o decatlo e bateu o recorde mundial.

Depois de quase 30 anos, um alemão estava de novo na final de tênis de Wimbledon. No dia 7 de julho de 1967, Wilhelm Bungert enfrentou na final o australiano John Newcombe. O australiano venceu com certa facilidade, e os jornais descreveram o jogo dizendo: o melhor profissional derrotou o melhor amador".

No dia 13 de julho de 1967, foi realizada a 13ª etapa da Tour de France, de Marselha a Carpentras. Foram 211 km, com a dificuldade de transpor o Monte Ventoux, de 1.902 m e de o dia estar muito quente. Durante a subida, o inglês Tom Simpson caiu pela primeira vez e foi ajudado a subir na bicicleta, retomando a corrida. Quando ele caiu pela segunda vez, toda e qualquer ajuda era tardia. Ele foi levado para um hospital, mas morreu. No dia seguinte, a notícia dada foi de que ele tinha sofrido uma insolação e uma parada cardíaca. Mas, extraoficialmente, sabe-se que o motivo da morte foi a ingestão de estimulantes sintéticos; doping, como se diz atualmente. O mesmo já tinha ocorrido em 1960 durante os Jogos Olímpicos de Roma, quando um ciclista dinamarquês também morreu devido ao uso de estimulantes.

Em julho de 1967, a imprensa internacional elegeu como atleta do ano o corredor de meia distância Jim Ryun, que no ano anterior quebrara os recordes das 880 jardas e da milha. Ele foi criticado e rotulado como um máquina de correr, sem carisma nem alegria. Em segundo lugar, ficou o nadador americano Mark Spitz, que tinha marcado novos recordes para as distâncias de 100m e 200m borboleta e 400m crawl.

No dia 22 de outubro de 1967, o piloto de Fórmula 1 Denis Hulme chegou em quarto lugar na corrida da Cidade do México e conquistou desta forma o campeonato mundial. Ele venceu duas corridas, chegou em segundo e em terceiro três vezes. Ele foi constante e cauteloso. Pilotou um Brabham-Repco, e o próprio Brabham ficou em segundo na contagem geral.

De 6 a 18 de fevereiro de 1968, foi disputada a décima edição dos Jogos Olímpicos de Inverno na cidade francesa de Grenoble. Embora a sede dos Jogos fosse em Grenoble, várias modalidades foram disputadas em outras localidades, nem sempre tão próximas à sede. Foram os

Jogos de Inverno mais caros até então, e tanto a cidade como a região lucraram com o evento.

O francês Jean-Claude Killy venceu três medalhas de ouro, a primeira na descida de encosta, a segunda no slalom gigante e a terceira no slalom, embora ele só tivesse chegado em terceiro — os dois primeiros foram desclassificados por terem deixado uma porta (bandeira) de lado. Na prova dos 30km cross-country, venceu com o italiano Franco Nones, pela primeira vez, um centro-europeu, deixando em segundo e terceiro um norueguês e um finlandês. O mesmo aconteceu na prova dos 50km cross-country, em que a vitória foi para o suíço Josef Haas.

As patinadoras holandesas conseguiram significativas vitórias sobre as russas. No torneio de hóquei sobre o gelo, uma das partidas mais esperadas foi entre a União Soviética e a Tchecoslováquia, sendo que os russos ganharam dos tchecos nos últimos sete anos. A partida foi disputadíssima, e no final os tchecos venceram por 5:4. Mas os russos venceram o torneio, pois derrotaram o Canadá e a Suécia.

No dia 7 de abril de 1968, morreu o piloto de Fórmula 1 escocês Jim Clark. Aos 32 anos, ele já havia vencido 25 grandes prêmios e era considerado favorito naquele ano. Um pneu de seu carro se soltou, fazendo-o se chocar contra uma árvore e matando o piloto na hora. Clark era conhecido como um corredor cuidadoso e consciente, que não se arriscava. Foi seu primeiro e último acidente.

No dia 12 de junho de 1968, o ciclista belga Eddy Merckx venceu a prova do Giro d'Itália de ponta a ponta. No meio da prova, foi ordenada uma inspeção de controle antidoping, pois algumas pessoas achavam que Merckx se dopava. O resultado foi positivo, mas somente para três ciclistas italianos, todos favoritos. Merckx estava limpo.

No dia 6 de julho de 1968, aconteceu mais uma final simples masculina do torneio de tênis de Wimbledon. Novamente o torneio foi aberto para profissionais e amadores, uma vez que sem a presença dos profissionais o público mostrava menos interesse. O australiano Rod Laver estava na final e derrotou em três sets o seu compatriota Tony Roche. Fred Perry disse sobre Laver: "Ele tem nervos de aço, pés ligeiros de um dançarino e nas mãos a força de um lenhador".

Os Jogos Olímpicos de Verão de 1968 foram disputados entre os dias 12 e 27 de outubro na Cidade do México. Muito se falou antes que os atletas estariam sujeitos a alguns problemas físicos devido à altitude (2.000 m), e alguns países mandaram suas equipes para lugares igualmente altos para o treinamento. Supôs-se que treinos em grandes altitudes trariam bons resultados para atletas de provas de resistência, o que foi comprovado pelos atletas quenianos, que receberam sete medalhas em corridas. A situação política também não era das mais estáveis no país. Estudantes protestavam contra o governo, mas este não mediu esforços para organizar uma grande festa. Mais de 5.500 atletas participaram em 182 competições de 18 modalidades esportivas.

Nas provas de atletismo, foram batidos vários recordes, e os atletas negros americanos dominaram quase que totalmente nas provas de curtas distâncias. Os dois americanos, 1º e 2º lugares da prova dos 200m, ao ouvirem o hino americano após a entrega das medalhas, colocaram uma luva preta e levantam a mão cerrada, em sinal de protesto à política americana de discriminação racial. Ambos foram excluídos da equipe. O porém é que os atletas negros conquistaram 10 das 15 medalhas de ouro americanas. Oa atletas negros africanos dominaram nas médias e longas distâncias. O atleta negro americano Bob Beamon foi o quarto atleta a saltar na prova do salto em distância. Os três primeiros tinham queimado seus saltos, algo compreensível, pois todos ainda estavam se acostumando com a pista. Beamon correu e saltou. O salto o levou para além do limite do aparelho medidor. Ele ficou parado olhando e não entendeu bem o que representavam aqueles números no placar: 8,90 m. Só quando um outro saltador fez a conversão para pés e polegadas é que ele pulou de alegria, e os outros saltadores ficaram chocados e pasmos. Todos tinham a certeza de que a competição terminara antes mesmo de ter começado. O americano Richard Douglas Fosbury participou do salto em altura, e não utilizou a técnica "straddle", mas apresentou uma nova, na qual as costas sobem e ultrapassam o sarrafo primeiro, em vez das pernas. Todos riram e acharam que aquele salto esquisito não passava de uma bobagem. Ele venceu e bateu o recorde olímpico. Mais tarde, o salto ficou conhecido como Fosbury, e todos só queriam saltar neste estilo. O americano Al Oerter venceu pela quarta vez consecutiva a prova do lançamento de disco.

Nas lutas de boxe, vários atletas negros de países até então não tradicionais vencedores ganharam medalhas. Nas provas de tiro, os soviéticos dominaram, deixando alemães e americanos em 2º e 3º. Nas provas de equitação, Alemanha e União Soviética dominaram. Nas provas de ciclismo, os franceses conseguiram conquistar quatro medalhas de ouro. Os japoneses dominaram no masculino na ginástica olímpica, e a atleta tcheca Vera Cáslavská venceu quatro medalhas de ouro, derrotando as russas. Nas provas de natação, as equipes americanas conseguiram mais de 50 medalhas. O torneio de basquete foi vencido pelos americanos, deixando iugoslavos e soviéticos em 2º e 3ºs e os brasileiros com o ingrato 4º lugar. No voleibol, foi vista a supremacia das equipes soviéticas, vencendo os concorrentes masculinos e femininos.

Em abril de 1969, aconteceu mais um campeonato mundial de hóquei sobre o gelo em Estocolmo (Suécia). A Tchecoslováquia venceu a União Soviética nas duas partidas, e, na saída, não apertaram as mãos dos derrotados. De acordo com um funcionário tcheco: "os perdedores é que devem cumprimentar os vencedores". União Soviética, Suécia e Tchecoslováquia estavam empatados em primeiro, mas os soviéticos ganharam por causa do melhor escore de gols pró.

Em junho de 1969, o ciclista belga Eddy Merckx disputou novamente o Giro d'Itália. Os italianos ainda não haviam esquecido a vergonha do ano anterior. Na 16ª etapa, ele foi desclassificado por causa de doping, e de nada adiantaram seus protestos. Na verdade, ele foi vítima de uma armação italiana, pois já havia sido controlado oito vezes até então e todas elas resultaram em negativo. Mas Merckx se vingou semanas mais tarde. Ele venceu a sua primeira Tour de France, e ainda por pontos, pela melhor subida de montanha, pela combinação e por equipes. E o mais importante: ele limpou o seu nome.

No dia 14 de julho de 1969, foi iniciada em Munique (Alemanha) a obra que ergueria o maior e mais moderno complexo esportivo já construído até então, o parque esportivo para os Jogos Olímpicos de 1972. A arquitetura foi revolucionária e só foi projetada quando a indústria afirmou que a construção era tecnicamente possível.

Em setembro de 1969, o tenista Rod Laver venceu a final do aberto americano de tênis em Forest Hills. Como ele já havia vencido em Sydney (Austrália), em Paris (França) e em Wimbledon (Inglaterra), ele conquistou pela segunda vez o Grand Slam e foi considerado o melhor tenista de todos os tempos.

No dia 19 de novembro de 1969, Pelé marcou o seu milésimo gol em um jogo do Santos contra o Vasco da Gama. Foi declarado feriado oficial, e um selo oficial foi confeccionado.

Datas e Acontecimentos

- Em maio de 1960 – A Federação Equestre Internacional (FEI) filmou as competições em Roma para posterior avaliação.
- Em 9.7.1960 – A americana Wilma Rudolph bate o recorde mundial dos 200m rasos em Corpus Christi, Texas (EUA), marcando 22,9 s.
- Em 13.8.1960 – A russa Tamara Press bate o recorde mundial no arremesso de peso em Moscou (Rússia), marcando 17,78 m.
- Em dezembro de 1960 – A Austrália derrota a Itália na final da Copa Davis em Sydney (Austrália) por 4:1.

- Em junho de 1961 – A Federação Internacional de Esqui (FIS) determina que as rampas para saltos devem ter 70m e 90m.
- Em 23.6.1961 – Após o término das escavações, o estádio de Olímpia é entregue pelos alemães ao governo grego. É fundada uma Academia Olímpica.
- Em 19.7.1961 – A americana Wilma Rudolph bate o recorde mundial dos 100m rasos em Stuttgart (Alemanha), marcando 11,2 s.
- Em 20.9.1961 – O **brasileiro** Manuel dos Santos bate o recorde dos 100m estilo crawl no Rio de Janeiro, marcando 53,6 s.
- Em dezembro de 1961 – A Austrália vence pela segunda vez consecutiva a Itália na final da Copa Davis por 5:0.
- Em 29.9.1962 – O russo Valerij Brumel bate o recorde mundial do salto em altura em Moscou (Rússia), marcando 2,27 m.
- Em 27.10.1962 – A australiana Dawn Frasier é a primeira mulher a nadar os 100m estilo crawl em menos de 1 minuto, marcando 59,9 s.
- Em dezembro de 1962 – Transferência recorde no futebol. O time inglês Manchester United compra o jogador Denis Law do AC Turim por 116.000 libras esterlinas.
- Em 6.2.1963 – Fica decidido que as equipes da Alemanha Ocidental e Oriental participarão dos Jogos de Innsbruck e Tóquio com equipes próprias, porém com uniformes iguais e usando a mesma bandeira alemã mas com os anéis olímpicos.
- Em 29.4.1963 – O presidente da Indonésia, Sukarno, funda os "Games of the New Emerging Forces" em sinal de protesto contra o COI, que retirara a Indonésia de sua agremiação, pois esta não tinha convidado para os 4os Jogos Asiáticos equipes de Taiwan e Israel.
- Em 14.10.1963 – A 60[a] sessão do COI teve que ser transferida para Baden-Baden (Alemanha), pois os representantes sul-africanos foram proibido de entrar em Nairóbi, local original da sessão.
- Em maio de 1964 – Durante um jogo de futebol entre o Peru e a Argentina em Lima (Peru), aconteceram tumultos com mais de 300 mortos e mais de 500 feridos.
- Em 25.7.1964 – Quebra do recorde mundial do salto com vara pelo americano Fred Hansen em Los Angeles (EUA), marcando 5,28 m.
- Em 12.9.1964 – O americano Ralph Boston quebra o recorde mundial do salto em distância em Los Angeles (EUA) marcando 8,34 m.
- Em janeiro de 1965 – Pela primeira vez, a Federação Internacional de Esqui (FIS) reconhece um recorde de velocidade. O alemão Ludwig Leitner atinge a velocidade de 172,7 km/h em uma descida.
- Em 23.2.1965 – Stanley Matthews é o primeiro jogador de futebol a receber o título de "sir" pela rainha inglesa.

- Em 8.10.1965 – O COI decide durante a sua 63ª sessão em Madri (Espanha) que, a partir de 1968, as duas Alemanhas devem competir com equipes independentes.
- Em dezembro de 1965 – A Austrália vence a final da Copa Davis pela 20ª vez, desta vez derrotando a Espanha, que participou da rodada final pela primeira vez.
- Em 26.4.1966 – Durante a sessão do COI em Roma, é decidido que a cidade alemã de Munique sediará os Jogos Olímpicos de Verão de 1972.
- Em 2.7.1966 – Primeira vitória de um espanhol em Wimbledon: Manuel Santana.
- Em 5.9.1966 – A Federação Internacional de Atletismo (IAAF) decide realizar, a partir desta data, controles de doping em grandes competições.
- Em 21.5.1967 – Após o escândalo do ano anterior, quando um homem venceu uma prova feminina de descida de montanha, a FIS decide promover controles de sexo.
- Em 2.9.1967 – O belga Eddy Merckx se sagra campeão dos ciclistas profissionais de estrada.
- Em maio de 1968 – Em Berlim é realizada a Festa Alemã de Ginástica em comemoração dos 100 anos da fundação da Deutsche Turnerschaft com a participação de mais de 40.000 pessoas.
- Em junho de 1968 – Primeiro campeonato europeu de futebol com vitória da Itália por 2:0 sobre a Iugoslávia.
- Em 22.10.1968 – A Federação Internacional de Atletismo (IAAF) substitui os 80m com barreiras feminino por 100m.
- Em maio de 1969 – Durante a 68ª sessão do COI em Varsóvia (Polônia), ficou decidido que a Coreia do Norte participaria dos Jogos de 1972 sob a denominação de "República Popular Democrática da Coreia".
- Em 18.6.1969 – O finlandês Jorma Kinnunen bate o recorde mundial do lançamento de dardo em Tampere (Finlândia), marcando 92,70 m.
- Em julho de 1969 – É registrada a participação recorde de pessoas durante a 5ª Gymnastrada realizada na Basiléia (Suíça).

De 1970 a 1979

No dia 16 de fevereiro de 1970, aconteceu mais uma grande luta de boxe no Madison Square Garden em Nova Iorque (EUA). Diante de 16.000 espectadores, Joe Frazier lutou contra Jimmy Ellis. A luta foi dura e no 4º assalto Ellis foi à lona e só conseguiu se erguer no nove da contagem. No próximo assalto, ele foi atingido em seu queixo por uma direita demolidora de Frazier, mas o gongo o salvou. No intervalo, o técnico de Ellis jogou a toalha no ringue terminando a luta, pois Ellis não tinha condições de continuar.

Em março de 1970, um jogador americano de basquete chamado Lou Alcindo iniciou sua carreira no time dos Los Angeles Lakers. Mais tarde, ele seria conhecido pelo seu outro nome: Kareem Abdul-Jabbar, um dos melhores jogadores de todos os tempos.

De 31 de maio a 21 de junho de 1970, aconteceu mais um campeonato mundial de futebol, a Copa do Mundo, desta vez no México. Os jogos foram transmitidos ao vivo para todo o mundo. Nos jogos de qualificação do grupo da América Central, em 1969, aconteceu o jogo definitivo entre Honduras e El Salvador pela vaga do grupo. El Salvador venceu por 3:2, e, no instante seguinte, começaram as arruaças: salvadorenhos residentes em Honduras foram espancados e suas casas depredadas. Tropas foram colocadas em movimento, e, durante os tiroteios, mais de 200 pessoas morreram e cerca de 1.000 ficaram feridas. Somente quando a Comissão de Direitos Humanos da ONU intercedeu foi que a guerra terminou.

Brasil e Itália disputaram a final, vencida pelos primeiros por 4:1, dando ao Brasil o tricampeonato. O Brasil venceu os seis jogos, marcando 19 gols e sofrendo 7. Em terceiro lugar, ficou a Alemanha Ocidental, que derrotara o Uruguai por 1:0.

Em junho de 1970, o ciclista belga Eddy Merckx novamente participou do Giro d'Itália, uma competição da qual ele jurara no ano anterior não mais participar. Ele, porém, queria mais uma pequena revanche e venceu a prova. Desta vez, foi festejado pelos italianos, e, poucas semanas mais tarde, ele também venceu a Tour de France.

Em setembro de 1970, a tenista australiana Margaret Court-Smith venceu a final feminina do aberto de tênis americano. Com isso, ela conseguiu o Grand Slam, pois já havia vencido em Melbourne (Austrália), Roland Garros (França) e Wimbledon (Inglaterra). Foi na verdade, seu terceiro Grand Slam, pois já havia vencido duas vezes nas duplas mistas, uma em 1963 e depois em 1965.

No dia 3 de setembro de 1970, a atleta alemã Heide Rosendahl bateu o recorde mundial do salto em distância durante o campeonato mundial estudantil em Turim (Itália). Ela saltou 6,84 m.

No dia 5 de setembro de 1970, morreu em Watkins Glen (EUA), durante um treino de corrida, o piloto de Fórmula 1 Jochen Rindt. Ele nasceu em Hamburgo (Alemanha), mas aos 10 meses de idade teve de viver com os avós em Graz (Áustria), pois os pais tinham morrido durante um bombardeio da Segunda Guerra. Neste ano, ele já tinha vencido as cinco primeiras corridas do campeonato e já estava com o título nas mãos. No dia 4 de outubro, ele recebeu o título postumamente.

Em novembro de 1970, aconteceu o campeonato mundial de ginástica olímpica em Ljubljana (Iugoslávia). Desta vez, os japoneses não permitiram que os russos levassem sequer uma medalha no masculino, fato inédito desde que os russos começaram a participar dos campeonatos nos Jogos de Helsinke em 1952. Eles conseguiram medalhas apenas no feminino.

No dia 8 de março de 1971, aconteceu a luta de boxe que ficou conhecida como "The Fight", ou a luta do século. Muhammad Ali enfrentou Joe Frazier. O Madison Square Garden em Nova Iorque estava completamente cheio. Mais de 20.000 pessoas queriam ver o vencedor que levaria como prêmio mais de 2 milhões de dólares. Com a sua habitual arrogância, Ali disse que derrotaria Frazier no 6º assalto e faria com que ele parecesse um amador. A luta foi como um ioiô, com altos e baixos. Durante alguns assaltos, Ali parecia brincar com Frazier, dançando na sua frente e não se importando com seus golpes; em outros, ele lutava de verdade, desferindo vários golpes em Frazier. Mas, no final, Ali errou, e, não tendo mais forças para acabar a luta, acaba levando um gancho de esquerda e indo à lona. Frazier venceu por pontos.

Em julho de 1971, o ciclista Eddy Merckx participou de novo da Tour de France. Ele até mesmo avisou, durante a prova, com um aceno do braço, que ia iniciar um tiro para se livrar dos oponentes. Todos os outros tentaram, em grupo, acompanhá-lo, mas sempre sem resultado. Fosse em etapas de subida ou de velocidade, no plano ou com chuva, ninguém conseguia ultrapassá-lo. Merckx foi um atleta talentoso e possuía capacidade pulmonar de mais de 6 litros. E pela terceira vez, ele venceu a prova.

No dia 24 de outubro de 1971, terminou a temporada de Fórmula 1 com a vitória do inglês Jackie Stewart, que venceu o campeonato pela segunda vez.

Em novembro de 1971, a Federação Internacional de Hóquei (FIH) realizou pela primeira vez um campeonato mundial. A cidade de Barcelona (Espanha) foi escolhida para sediar o campeonato. O Paquistão venceu o torneio e levou para casa o troféu no valor de 40.000 marcos alemães. Após a vitória sobre a Espanha na final, os paquistaneses se ajoelharam em direção à Meca e oraram. A equipe da Índia ficou em terceiro lugar. O jogo estava se tornando cada vez mais atlético e, por vezes, agressivo, e os juízes tiveram muito trabalho.

Em dezembro de 1971, a final da Copa Davis foi entre os EUA e a Romênia, que chegou à final como a grande zebra. Os dois jogadores romenos que mais se destacaram foram Ion Tiriac e Ilie Nastase, que apresentaram um jogo agressivo e cheio de representações: Nastase dançava quando fazia um ponto, e Tiriac o xingava e quase o espancava quando perdia um ponto. Cada vez mais, os dois se destacavam no cenário internacional e acabaram por se separar, Nastase jogando ainda algumas temporadas, e Tiriac começando a trabalhar como empresário de outros jogadores. A final foi vencida pelos EUA por 3:2.

No dia 31 de janeiro de 1972, o presidente do COI, Avery Brundage, fez um pronunciamento durante a 72ª sessão da entidade que abalou tanto os anfitriões dos próximos Jogos de Inverno, os japoneses, como também todos os atletas participantes. Estes tiveram suas condições de amadores ridicularizadas e retiradas. O cúmulo desta hipocrisia purista aconteceu um dia mais tarde, quando o COI excluiu dos Jogos de Inverno o atleta austríaco Karl Schranz, alegando profissionalismo. Por pouco, todas as outras equipes não desistiram de participar da competição.

De 3 a 13 de fevereiro de 1972, aconteceram os Jogos Olímpicos de Inverno em Sapporo, Japão. Foi a primeira vez que jogos de inverno foram realizados na Ásia, e os japoneses não pouparam esforços nem investimentos para mostrar ao mundo do que eles eram capazes. Cerca de 1.600 atletas de 35 países participaram das competições.

Nas provas de esqui alpino, os suíços conseguiram a maioria das medalhas. A esquiadora suíça Marie Theres Nadig, uma jovem de 17 anos e completamente desconhecida de todos, assustou os concorrentes vencendo a descida e o super slalom. No masculino, a surpresa ficou por conta de Francisco Fernandez-Ochoa — o primeiro espanhol a vencer uma prova no esqui alpino — que venceu o slalom especial. Nas provas de esqui cross-country, os suecos e os russos conseguiram a maior parte das medalhas, e no feminino, a russa Galina Kulakowa venceu tanto os 5km como os 10km e também o revezamento.

Nas provas de trenó, alemães e suíços dividiram as medalhas entre si, e nas provas de trenó pequeno (luge), os atletas da Alemanha Oriental dominaram. O torneio de hóquei sobre o gelo destes Jogos não foi muito emocionante. O Canadá não participou por causa da questão do profissionalismo, e a equipe tcheca era muito fraca. Com isso, os russos venceram com facilidade, deixando os americanos em segundo. A sensação das provas de patinação de velocidade foi o holandês Ard Schenk, que venceu três medalhas de ouro.

No dia 18 de junho de 1972, aconteceu a final do campeonato europeu de futebol em Bruxelas (Bélgica). Nas quartas-de-final, os alemães derrotaram os ingleses por 3:1, jogando um futebol que foi aclamado por um jornal francês como "o futebol do ano 2000". Na semifinal, eles derrotaram os belgas por 2:1 e eram os favoritos no jogo final contra os russos. A partida final foi muito disputada, mas os alemães venceram por 3:0, sagrando-se campeões europeus.

Em 22 de agosto de 1972, durante a 73ª sessão do COI, ficou decidido que a ex-colônia inglesa Rodésia poderia participar dos Jogos Olímpicos de 1972 se enviasse uma delegação composta por brancos e negros e se desfilasse sob a bandeira colonial inglesa. O país aceitou e mandou seus atletas para Munique. Dois membros do Alto Conselho Africano de Esportes protestaram e exigiram a exclusão da Rodésia, caso contrário, 27 países africanos boicotariam os Jogos. O COI votou pela exclusão da Rodésia.

No dia 23 de agosto de 1972, Avery Brundage apresentou seu sucessor para o cargo de presidente do COI. O escolhido foi o irlandês Micheal Morris Killanin, membro do COI desde 1952. Killanin foi correspondente de vários jornais nos anos 30 e 40, escreveu alguns livros e produziu filmes. Todos esperavam dele um presidente mais prático, realista e coerente, algo que seu antecessor não foi.

A 20ª edição dos Jogos Olímpicos de Verão aconteceu entre os dias 26 de agosto e 11 de setembro de 1972 em Munique (Alemanha Ocidental). De 121 países encontravam-se em Munique mais de 7.800 atletas, que disputaram medalhas em 22 modalidades esportivas.

O velocista russo Valeri Borsow foi uma sensação nas provas de velocidade. Ele venceu tanto nos 100m como também nos 200m, e em ambas as provas nenhum americano venceu uma medalha sequer. Borsow foi o primeiro europeu a ganhar as duas provas em Jogos

Olímpicos. Outro grande atleta dos Jogos foi o finlandês Lasse Viren, que venceu os 10.000m e os 5.000m. A maratona foi vencida pelo americano Frank Shorter, que nasceu naquela cidade. Na prova de revezamento 4 x 400m, os americanos ficaram ausentes, pois dois corredores que tinham ganho medalhas na prova dos 400m rasos, na hora da premiação ergueram o punho ao estilo Black Power e com isto foram desclassificados, prejudicando a equipe. Os quenianos ganharam ouro. Na prova dos 4 x 100m, os americanos conseguiram a vitória. No salto em altura, venceu o russo Juri Tarmak, com a altura de 2,23 m, ainda no estilo straddle. No feminino, a alemã oriental Renate Stecher venceu os 100m e os 200m rasos. A alemã ocidental Ulricke Meyfahrt venceu no salto em altura com apenas 16 anos, utilizando a técnica do flop, ainda um tanto quanto exótica. Outra alemã ocidental, Heide Rosendahl conquistou duas medalhas de ouro, uma no salto em distância e outra no revezamento 4 x 100m.

Nos dias 5 e 6 de setembro de 1972, aconteceu um dos episódios mais terríveis da história dos Jogos Olímpicos. Na madrugada do dia 5, terroristas palestinos invadiram a vila olímpica e tomaram como reféns vários atletas israelenses, matando um treinador e exigindo a libertação de 200 palestinos presos. Somente no fim do dia foi que a polícia cedeu e aceitou colocar à disposição dois helicópteros nos quais os terrotistas iriam até um aeroporto para fugir em um avião. No aeroporto, a polícia iniciou uma tentativa de resgate. Vários tiros foram disparados e no fim cinco terroristas foram mortos e nove reféns israelenses também. No dia seguinte, o presidente do COI Avery Brundage fez um pronunciamento e disse que os Jogos deviam prosseguir.

O atleta de maior destaque destes Jogos foi com certeza o nadador americano Mark Spitz. Ele tinha participado dos Jogos de 1968, porém sem medalhas. Ele tinha treinado intensivamente e queria uma revanche. Venceu sete medalhas de ouro: nos 100m e 200m estilo livre, nos 100m e 200m estilo borboleta, nos revezamentos 4 x 100m e 4 x 200m estilo livre, e no revezamento 4 x 100 medley. Todas as marcas foram novos recordes mundiais. No feminino, a nadadora de maior sucesso foi a australiana Shane Gould, que conquistou três medalhas de ouro, uma de prata e uma de bronze. Outra grande atleta dos Jogos foi a ginasta russa Olga Korbut, de 17 anos. Ela conquistou três medalhas de ouro e uma de prata.

Pela primeira vez desde 1920, o arco e flecha voltou a fazer parte do programa. No torneio de hóquei, a Alemanha derrotou o Paquistão na final. Os atletas paquistaneses se comportaram tão mal durante a premiação que a Federação os desclassificou para sempre. O torneio de basquete teve uma das finais mais disputadas de todos os tempos. Os russos venceram os americanos no último segundo por 51:50. Discute-se até hoje se o relógio estava correto na marcação do tempo. No voleibol, os japoneses conseguiram vencer os concorrentes masculinos, e no feminino, as russas se mostraram melhores.

No dia 14 de setembro de 1972, o piloto de Fórmula 1 brasileiro Emerson Fittipaldi venceu o GP de Monza na Itália, e, com esta vitória, venceu o campeonato daquele ano. Aos 25 anos foi o mais jovem campeão mundial.

No dia 25 de outubro de 1972, o ciclista belga Eddy Merckx bateu o recorde da hora no Velódromo Olímpico da Cidade do México, marcando 49,431 km. Em julho, ele tinha vencido pela quarta vez a Tour de France.

No dia 22 de janeiro de 1973, dois campeões olímpicos se enfrentaram no ringue de boxe. Joe Frazier (1964) enfrentou George Foreman (1968). George não teve muito trabalho, e no meio do segundo assalto o juiz interrompeu a luta, pois Frazier não apresentava mais condições físicas para continuá-la. Na entrevista, Foreman declarou que gostaria de estudar, e que não gostava de pessoas que se autoproclamam as melhores do mundo. A pessoa mencionada era Muhammad Ali, que no dia 1º de abril sofreu uma derrota para Ken Norton e teve a sua mandíbula quebrada, o que o silenciou por um bom tempo.

Em 28 de fevereiro de 1973, nem os jogadores do time alemão Eintracht Braunschweig nem seus torcedores se preocuparam com o nome de uma firma estampado em suas camisas. Só os funcionários da Federação Alemã de Futebol foi que não gostaram. A propaganda, porém, rendeu mais de meio milhão de marcos ao clube.

Em 7 de junho de 1973, a alemã oriental Renate Stecher foi a primeira mulher a correr os 100m rasos em menos de 11 segundos. Numa competição em Ostrava (Tchecoslováquia), ela correu a prova em 10,9 s marcados eletronicamente. Naquele mesmo ano, a Federação Internacional de Atletismo não conseguiu aprovar uma lei que obrigasse todos os recordes a serem cronometrados eletronicamente. Os africanos protestaram, pois eles possuíam vários corredores/ras de alto nível, mas em muitos locais na África não existia eletricidade.

Em julho de 1973, aconteceu mais uma Tour de France. Desta vez, o belga Eddy Merckx não participou, pois escolheu competir na prova Volta de Espanha. Com isso, o espanhol Luis Ocaña venceu a Tour mesmo com um ferimento nas costelas.

No dia 20 de setembro de 1973, o tenista Bobby Riggs, campeão de Wimbledon em 1939, fez, publicamente, uma afirmação dizendo que o tênis feminino não tem valor nenhum. Ele desafiou a australiana Margaret Court-Smith e a derrotou. Depois, ele desafiou Billie Jean King, e a partida terminou com a vitória de King por 3:0, o que trouxe mais fama para Billie Jean do que qualquer outro título.

O campeonato mundial de esqui alpino foi realizado entre os dias 29/1 e 10/2 de 1974 em Sankt Moritz (Suíça). Os suíços, tão acostumados com vitórias e medalhas, desta vez tiveram péssimos resultados. Austríacos, italianos e franceses e uma atleta de Lichtenstein dividiram as medalhas.

De 13 junho a 7 julho de 1974, foi disputada a décima edição da Copa do Mundo de Futebol. Em nove cidades alemãs aconteceram os jogos e a primeira partida foi entre Brasil e Iugoslávia, terminando em 0:0. A final foi entre a Alemanha e a Holanda. A Alemanha venceu por 2:1 e foi bicampeã de futebol. O Brasil perdeu na semifinal para a Polônia e ficou em quarto lugar. A campanha foi de três vitórias, dois empates e duas derrotas.

Em julho de 1974, os campeões do torneio de tênis de Wimbledon foram Christine Marie Evert e James Scott Connors. Mais tarde seriam conhecidos como Chris Evert — e depois do casamento como Chris Evert Loyd — e Jimmy Connors ou Jimbo, e ainda conquistariam muitos títulos e torneios.

Em setembro de 1974, o ciclista belga Eddy Merckx participou da Tour de Suisse vencedo-a de ponta a ponta. Algumas semanas depois ele participou do Giro d'Itália e venceu com uma vantagem de 12 segundos. Em seguida, ele participou da Tour de France e também venceu com 8 segundos de vantagem. Semanas mais tarde, ele ainda venceu o campeonato mundial de estrada, disputado em Montreal (Canadá). Ele foi sem dúvida o maior ciclista de todos os tempos. Até então, ele já tinha vencido 5 vezes a Tour de France e o Giro d'Itália e 3 vezes o campeonato mundial. Uma parte de seus prêmios, Merckx doava para instituições de caridade e beneficentes.

No dia 9 de outubro de 1974, o piloto brasileiro de Fórmula 1 Emerson Fittipaldi conquistou seu segundo título mundial. Nesta temporada, ele venceu três GP's e na última prova nos EUA chegou em 4º lugar.

No dia 30 de outubro de 1974, mais uma grande luta de boxe foi diputada, desta vez em Kinshasa (Zaire). Mais uma vez, George Foreman enfrenta Muhammad Ali. Logo no início da luta, Ali acertou uma direita em Foreman que o desnorteou, mas durante toda a luta, Ali passou de atacante a atacado com grande rapidez, embora sempre no controle da situação. No 8º assalto, Ali desferiu uma poderosa combinação de esquerda-direita-esquerda, nocauteando seu oponente.

Em abril de 1975, os soviéticos venceram mais uma vez o campeonato mundial de hóquei sobre o gelo, deixando a Tchecoslováquia em segundo. Neste ano, terminou a presidência do irlandês John F. Ahearne, que durante 30 anos comandou a Federação de Hóquei sobre o Gelo. Em seu lugar, foi eleito o alemão Günther Sabetzki.

Ainda em abril de 1975, ocorreram as primeiras brigas, ameaças de boicote e desclassificação durante a última temporada de esqui alpino. O motivo foi uma roupa especial criada por um firma austríaca, que foi testada e podia economizar centésimos de segundo.

Em 16 de maio de 1975, o primeiro grupo feminino conseguiu escalar o Monte Everest, o pico mais alto do mundo. Um grupo de japonesas conseguiu subir e chegou ao topo escalando o lado sul da montanha. Na volta para o Japão, elas foram festejadas como heroínas.

Em julho de 1975, a final do torneio de tênis de Wimbledon foi disputada entre os americanos Jimmy Connors e o negro Arthur Ashe. Como sempre, Connors tinha contado vantagem e dito que derrotaria o oponente sem dar-lhe chances. Ashe venceu por 3:1 e se tornou o primeiro negro a vencer em Wimbledon. Ashe começou a jogar tênis apenas por diversão, mas logo começou a ser treinado por Pancho Gonzales e, em 1968, foi o primeiro negro a vencer o campeonato americano.

Em julho de 1975, durante a edição da Tour de France, o ciclista francês Bernard Thévenet descobriu durante a etapa Nice–Praloup, que o favorito Merckx estava com dificuldades e aproveitou esta chance para passar à frente, conseguindo manter esta vantagem até o final. Ele derrotou Merckx, o que poucos achavam ser possível.

No dia 30 de setembro de 1975, mais uma vez Muhammad Ali e Joe Frazier se encontraram para uma luta de boxe, desta vez em Manila (Filipinas). A luta foi tão dura e desgastante que, ao final do 14º assalto, Ali quis abandonar o ringue. Seu treinador, porém, não deixou e mostrou que do outro lado, estava um lutador mais acabado do que ele. O médico da luta examinou Frazier e balançou a cabeça, e o seu treinador jogou a toalha. Quando Ali foi proclamado vencedor, ele deu alguns passos no ringue, mas não aguentou e caiu. No final, ele disse que a luta quase o matou.

Em outubro de 1975, terminou a temporada de Fórmula 1, e o campeão foi o austríaco Niki Lauda, aos 26 anos, correndo pela escuderia Ferrari. Dos 14 GP's disputados, ele venceu cinco e só não marcou pontos em duas corridas.

De 4 a 15 de fevereiro de 1976, foram disputados os Jogos Olímpicos de Inverno na cidade austríaca de Innsbruck pela segunda vez. Na verdade, seria a vez da cidade americana de Denver de sediar os Jogos, mas os moradores foram contra a construção de pistas e da consequente destruição da floresta local.

Uma das sensações foi a alemã Rosi Mittermaier. Sem ser favorita e já considerada "velha"com os seus 25 anos, ela venceu as provas de descida e de slalom e venceu a prata no slalom gigante. No masculino, os austríacos, italianos e suíços dividiram as medalhas. O americano William Koch foi uma das surpresas, pois, na prova de cross-country de 30km, ele conseguiu surpreender a todos e conquistou a medalha de prata, perdendo a de ouro por 28 segundos. Pela primeira vez, um americano conseguiu uma medalha em uma prova nórdica. O torneio de hóquei no gelo foi mais uma vez vencido pela União Soviética, deixando a Tchecoslováquia em segundo e, depois de muita matemática realizada por um computador, o terceiro lugar foi dos alemães.

O 21º Jogos Olímpicos de Verão foi realizado em Montreal (Canadá) entre os dias 17 de julho e 1 de agosto de 1976. Na cerimônia de abertura, 94 países participaram com seus mais de 7.300 atletas, e os Jogos foram marcados no geral por uma boa organização e severas medidas de controle e segurança. Pela primeira vez aconteceu um grande boicote por parte dos países africanos. Motivo: uma equipe de rugby da Nova Zelândia tinha participado de jogos na África do Sul e por isso o Alto Conselho Africano de Esportes exigiu que a Nova Zelândia fosse excluída. O COI, porém, desta vez não cedeu, como havia feito em 1972, e os africanos se retiraram dos Jogos, prejudicando muito o desenvolvimento do esporte no continente. A equipe de Taiwan (Formosa) também não participou, pois o presidente canadense preferiu não perturbar os chineses.

No atletismo, um atleta de Trinidad e Tobago e um jamaicano ficaram com as medalhas de ouro nos 100m e 200m rasos respectivamente, deixando os americanos com o ouro nos revezamentos 4 x 100m e 4 x 400m. Um grande destaque foi o cubano Alberto Juantorena, que conseguiu vencer as provas de 400m e 800m, feito inédito até então. O finlandês Lasse Viren também conseguiu duas medalhas e repetiu seu feito de quatro anos antes, vencendo as provas dos 5.000m e 10.000m. O vencedor da maratona foi o alemão oriental Waldemar Cierpinski. O americano Edwin Moses venceu a prova dos 400m com barreiras com novo recorde mundial, e outro americano, Bruce Jenner, bateu o recorde na prova do decatlo, ganhando a medalha de ouro.

No atletismo feminino, atletas alemãs ocidentais e orientais dominaram em quase todas as provas. A exceção foi a polonesa Irena Szewinska, que venceu os 400m rasos com novo recorde mundial. Em 1964, ela já havia vencido três medalhas, em 1968, mais duas, e em 1972, mais uma. Ao todo foram sete medalhas olímpicas em 12 anos. Sem dúvida, uma grande atleta.

No masculino, um dos nadadores de maior sucesso nos Jogos foi o americano John Naber, que venceu os 100m e 200m costas com novos recordes mundiais, ganhou a prata nos 200m livres, e duas medalhas de ouro nos revezamentos medley. No feminino, assistiu-se a dominância quase total das nadadoras da Alemanha Oriental. As atletas tinham um timbre de voz um tanto mais grave e não concederam muitas entrevistas. Kornelia Ender, Andrea Pollack, Ulricke Richter e Petra Thuemer conquistaram várias medalhas de ouro e bateram outros tantos recordes. As americanas só conseguiram uma vitória no revezamento 4 x 100 livre.

Pela primeira vez, aconteceram provas de remo feminino. Nas provas de ginástica olímpica, a grande surpresa foi a romena Nadia Comaneci, que conseguiu várias notas 10. No masculino, os japoneses foram os melhores no conjunto, mas no individual venceu o russo Adrianow. Pela primeira vez, também foi disputado o torneio de basquete feminino, com vitória da União Soviética. No masculino, os americanos venceram. No voleibol, as japonesas derrotaram com facilidade as russas na final, e, no masculino, os poloneses foram os campeões. Também o handebol teve seu primeiro torneio feminino, e aqui as soviéticas se mostraram as melhores, assim como o time masculino, que derrotou os romenos.

Em julho de 1976, mais uma final do torneio de Wimbledon se anunciou. Desta vez, os finalistas foram o romeno Ilie Nastase e a surpresa do torneio, o sueco Bjorn Borg. Este tinha bom jogo de fundo de quadra, rebatia as bolas com força e precisão e a sua expressão facial quase não mudava, o que lhe valeu o apelido "iceborg". O jogo foi muito disputado, mas o sueco venceu por 3:0.

No dia 1º de agosto de 1976, aconteceu um grave acidente de Fórmula 1 durante o GP da Alemanha, em Nurburgring. Na segunda volta, um carro colidiu contra um muro, pegou fogo e ainda foi atingido por dois outros carros. Dois ajudantes correram para socorrer o piloto, que todos imaginavam estar morto. Era o campeão mundial Niki Lauda. Os médicos não conseguiam imaginar como salvar o piloto, pois as queimaduras eram graves e o pulmão estava quase que totalmente comprometido. Porém, 42 dias após o acidente, Lauda entrou de novo em um carro de Fórmula 1 e começou a treinar.

Em julho de 1977, comemora-se o centenário do torneio de tênis mais famoso do mundo: Wimbledon. Todos gostariam de ver ingleses sendo premiados como campeões, mas isso só aconteceu no feminino com a vitória da inglesa Virgínia Wade. No masculino, a final foi entre o americano Jimmy Connors e o sueco Bjorn Borg. Connors havia derrotado na semifinal o então desconhecido John McEnroe, mas perdeu para ele o título de "bad boy", pois esse garoto americano era a indelicadeza e a grosseria em pessoa. Borg derrotara na semifinal Vitas Gerulaitis em um jogo de cinco sets muito desgastante. Borg venceu a final, mas precisou jogar novamente cinco sets para se sagrar campeão.

No dia 26 de agosto de 1977, a alemã oriental Rosemarie Ackermann venceu a barreira dos 2 m no salto em altura. Durante um campeonato indoor na Espanha, ela conseguiu ser a primeira mulher a saltar 2 m, e isto ainda no estilo straddle, que ninguém mais acreditava ser possível. Grande parte das atletas já estava treinando no estilo Fosebury (flop), que parecia ser mais promissor para grandes alturas.

Em outubro de 1977, terminou a temporada de Fórmula 1. Niki Lauda foi mais uma vez campeão mundial pela Ferrari, mesmo sendo o segundo piloto, atrás de Carlos Reutemann. Este fora colocado ali pelo chefe da escuderia pois andava decepcionado com Lauda. Após o fim do campeonato, ele sai da escuderia e muda para a Brabham-Alfa-Romeo.

O campeonato mundial de esqui alpino aconteceu em Garmisch-Partenkirchen (Alemanha) em fevereiro de 1978. As irmãs Epple, da Alemanha Ocidental, competiram e venceram na descida e no super slalom. Outro casal de irmãos, os Wenzel, de Lichtenstein, também conseguiram medalhas na descida e na combinação.

De 1º a 25 de junho de 1978, aconteceu na Argentina mais uma disputa pela Copa do Mundo. Muitas organizações e entidades não estavam de acordo com a escolha da Argentina, pois o país estava mergulhado no meio de uma ditadura militar que torturava e eliminava seus opositores. Um outro problema era técnico: a Argentina ainda transmitia TV em preto e branco, enquanto a maior parte dos países já usava a transmissão em cores. A campanha do Brasil foi de quatro vitórias e três derrotas, vencendo na semifinal a Itália e ficando com o 3º lugar, tendo inclusive jogado com a Argentina e empatado. A Argentina conseguiu chegar na final, e a Holanda, pela segunda vez. Argentina venceu por 3:1 e foi campeã mundial.

Em julho de 1978, a tenista tcheca Martina Navratilova estava na final de Wimbledon e enfrentaria Chris Evert. Foi uma partida difícil para ela, pois já havia perdido várias vezes para Chris. Martina venceu numa grande demonstração de força e chorou ao receber o prêmio. Ela disse que agora as pessoas em seu país não poderiam mais ignorá-la. Navratilova fugiu da Tchecoslováquia e foi considerada *persona non grata*.

Na final masculina, Jimmy Connors não resistiu ao potente jogo de Bjorn Borg, que venceu por 3:0.

Em fins de agosto de 1978, aconteceu o campeonato europeu de atletismo em Praga (Tchecoslováquia). A atleta da Lituânia Vilma Bardauskiene foi a primeira mulher a conseguir saltar mais de 7m. Já na qualificação, ela marca 7,09 m. A atleta italiana Sara Simeoni bateu o recorde mundial de salto em altura, marcando 2,01 m usando o estilo flop.

Em abril de 1979, a temporada de esqui alpino estava no fim, e mais uma vez a campeã deste ano se chamava Annemarie Moser-Pröll. A atleta austríaca venceu as provas de descida, slalom e super slalom. Ela foi uma sensação, pois havia parado por quase dois anos e havia pouco tempo voltara a competir. Todos acreditavam que ela não teria nenhuma chance.

No dia 17 de julho de 1979, o inglês Sebastian Coe bateu o recorde da milha em Oslo (Noruega). Alguns dias antes, ele já havia batido o recorde dos 800m também em Oslo. Ele foi um atleta pouco ortodoxo, pois treinava sem programa e planejamentos predeterminados, às vezes meia hora, às vezes duas horas por dia. Ele não gostava de rotinas e seu técnico era seu próprio pai.

Em julho de 1979, mais uma vez Martina Navratilova estava em uma final de tênis de Wimbledon. Pela vitória sobre Chris Evert, ela recebeu cerca de 39.000 dólares e mais cerca de 7.000 pela vitória nas duplas femininas com sua amiga Billie Jean King. Foi, até então, um recorde de prêmios para uma atleta. Recorde também para King, que venceu pela vigésima vez um torneio em Wimbledon. Bjorn Borg também bateu um recorde com sua quarta vitória consecutiva, vencendo na final o americano Roscoe Tanner.

O 20º Campeonato Mundial de Ginástica Olímpica foi realizado em dezembro de 1979 em Forth Worth no Texas (EUA). Na competição feminina por equipes, a Rússia perdeu pela primeira vez desde 1954 para a Romênia, porém a russa Neli Kim venceu no individual. No masculino, os russos venceram os japoneses, e Alexander Ditiatin foi o campeão no individual. A surpresa foi o americano Kurt Thomas que venceu no solo e na barra fixa.

Datas e Acontecimentos

- Em março de 1970 – A Romênia vence pela terceira vez o campeonato mundial de handebol, realizado na França.
- Em 15.5.1970 – O COI exclui de sua agremiação a África do Sul devido à política de Apartheid.

- Em 12.7.1970 – Recorde mundial dos 200m rasos batido por Chi Chen (Taiwan) em Munique (Alemanha), marcando 22,4 s.
- Em 24.10.1970 – Recorde mundial do salto com vara batido pelo grego Christos Papanicolau em Atenas (Grécia), marcando 4,49 m.
- Em 3.1.1971 – Tragédia durante um jogo de futebol em Glasgow (Escócia). Queda de uma arquibancada, provocando a morte de 66 pessoas e ferindo mais de 200.
- Em 10.6.1971 – Gösta Pettersson é o primeiro sueco a vencer o Giro d'Itália.
- Em agosto de 1971 – 6º Jogos Panamericanos em Cali (Colômbia). Cuba é a segunda colocada, atrás dos EUA.
- Em outubro de 1971 – John Kelly Jr., presidente da Amateur Athletic Union (AAU), critica o completamente ultrapassado *status* de amadorismo e diz: "Dois terços dos atletas que prestam o juramento estão mentindo".
- Em 21.4.1972 – A Tchecoslováquia vence a Rússia na final do campenato mundial de hóquei sobre o gelo, que de agora em diante não é mais disputado dentro dos Jogos Olímpicos.
- Em 2.9.1972 – Devido a pressões das companhias de TV, é introduzido, no campeonato americano de tênis o tie-break para diminuir a duração dos jogos.
- Em 31.12.1972 – Jack Nicklaus é o primeiro jogador de golfe a ganhar mais de 300.000 dólares em prêmios em um ano.
- Em 1.1.1973 – A 48ª edição da Corrida de São Silvestre é vencida pelo colombiano Viktor Mora.
- Em 9.4.1973 – No campeonato mundial de tênis de mesa em Sarajevo (Iugoslávia) as coreanas batem as chinesas e japonesas, e no masculino os suecos vencem os chineses e os japoneses.
- Em novembro de 1973 – A FIFA exclui a União Soviética da Copa de 1974, pois esta não quis jogar uma partida em Santiago del Chile.
- Em 31.12.1973 – Transferência recorde no futebol: o FC Barcelona paga 6,6 milhões de marcos pelo passe de Johan Cruyff ao Ajax Amsterdam.
- Em abril de 1974 – A austríaca Annemarie Moser Pröll vence pela quarta vez o campeonato mundial de esqui alpino.
- Em 23.10.1974 – O COI elege as cidades de Lake Placid e Moscou para os Jogos Olímpicos de 1980.
- Em dezembro de 1974 – Não há final da Copa Davis, pois a Índia se nega a jogar contra a África do Sul.
- Em 3.4.1975 – O russo Anatoli Karpow é declarado campeão mundial de xadrez, já que seu oponente Bobby Fischer não se apresenta para a partida.

- Em outubro de 1975 – É disputado o 7º Jogos Pan-Americanos na Cidade do México (México). EUA novamente em primeiro, deixando Cuba e Canadá em segundo e terceiro.
- Em 15.10.1975 – Recorde mundial no salto triplo pelo brasileiro João Carlos de Oliveira na Cidade do México, marcando 17,89 m.
- Em abril de 1976 – A Tchecoslováquia vence o campeonato mundial de hóquei sobre o gelo, deixando a União Soviética em segundo.
- Em agosto de 1976 – A canadense Cindy Nicholas cruza o Canal da Mancha ida e volta em 19:55 h.
- Em dezembro de 1976 – A Itália vence a Copa Davis, derrotando na final o Chile por 4:1.
- Em 1.7.1977 – A alemã oriental Marlies Göhr é a primeira mulher a correr os 100m abaixo de 11 s, marcando 10,88 s numa competição em Dresden (Alemanha Oriental).
- Em 28.9.1977 – Andrew Cowan, Colin Malkin e Michael Brad vencem o mais longo rali já disputado, em seis semanas. O trecho ia de Londres (Inglaterra) até Sydney (Austrália).
- Em 5.2.1978 – A Alemanha Ocidental vence o campeonato mundial de handebol em Copenhague (Dinamarca), deixando a Rússia em segundo.
- Em agosto de 1978 – O americano Steve McKinney bate o recorde de velocidade sobre esquis em Portillo (Chile), atingindo a velocidade de 200,2 km/h.
- Em agosto de 1978 – Cuba vence o campeonato mundial de vôlei feminino disputado na União Soviética, deixando o Japão em segundo.
- Em 5.11.1978 - O alemão ocidental Pete Michael Kolbe vence pela segunda vez o campeonato mundial de remo na classe skiff simples.
- Em 6.5.1979 – É disputado o campeonato mundial de tênis de mesa em Pjongjang (Coreia do Norte).Os húngaros vencem no masculino e a China no feminino.
- Em agosto de 1979 – A alemã ocidental Cornelia Hanisch vence o campeonato mundial de esgrima em Melbourne (Austrália).
- Em 12.9.1979 – O italiano Pietro Mennea bate o recorde nos 200m rasos na Cidade do México (México), marcando 19,72 s.
- Em 25.11.1979 – O clube alemão FC Köln compra o jogador inglês Tony Woodcock por 2,6 milhões de marcos, a maior quantia paga por um clube alemão até então.

De 1980 a 1989

De 13 a 24 de fevereiro de 1980, foram disputados os Jogos Olímpicos de Inverno em Lake Placid (EUA), pela segunda vez. De início, a organização deixou um pouco a desejar, mas com o desenvolver das atividades a situação melhorou. Para não correr o risco de falta de neve, como aconteceu em 1932, desta vez vários canhões de neve estavam preparados para inundar as pistas com neve artificial.

Um dos atletas de maior destaque foi sem dúvida o americano Eric Heiden, patinador de velocidade de classe fenomenal. Ele venceu os 500m, os 1.000m, os 1.500m, os 5.000m e os 10.000m com relativa facilidade e sem demonstrar um sorriso sequer ou qualquer outra emoção.

Nas provas de esqui alpino, o sueco Ingemar Stenmark venceu o slalom gigante e o slalom. No feminino, a austríaca Annemarie Moser-Pröll venceu a descida, e Hanni Wenzel, de Lichtenstein, venceu o ouro no slalom e no slalom gigante, conquistando as primeiras medalhas olímpicas para seu país. A alemã oriental Barbara Petzold conseguiu a vitória nos 10km cross-country, e a Alemanha Oriental obteve no revezamento 4 x 5 cross-country, vitória inédita. No masculino, o russo Nikolai Zimjatow conquistou o ouro nos 30km e nos 50km e também no revezamento 4 x 10km.

O torneio de hóquei sobre o gelo foi vencido pelos americanos, que na final derrotaram a União Soviética por 4:3 em um jogo emocionante. O time americano era composto por jogadores de uma Universidade, que treinaram seis meses só para este jogo.

Em julho de 1980, aconteceu mais uma final de tênis em Wimbledon. Desta vez, defrontaram-se o sueco Bjorn Borg e o americano John McEnroe, que jogaram por mais de cinco horas. Borg não saiu da linha de fundo e acertava golpes certeiros; McEnroe subia diversas vezes à rede para marcar. O tie-break demorou 23 minutos. No final, Borg venceu seu quinto título consecutivo, um recorde.

Em 22 de junho de 1980, a final do campeonato europeu de futebol foi entre a Alemanha e a Bélgica. O jogo foi disputado no estádio olímpico de Roma (Itália), e os alemães venceram por 2:1.

De 19 de julho a 3 de agosto de 1980, foram disputados os Jogos Olímpicos de Verão em Moscou. Apenas 81 países enviaram cerca de 5.600 atletas. Cerca de 61 países não mandaram suas equipes devido ao boicote contra a União Soviética, que em dezembro de 1979 invadiu o Afeganistão com suas tropas. Os americanos quiseram liderar o boicote e esperaram que muitos os seguissem, porém não foram tantos assim. Alguns países participantes entraram no estádio carregando a bandeira olímpica em vez de sua própria, protestando desta forma contra os soviéticos. O boicote, como sempre, só serviu para atrapalhar as vidas e carreiras de vários atletas, pois os políticos não mudaram sua maneira de agir. As instalações eram muito boas, a organização era perfeita, mas o público não foi tão caloroso.

No atletismo, o italiano Pietro Mennea venceu aos 28 anos, a prova dos 200m rasos, surpreendendo a todos. Steven Ovett venceu a prova dos 800m, na qual o favorito era Sebastian Coe, que venceu a prova dos 1.500m, na qual Ovett era o favorito. No feminino, assistiu-se a uma disputa entre as atletas soviéticas e as alemãs orientais.

Na natação, o nadador de mais sucesso foi o soviético Vladimir Salnikov. Ele conseguiu bater o recorde na prova dos 1.500m, sendo o primeiro a nadar a prova em menos de 15 min., marcando 14:58,27 min. Ele ainda venceu os 400m e também no revezamento 4 x 200m. No feminino, as alemãs orientais mais uma vez conseguiram quase todas as vitórias.

O Brasil conseguiu duas medalhas de ouro na vela, nas classes 470 e Tornado. Pela primeira vez, foi disputado o torneio de hóquei feminino, vencido pelas atletas do Zimbabue, e, no masculino, a Índia venceu novamente. No handebol masculino, os alemães orientais venceram e, no feminino, as soviéticas se sagram campeãs. No basquete, os iugoslavos derrotaram a Itália na final, e a União Soviética ficou em terceiro, mas vence no feminino.

No dia 16 de julho de 1980, o COI elegeu seu novo presidente. O escolhido foi o espanhol Juan Antonio Smaranch, que já havia sido vice-presidente e então trabalhava no Comitê Executivo. Ele era do COI desde 1966 e já havia sido governador da Catalunha (Espanha).

No dia 2 de outubro de 1980, o pugilista Muhammad Ali subiu, a despeito de todas as opiniões e considerações em contrário, mais uma vez no ringue, desta vez para lutar contra Larry Holmes. Motivado principalmente pelo seu ego em ser o melhor do mundo, ele lutou uma luta sem chances, e só não foi massacrado porque seu técnico Angelo Dundee jogou a toalha no 10º assalto, impedindo a tragédia.

Em janeiro de 1981, foi disputado o "mundialito", a copa dos campeões das copas. Os uruguaios organizaram o campeonato para comemorar os 50 anos da primeira Copa. Uruguai, Brasil, Itália, Alemanha, Argentina e Holanda (duas vezes vice-campeã e no lugar da Inglaterra) jogaram e mostraram um grande futebol. Na final, o Uruguai venceu o Brasil por 2:1.

Em fevereiro de 1981, foi disputado o campeonato mundial de biatlon em Lahti, na Finlândia. Os soviéticos venceram a maior parte das provas, e os alemães ocidentais conseguiram a medalha de prata em um revezamento.

No dia 4 de julho de 1981, aconteceu mais uma final do torneio de tênis de Wimbledon. Novamente, o sueco Bjorn Borg tem como oponente o americano John McEnroe. McEnroe era antipático, grosso e maleducado, mas tinha muitos fãs e jogava tênis extremamente bem, embora seu estilo não fosse dos melhores. Borg foi o queridinho do público, principalmente do feminino. O jogo foi duro e no final a vitória foi de McEnroe. Todos os campeões de Wimbledon se tornam sócios honorários do All England Lawn-Tennis Club. McEnroe, porém, não recebeu esta honra, pois os ingleses não aprovavam seu comportamento.

De 24 de julho a 2 de agosto de 1981, foram disputados o primeiro World Games em Santa Clara, Califórnia (EUA). Assim como no primeiro Jogos Olímpicos, quase não apareceram espectadores, pois ninguém os levou a sério. Os atletas que competiram nestes jogos não representavam seus países, pois as modalidades disputadas não eram oficialmente reconhecidas como esportes. Por isso, não foram executados hinos nem hasteadas bandeiras nas premiações. Os esportes eram: badminton, beisebol, bodybuilding, boliche, natação monopalma, caratê entre outros.

Em dezembro de 1981, Muhammad Ali lutou contra o canadense Trevor Berbick em Nassau, Bahamas. Ali estava com mais de 100 quilos e não conseguia nem se mexer direito no ringue. Ele aguentou os 10 assaltos e, no final, confessou que seu tempo havia passado, e que não voltaria a subir em um ringue de boxe.

Em março de 1982, aconteceu o campeonato mundial de patinação artística no gelo em Copenhague (Dinamarca). No masculino individual, venceu o americano Scott Hamilton, mas foi a apresentação do alemão ocidental Norbert Schramm que mais empolgou o público, pois ele "conseguiu expressar com gestos e movimentos toda a sua sensibilidade e, assim, iniciar um novo capítulo na história da patinação" afirmou outro atleta. Na apresentação de dança sobre o gelo, venceram os ingleses Jayne Torville e Christopher Dean com uma apresentação primorosa.

De 11 de junho a 11 de julho de 1982, aconteceu mais uma Copa do Mundo de Futebol, desta vez na Espanha. Agora, eram 24 os países participantes, e ao total, seriam jogadas 52 partidas de futebol. Discussões iniciais sobre grupos fortes e fracos ficaram esquecidas, pois os jogos mostraram que todos os times possuíam chances de vitória. Nos jogos de abertura, a Bélgica derrotou a Argentina por 1:0; a Argélia derrotou a Alemanha por 2:1; e a Espanha empatou com Honduras em 1:1.

Uma das decepções desta Copa foi o jogo entre Alemanha e Áustria. Quando, aos 11 minutos do primeiro tempo, o alemão Horst Hrubesch marcou o único gol da partida, ambas as equipes sabiam que este resultado as favorecia e iniciaram então um bate-bola descompromissado, envergonhando o futebol e provocando a ira dos espectadores.

A final foi disputada entre a Itália e a Alemanha Ocidental e terminou com a vitória italiana por 3:1. O Brasil também esteve presente na final na figura do juiz Arnaldo César Coelho.

No dia 25 de julho de 1982, o ciclista francês Bernard Hinault conseguiu repetir o feito de Fausto Coppi, Jacques Anquetil e Eddy Merckx, vencendo em um mesmo ano o Giro d'Itália e a Tour de France.

De 6 a 12 de setembro de 1982, aconteceu o campeonato europeu de atletismo em Atenas (Grécia). Os gregos construíram um novo estádio olímpico moderno e bonito, já pensando nas festas do centenário dos Jogos Olímpicos em 1996. A primeira maratona para mulheres foi vencida pela portuguesa Rosa Mota, que nunca antes havia corrido esta distância. A alemã Ulricke Meyfahrt bateu o recorde no salto em altura com 2,02 m. O alemão Hans-Peter Ferner venceu o favorito Sebastian Coe na prova dos 800m, e o inglês Daley Thompson venceu no decatlo, marcando um novo recorde. No final, a IAAF surpreendeu a todos declarando que dali por diante todos os atletas poderiam competir por dinheiro.

Em fevereiro de 1983, de acordo com jornalistas esportivos, o americano Jack Nicklaus era o melhor jogador de golfe de todos os tempos. Foi o primeiro a ganhar mais de 4 milhões de dólares em prêmios. Ele já havia vencido três vezes o British Open, quatro vezes o US Open, cinco vezes o campeonato americano dos profissionais e cinco vezes o famoso Torneio Masters. No início de sua carreira, ele recebeu o apelido de Golden Bear pelo seu físico avantajado. Anos depois, após ter perdido peso, o apelido continuava, agora, porém, a ênfase era em *golden,* pois sua firma "Golden Bear Inc." produzia lucros de mais de 300 milhões por ano.

De 7 a 14 de agosto de 1983, aconteceu a primeira edição do campeonato mundial de atletismo em Helsinki (Finlândia). Mais de 150 países enviaramm atletas para a competição. O americano Carl Lewis foi uma das sensações da competição. Ele venceu os 100m, o salto em distância e o revezamento 4 x 100m. Outro americano, Edwin Moses, venceu os 400m com barreiras, prova na qual ele estava invicto desde 1977. A americana Mary Decker venceu os 1.500m e os 3.000m sem dar chances às concorrentes. A tcheca Jarmila Kratochvilova venceu os 400m e os 800m, sendo a primeira a correr os 400m abaixo de 48 s. No salto com vara, venceu o soviético Sergei Bubka.

De 20 a 27 de agosto de 1983, aconteceu em Roma (Itália) o campoeonato europeu de natação. A sensação foi o nadador alemão ocidental Michael Gross. Ele venceu os 200m livre com novo recorde mundial, os 100m borboleta com recorde europeu, os 200m borboleta com recorde mundial, o revezamento 4 x 200m livre com recorde mundial, e fica em segundo no reveamento 4 x 100m medley. No feminino, a revelação foi a alemã oriental Birgit Meineke, que vence os 100m e os 200m livre, e os revezamentos 4 x 100m, 4 x 200m livre e 4 x 100m medley.

Em setembro de 1983, aconteceu mais uma final de tênis do Aberto americano em Flushing Meadow. O vencedor foi Jimmy Connors, mas antes da cerimônia de premiação veio a sensacional notícia: o sueco Bjorn Borg comunicou por telefone que encerrava sua carreira de tenista. Aos 26 anos, o pentacampeão de Wimbledon disse que não aguentava mais todo o estresse dos torneios. Era o fim das atuações de um dos melhores tenistas de todos os tempos.

No dia 16 de outubro de 1983, o piloto de Fórmula 1 brasileiro Nélson Piquet terminou em terceiro no GP da África do Sul, o que lhe deu os pontos necessários para conquistar o bicampeonato, pilotando um Brabham-BMW turbo, e derrotar o favorito Alain Prost.

Em janeiro de 1984, o italiano Francesco Moser conseguiu bater o recorde da Hora no ciclismo. O antigo recorde era de Eddy Merckx e já durava 12 anos. Foi construída uma bicicleta revolucionária, mais pesada, com a roda traseira maior do que a dianteira, e o atleta foi preparado de acordo com os dados de um computador. Na primeira tentativa, Francesco conseguiu a marca de 50,809 km e quatro dias depois, conseguiu 51,151 km. A marca de Merckx era de 49,432 km.

De 17 a 19 de fevereiro de 1984, aconteceram os Jogos Olímpicos de Inverno em Sarajevo (Iugoslávia). Os iugoslavos tinham decidido participar da seleção em 1977, e, um ano depois, o COI achou que seria uma boa hora para um país socialista organizar a competição. Quando o dinheiro dos patrocinadores estava garantido, foram construídas as instalações necessárias.

Um americano venceu pela primeira vez o downhill, outro americano venceu no slalom, e um suíço, no slalom gigante. No feminino, uma suíça venceu o downhill, mas teve que fazê-lo duas vezes, pois a primeira corrida fora interrompida. Uma americana venceu o slalom. Nas provas de esqui cross-country, os suecos e os russos venceram quase todas as provas. No feminino, a finlandesa Marja-Liisa Hämäläinen venceu as provas de 5km, 10km e 20km e ainda conquistou o bronze no revezamento de 4 x 5km.

Mais uma vez, o casal inglês Jayne Torvill e Christopher Dean conseguiu impressionar tanto público como jurados com sua apresentação de dança no gelo. Ao som do *Bolero* de Ravel, eles mostraram uma história de amor, paixão e morte como nunca se viu, e nenhum dos concorrentes conseguiu sequer aproximar sua apresentação da perfeição por eles mostrada.

No dia 20 de julho de 1984, o atleta alemão oriental Uwe Hohn criou um problema para a Federação Internacional de Atletismo. Ele lançou o dardo a uma distância de 104,80 m, isto é, a distância de um gol para outro em um campo de futebol oficial. A Federação agora tinha de solucionar o caso, pois estas distâncias começaram a colocar em risco a segurança do público. A solução foi mudar em 4 cm o centro de gravidade do dardo para frente, fazendo com que ele caísse mais cedo.

Em 22 de julho de 1984, o francês Laurent Fingnon venceu a Tour de France, derrotando o favorito Bernard Hinault. Em maio, ele já havia conseguido a segunda colocação no Giro d'Itália. Pela vitória na Tour de France, ele recebeu o prêmio de 160.000 francos. Hinault ficou em segundo, e, em terceiro, o estreante americano Greg LeMond.

No dia 21 de outubro de 1984, o piloto austríaco de Fórmula 1 Niki Lauda terminou o GP de Portugal, em Estoril, na segunda posição, o que lhe deu os pontos necessários para ganhar mais uma vez o campeonato mundial, pela terceira vez. A vitória ficou com Alain Prost, que terminou o campeonato em segundo, meio ponto atrás de Lauda.

De 28 de julho a 12 de agosto de 1984, aconteceu a 23ª edição dos Jogos Olímpicos, desta vez nos EUA, na cidade de Los Angeles. Mais de 6.700 atletas de 140 países participaramm da festa, e 15 países da Cortina de Ferro não enviaram suas delegações. Foram os primeiros "jogos abertos" pois a questão do amadorismo foi deixada completamente de lado, e atletas profissionais podiam participar. Foi quase um paradoxo, pois os "amadores do estado", como eram chamados os atletas do bloco comunista, que não eram nada mais do que profissionais disfarçados, não puderam participar desta vez, já que a União Soviética comandou o boicote.

De início, os americanos não quiseram os Jogos Olímpicos em Los Angeles, pois sabiam que Montreal ainda estava pagando a dívida dos Jogos de 1976. O dinheiro não poderia sair dos cofres públicos, mas teria de vir de instituições particulares. O presidente do Comitê Organizador Peter Ueberroth transformou os Jogos em uma máquina de fazer dinheiro: a corrida com a tocha olímpica foi dividida em trechos, que custava 3.000 dólares. Cada instituição particular deveria pagar 4 milhões de dólares para poder entrar no grupo e usar seu nome nas propagandas; os direitos de transmissão foram vendidos por mais de 200 milhões de dólares. Gigantes como Coca-Cola e McDonald's pagaram mais de 100 milhões de dólares para anunciar. Com isso, até o COI percebeu que os tempos mudaram. No final foi registrada uma receita de 225 milhões de dólares.

Um dos grande atletas destes Jogos foi o americano Carl Lewis. Ele venceu quatro medalhas de ouro nas provas dos 100m, salto em distância, 200m e revezamento 4 x 100m. Muitos o compararam a outro grande atleta americano, Jesse Owens, mas as diferenças eram grandes: Lewis era força, Owens era estética, Lewis fazia o necessário, Owens se superava. Na prova dos 800m, o brasileiro Joaquim Cruz conseguiu vencer Sebastian Coe, considerado favorito. Coe venceu os 1.500m melhorando seu recorde olímpico. A maratona foi vencida pelo português Carlos Lopes em um dia de muito calor e com novo recorde olímpico. Edwin Moses venceu a difícil prova dos 400m com barreiras. No salto em altura, venceu o alemão Dietmar Mögenburg, sem ser considerado favorito. Outro alemão, Rolf Danneberg, venceu no lançamento de disco também sem ser considerado favorito. Mais uma vez, o campeão do decatlo é o inglês Daley Thompson.

No feminino, as americanas venceram quase todas as corridas. A marroquina Nawal El Mouta-Wakel foi a primeira atleta feminina de seu país a ganhar uma medalhas de ouro. No salto em altura, venceu a alemã Ulrike Meyfarth pela segunda vez, e isso após 12 anos, fato inédito nos Jogos Olímpicos. A maratona foi vencida pela americana Joan Benoit porém todos prestaram muito mais atenção na suíça Gaby Andersen-Schiess. Ela errou nos seus cálculos e na sua hidratação e entrou para a última volta no estádio cambaleando e visivelmente sem condições de continuar. Mas ela continuou e demorou sete minutos para completar a última volta e terminar a prova sob os aplausos do público. O primeiro heptatlo foi vencido pela australiana Glynis Nunn, deixando a americana Joyner em segundo e a alemã Everts em terceiro.

Na natação, as equipes americanas dominaram com facilidade as provas. A exceção foi o alemão Michael Gross, que venceu duas medalhas de ouro e duas de prata. O brasileiro Ricardo Prado conseguiu uma medalha de prata na prova dos 400 medley, ficando atrás do canadense Alex Baumann. Pela primeira vez foi disputado o torneio de nado sincronizado e também a prova de windsurfe, vencida pelo holandês Stephan van den Berg. Foi a primeira vez também do torneio de Ginástica Rítmica Desportiva, e, nas provas de ginástica olímpica, os chineses venceram no masculino. O feminino, as americanas tiveram que dividir as medalhas com as romenas. Na esgrima, França, Itália e Alemanha dividiram as medalhas. Nas provas de tiro, os chineses surpreenderam a todos, vencendo três medalhas de ouro. Os americanos dominaram nas provas de ciclismo. A França foi a campeã do torneio de futebol. No basquete, os americanos venceram no masculino e no feminino, e, no voleibol, os americanos venceram os brasileiros na final. No feminino, as chinesas ficaram com o ouro. A equipe de futebol masculina brasileira conquistou a medalha de prata, e o Brasil ainda levou duas medalhas de bronze e uma de prata no judô, e uma de prata na vela (classe soling).

No dia 1º de janeiro de 1985, aconteceu a 60ª edição da corrida de São Silvestre. Mais de 7.000 corredores participaram da prova, que teve também convidados internacionais. Os vencedores foram os portugueses Carlos Lopes e Rosa Mota.

Em 15 de abril de 1985, Bernhard Langer foi o primeiro alemão a vencer o prestigiado torneio Masters de Golfe nos EUA.

Em maio de 1985, durante o campeonato mundial de hóquei sobre o gelo, a equipe da Tchecoslováquia conseguiu uma proeza: venceram os soviéticos na rodada final por 2:1, para posteriormente vencer os americanos e canadenses e ganhar o campeonato.

No dia 29 de maio de 1985, aconteceu a final do campeonato europeu dos campeões entre o FC Liverpool e o Juventus Turin. Antes do jogo, torcedores ingleses alcoolizados invadiram um bloco de torcedores italianos e iniciaram uma pancadaria e uma balburdia que terminou com a morte de 39 pessoas e mais de 400 feridos. O jogo se inciou com 85 minutos de atraso, e a equipe italiana venceu por 1:0.

No dia 7 de julho de 1985, o tenista Boris Becker, de apenas 17 anos, foi o primeiro alemão a vencer uma final de Wimbledon, e sem ser cabeça de chave. Na final, ele derrotou por 3:1 o americano Kevin Curren.

No dia 13 de julho de 1985, o russo Sergei Bubka conseguiu saltar a marca mágica de 6,00 m no salto com vara durante um campeonato em Paris (França).

Entre os dias 5 e 11 de agosto de 1985, aconteceu o campeonato europeu de natação em Sófia (Bulgária). Mais uma vez, a sensação foi o alemão Michael Gross, que conquistou seis medalhas de ouro (200m livre, 100m e 200m borboleta e 4 x 100m e 4 x 200 livre e 4 x 100 medley).

No dia 9 de novembro de 1985, o russo Garri Kasparov era o novo campeão mundial de xadrez, após a desistência, na última partida, de Anatoli Karpov.

Em março de 1986, a Federação Internacional de Tobogã e Bobsleigh (FIBT) determinou regras para padronizar os tobogãs: a largura mínima seria de 70 cm e ficariam proibidas as suspensões hidráulicas. No campeonato mundial disputado em Königssee (Alemanha Ocidental) o alemão oriental Wolfgang Hoppe venceu no tobogã duplo, porém a vitória no tobogã quádruplo foi do suíço Erich Schärer.

De 31 de maio a 29 de junho de 1986, aconteceu mais uma Copa do Mundo de Futebol. O México sediou a Copa pela segunda vez, substituindo a Colômbia, que desistiu por motivos financeiros. Uma das maiores críticas foi o preço muito alto dos ingressos para os jogos. O presidente da FIFA, João Havelange, disse que os mexicanos poderiam assistir aos jogos pela TV(!). Os 20 países participantes jogaram quase sempre em estádios com pouco público. O Brasil jogou cinco vezes e teve quatro vitórias, só perdendo para a França. A final foi entre a Argentina e a Alemanha Ocidental, mais uma vez com participação brasileira: o juiz foi Romualdo Arppi Filho. A Argentina venceu por 3:2 e sagrou-se bicampeã.

No dia 19 de maio de 1986, a alemã ocidental Steffi Graf, de apenas 16 anos, derrotou, na final do torneio de Berlim, a favorita Martina Navratilova por 2:0. Steffi largou a escola aos 13 anos e se tornou profissional. Era dirigida pelo seu pai, Peter Graf.

No dia 6 de julho de 1986, o tenista alemão Boris Becker conseguiu a sua segunda vitória em Wimbledon, ao derrotar na final o tcheco Ivan Lendl. Becker era agora dirigido pelo ex-tenista romeno Ion Tiriac e já acumulara uma pequena fortuna, principalmente como garoto propaganda. Atualmente, ele mora em Monte Carlo.

Em julho de 1986, foi disputada mais uma edição da Tour de France. Desta vez, a vitória foi do americano Greg LeMond, da equipe "La Vie Claire", da qual também fazia parte o francês Bernard Hinault, vencedor do ano anterior. LeMond foi o primeiro americano a vencer esta prova.

De 26 a 31 de agosto de 1986, aconteceu o campeonato europeu de atletismo, desta vez na Alemanha Ocidental, em Stuttgart. Mais de 1.000 atletas de 31 países competiram pelas medalhas. Mais uma vez, o inglês Daley Thompson foi o vitorioso no decatlo. Outro inglês, Sebastian Coe, conseguiu mais uma vitória nos 800m, ficando em segundo nos 1.500m. O russo Sergei Bubka só entrou na competição do salto com vara quando todos os outros já tinham sido eliminados, tendo como concorrente somente seu irmão Wassili. Corredores italianos venceram a maratona e os 10.000m.

No dia 6 de outubro de 1986, aconteceu a última partida de xadrez válida pelo título mundial entre Garri Kasparov e Anatoli Karpov. Doze partidas foram disputadas em Londres e doze em Leningrado. A 23ª partida terminou em Remis, dando a vitória a Kasparow.

No dia 22 de novembro de 1986, o pugilista canadense Trevor Berbick lutou contra o novato Mike Tyson, que iniciou a luta com rapidez e muita força. Resultado: após 2:35 min ele foi declarado vencedor.

No dia 4 de fevereiro de 1987, os americanos conseguiram recuperar a taça que tinham perdido quatro anos antes, em casa, para os australianos: a America's Cup. É o maior prêmio para os velejadores. Mais de 30 milhões de dólares foram gastos na construção do novo barco chamado "Stars and Stripes" — até a NASA ajudou.

Em fevereiro de 1987, aconteceu o campeonato mundial de esqui alpino em Crans-Montana (Suíça). A suíça Maria Walliser venceu duas medalhas de ouro e uma de bronze, e seu compatriota Pirmin Zurbriggen venceu duas de ouro e duas de prata. Os suíços venceram quase todas as provas.

No dia 7 de março de 1987, Mike Tyson lutou contra James Smith e venceu por pontos, tornando-se, assim, campeão reconhecido pela WBA e pela WBC. Depois, ele lutou em agosto, contra Tony Tucker, e também venceu por pontos, tornando-se, assim, campeão também pelo IBF, reunindo as três entidades.

No dia 26 de julho de 1987, EUA e Alemanha Ocidental se enfrentaram pela Copa Davis em Connecticut (EUA). Para os americanos, a vitória era necessária, pois, se perdessem, sairiam do grupo principal. Eric Jelen venceu sua partida surpreendentemente, e Boris Becker fez com John McEnroe uma partida memorável, que durou 6 horas e 30 minutos, uma das mais longas da história da Copa Davis. Depois, Becker ainda derrotou Tim Mayotte, e a Alemanha venceu a partida.

Em agosto de 1987, aconteceu o campeonato mundial de atletismo em Roma (Itália). A final dos 100m rasos foi muito esperada, pois o americano Carl Lewis enfrentou o canadense Ben Johnson. Logo na largada, a vantagem foi de Johnson, que a manteve até o final, vencendo a prova com novo recorde mundial e a espantosa marca de 9,83 s. Ele se disse realizado e só pensava nos Jogos Olímpicos de 1988, em Seul.

De 13 a 28 de fevereiro de 1988, foram disputados os Jogos Olímpicos de Inverno em Calgary (Canadá). A cidade de 600.000 habitantes conseguiu um grande lucro com os Jogos, embora tivesse apenas 100 anos de existência.

O destaque foi o italiano Alberto Tomba — apelidado de "La Bomba" por causa de sua maneira explosiva de esquiar —, que venceu duas medalhas de ouro, uma no slalom gigante e outra no slalom. Franceses, suíços e austríacos dividiram as outras medalhas. No feminino, a suíça Vreni Schneider também conseguiu duas medalhas de ouro, no slalom e slalom gigante. As esquiadoras russas dominaram as provas de esqui cross-country.

Nas provas de patinação de velocidade no gelo, a holandesa Yvonne van Gennip venceu as provas do 1.500m, 3.000m e 5.000m, e o sueco Thomas Gustafson venceu os 5.000m e os 10.000m, ambos com recorde mundial.

Na prova de patinação artística feminina, aconteceu o duelo das duas Carmens. A alemã oriental Kattarina Witt e a americana Debra Thomas escolheram o mesmo tema para sua apresentação: Carmen, de Bizet. A apresentação da alemã foi impecável e Debra tentou de tudo em sua apresentação para superar a anterior, porém, em um salto, ela caiu e acabou ficando em terceiro.

Os canadenses esperavam uma grande vitória no torneio de hóquei sobre o gelo e muito foi investido na equipe para isto. A campanha, porém, foi fraca, e os canadenses ficaram sem medalhas — os soviéticos ficaram com o ouro.

No dia 22 de janeiro de 1988, o boxeador Mike Tyson entrou no ringue para mais uma luta, desta vez contra o ex-boxeador Larry Holmes. A luta terminou no terceiro assalto com vitória de Tyson. Tyson lutou de novo cinco meses mais tarde contra Michael Spinks e o derrotou em 91 segundos. Neste meio tempo, Tyson já acumulara uma grande fortuna e também fama de ser arruaceiro e briguento fora dos ringues. O seu empresário, para tentar acalmar a situação, arranjou um casamento com a americana Robin Givens.

Ao fim do campeonato mundial de squash, em 13 de maio de 1988, o vencedor foi de novo o paquistanês Jahangir Kahn. No ano anterior, ele havia perdido o título para o também paquistanês Jansher Kahn. Jahangir dominou o esporte de 1981 a 1986. O jogo passou a ganhar cada vez mais adeptos no mundo todo.

De 10 a 25 de junho de 1988, aconteceu mais um campeonato europeu de futebol, desta vez na Alemanha Ocidental. A final foi entre a Holanda e a União Soviética, e a vitória dos holandeses por 2:0 foi clara e merecida.

No dia 10 de setembro de 1988, a tenista Steffi Graf foi a primeira alemã a vencer o Grand Slam. A sua vitória, em Flushing Meadow (EUA) sobre Gabriela Sabatini por 2:1, foi a coroação de sua ótima campanha durante todo o ano. Ela derrotou Chris Evert em Melbourne, derrotou a russa Zwerewa em Roland Garros (França), e Martina Navratilova em Wimbledon (Inglaterra).

De 17 de setembro a 2 de outubro de 1988, aconteceram os Jogos Olímpicos de Verão em Seul (Coreia do Sul). Ao todo, foram 160 países com cerca de 10.000 participantes. Foram os primeiros Jogos sem boicote de alguma forma. A festa de abertura foi muito bonita: os coreanos usaram muitos símbolos coloridos para contar uma história do Bem vencendo o Mal. A Coreia do Norte ignorou por completo o que aconteceu no sul.

A grande sensação dos Jogos foi a final da prova dos 100m rasos masculino. Três americanos, dois canadenses, um jamaicano, um inglês e um brasileiro (Robson Caetano da Silva, que nos 200m conquistou o bronze) participaram da prova. Ao ser dada a largada, o canadense Ben Johnson já estava em primeiro, nos 50 metros ele tinha 1 m de vantagem do segundo colocado, o americano Carl Lewis, e, 2 m antes da chegada, Johnson levantou o braço, comemorando sua vitória e o novo recorde mundial: 9,79 s. Três dias depois veio a notícia: Ben Johnson foi diagnosticado positivo no teste antidoping. Ele teve sua medalha retirada e seu recorde anulado.

Nas provas de meia e longa distância, os quenianos eram os favoritos e conquistaram várias medalhas. Na prova dos 800m, o queniano Paul Ereng ficou com o ouro, e o brasileiro Joaquim Cruz conquistou a prata. O americano Edwin Moses, um dos maiores atletas e que por 122 corridas permaneceu imbatível, conquistou o bronze na prova dos 400m com barreiras, mostrando que o seu tempo acabara. No salto com vara; mais uma vez o campeão foi o russo Sergei Bubka, atingindo a marca de 5,90 m. Os americanos só conseguiram vencer o revezamento de 4 x 400m, uma vez que no 4 x 100m o bastão caiu. O decatlo assistiu a honrosa saída do campeão Daley Thompson, que se machucou no salto com vara, e viu a chegada de dois alemães orientais muito fortes: Christian Schenk (ouro) e Torsten Voss (prata).

No feminino, a estrela foi a americana Florence Griffith-Joyner, que conseguiu três medalhas de ouro (100m, 200m e 4 x 100m) e uma de prata (4 x 400m). Na maratona, a vitória foi da portuguesa Rosa Mota. No heptatlo, a vitória foi da american Jackie Joyner-Kersse.

Na natação, o destaque feminino foi a nadadora alemã oriental Kristin Otto, vencendo seis medalhas de ouro: 100m livre, 100m costas, 100m borboleta, 50m livre, e duas vitórias nos revezamentos. No masculino, o americano Matt Biondi conseguiu cinco medalhas de ouro: nos 50m e 100m livre, e nos revezamentos 4 x 100m, 4 x 200m e 4 x 100m medley, e ainda prata nos 100m borboleta e bronze nos 200m livre. Uma grande surpresa foi a vitória do nadador Anthony Nasty do Suriname nos 100m borboleta.

Nas provas de halterofilismo, os soviéticos conseguiram seis medalhas de ouro, e com quatro medalhas de ouro, dominaram também as lutas. No torneio de esgrima, os alemães ocidentais conseguiram três ouros, duas pratas e uma bronze. Nas provas de hipismo, os alemães conseguiram quatro medalhas de ouro. No remo, as equipes da Alemanha Oriental conseguiram o maior número de vitórias, mas no oito-com, a vitória foi da Alemanha Ocidental. No torneio de tênis, que voltou a ser disputado após uma pausa de 64 anos, a vencedora foi a alemã Steffi Graf, e, no masculino, venceu o tcheco Miroslav Mecir. No primeiro torneio de futebol, a final foi disputada entre a União Soviética e o Brasil, que perdeu por 2:1, ficando com a medalha de prata. No voleibol, as russas sofreram para ganhar das peruanas por 3:2, e, no masculino, os americanos venceram os russos por 4:1. No basquete, os russos vencem, e, no feminino, as americanas foram as campeãs. O Brasil ainda conquistou uma medalha de ouro no judô com Aurélio Miguel e duas medalhas de bronze na vela, nas classes star e tornado.

Em janeiro e fevereiro de 1989, aconteceu o campeonato mundial de esqui alpino em Vail, Colorado (EUA). No início, os atletas tiveram dificuldades, pois não havia neve, mas o termômetro chegava a 30º C negativos. Depois de iniciadas as provas, o alemão Hansjörg Tauscher venceu a descida, e, no feminino, a campeã foi a suíça Maria Walliser. O austríaco Rudolf Nierlich venceu o slalom e o slalom gigante.

No dia 9 de abril de 1989, foram disputadas as finais do campeonato mundial de tênis de mesa em Dortmund (Alemanha Ocidental). A final de duplas masculina foi entre uma dupla alemã e uma polaco-iugoslava. A partida foi muito emocionante e os alemães conseguiram vencer por 2:1 fazendo com que todo o ginásio pulasse e gritasse de alegria.

No dia 15 de abril de 1989, aconteceu um jogo de futebol entre os times ingleses FC Liverpool e Nottingham Forest. Um erro permitiu que mais pessoas que o normal entrassem e se amontoassem em uma tribuna. O resultado foi a morte de 108 pessoas e mais de 200 feridos.

Em 23 de julho de 1989, foi disputada a última etapa da Tour de France de Versailles até Paris. O líder foi o francês Laurent Fignon. A surpresa aconteceu: o americano Greg LeMond conseguiu a vitória por 8 segundos e recebeu o prêmio de 1,5 milhão de francos franceses.

De 15 a 17 de dezembro de 1989, foi disputada a final da Copa Davis em Stuttgart (Alemanha Ocidental). A Alemanha enfrentou a Suécia. Os jogos foram de alto nível e muito disputados. Boris Becker deu o melhor de si, e a equipe alemã venceu pela segunda vez o troféu.

Datas e Acontecimentos

- Em abril de 1980 – É eleito como atleta da década de 70 o halterofilista russo Vassili Alexeiev, com cerca de 80 recordes mundiais.
- Em 15.8.1980 – O inglês Sebastian Coe bate o recorde dos 1.500m em Zurique (Suíça).
- Em agosto de 1980 – É disputado pela primeira vez o campeonato mundial de pentatlo moderno para mulheres em Londres (Inglaterra). Por equipes, vence a Grã-Bretanha, e, no individual, a sueca Anne Ahlgren.
- Em setembro de 1980 – O australiano Alan Jones é campeão mundial de Fórmula 1.
- Em 10.6.1981 – O inglês Sebastian Coe bate o recorde dos 800m em Florença (Itália).
- Em 19.8.1981 – O americano Renaldo Nehemiah bate o recorde dos 110m com barreiras em Zurique (Suíça).
- Em outubro de 1981 - O brasileiro Nelson Piquet é campeão mundial de Fórmula 1 pela equipe Brabham-BMW.
- Em 25.10.1981 – O americano Alberto Salazar marca o melhor tempo em uma maratona em Nova Iorque (EUA). Tempo: 2:08:12,7
- Em 18.1.1982 – O tcheco Ivan Lendl vence o torneio Masters de tênis em Nova Iorque.
- Em 27.5.1982 – O argentino Diego Armando Maradona é transferido pela soma recorde de 18,25 milhões de marcos alemães para o FC Barcelona.
- Em 20.6.1982 – Vitória tripla do novo Porsche 936 nas 24-Horas de Le-Mans (França) com a média recorde de 204,1 km/h.
- Em 26.9.1982 – Pela primeira vez, um finlandês, Keijo "Keke" Roeberg vence o campeonato mundial de Fórmula 1.
- Em abril de 1983 – Na quinta edição do campeonato mundial de hóquei feminino, disputado em Kuala Lumpur (Malásia), a equipe holandesa vence pela terceira vez.
- Em 11.6.1983 – Primeiro recorde mundial no atletismo por um chinês da China comunista: Zhu Jianhua salta 2,37 m em Pequim (China).
- Em dezembro de 1983 – A austrália vence a Copa Davis em Melbourne, derrotando a Suécia por 3:2.

- Em 25.3.1984 – Durante o campeonato mundial de patinação artística, disputado em Ottawa (Canadá), o par inglês Jayne Torvill/Christopher Dean recebe, pela primeira vez na história, treze vezes a nota 6.
- Em junho de 1984 – É disputado na França o sétimo campeonato europeu de futebol; a França é campeã.
- Em julho de 1984 – O jogador de futebol argentino Maradona é comprado pelo time italiano Napoli por 24 milhões de marcos alemães.
- Em 18.9.1984 – O americano Joe Kittinger é o primeiro homem a cruzar o Oceano Atlântico em um balão em uma distância de 5.600 km.
- Em 21.4.1985 – O português Carlos Lopes melhora a marca da maratona em Roterdã (Holanda), marcando 2:07:11, e a sueca Ingrid Kristiansen, a marca feminina (2:21:6h) em Londres.
- Em 4.9.1985 – Recorde mundial no salto em altura pelo soviético Igor Paklin, marcando 2,41 m em Kobe (Japão).
- Em 6.10.1985 – O francês Alain Prost se torna campeão da Fórmula 1.
- Em 21.6.1986 – A alemã oriental Heike Drechsler bate o recorde mundial do salto em distância marcando 7,45 m em Talinn (Estônia).
- Em 7.7.1986 – Recode mundial no lançamento de dardo pelo americano Tom Petranoff em Helsinque (Finlândia) com o novo dardo, marcando 85,38 m.
- Em 10.8.1986 Pela primeira vez, um GP de Fórmula 1 em um país socialista: na Hungria, no circuito de Hungaroring. O vencedor foi o brasileiro Nelson Piquet.
- Em 16.10.1986 – O tirolês Reinhold Messner é o primeiro homem a ter escalado todos os picos com mais de 8.000 m no Himalaia.
- Em 17.10.1986 – O COI elege para os Jogos Olímpicos de 1992 as cidades de Albertville e Barcelona. É a última vez que os Jogos de Verão e Inverno acontecem no mesmo ano.
- Em 6.3.1987 – O goleiro alemão Harald Schumacher é desligado da seleção nacional devido a seus comentários sobre doping na primeira liga alemã de futebol, publicadas em seu livro "Anpfiff".
- Em 5.7.1987 – A tenista Martina Navratilova é campeã de Wimbledon pela oitava vez.
- Em 31.10.1987 – O brasileiro Nelson Piquet é tricampeão de Fórmula 1 pela equipe Williams-Honda.
- Em 9.6.1988 – O soviético Sergei Bubka bate o recorde mundial no salto com vara em Bratislava (Hungria), marcando 6,05 m.
- Em 12.6.1988 – Andy Hampsten é o primeiro americano a vencer a prova ciclística do Giro d'Itália.
- Em 11.8.1988 - O jogador de hóquei sobre o gelo Wayne Gretzky é vendido para o time do Los Angeles Kings por 20 milhões de dólares.

- Em 31.10.1988 – O brasileiro Ayrton Senna é campeão mundial de Fórmula 1 pela equipe Honda-McLaren.
- Em maio de 1989 – Pela primeira vez é usada, em um torneio de Grand Prix de Tênis, uma máquina para acusar as bolas-fora nas linhas.
- Em 30.5.1989 – O brasileiro Emerson Fittipaldi vence a prova das 500 Milhas de Indianápolis e recebe um prêmio de mais de 1 milhão de dólares.
- Em 29.7.1989 – O cubano Javier Sottomayor bate o recorde no salto em altura em San Juan (Porto Rico) marcando 2,44 m.
- Em 24.9.1989 – O francês Alain Prost se torna tricampeão mundial de Fórmula 1 pela equipe McLaren-Honda.

De 1990 a 2000

No dia 2 de janeiro de 1990, o resultado da eleição de melhor atleta americano da década, a surpresa foi grande, com a vitória de Wayne Gretzky, jogador de hóquei sobre o gelo. Ele venceu ídolos americanos como o jogador de futebol americano Joe Montana, o fenômeno do basquete Magic Johnson, o ciclista Greg LeMond e o atleta Carl Lewis.

Em 11 de fevereiro de 1990, aconteceu mais uma grande luta de boxe. A luta aconteceu em Tóquio (Japão). De um lado está Mike Tyson, o grande favorito, e do outro, o americano James "Buster" Douglas. A luta foi muito dura e, no oitavo assalto, Tyson acertou uma esquerda em Douglas, que vai à lona. O juiz demorou muito na contagem, e Douglas foi salvo pelo gongo. No décimo assalto, a situação foi a inversa. Tyson está em dificuldades recebendo um série de golpes e também vai à lona. O juiz novamente demorou muito na contagem, e Tyson se recuperou. A plateia e os jornalistas não aceitaram as decisões do juiz. No final das discussões, Douglas foi considerado vencedor.

No dia 13 de maio de 1990, aconteceu o GP de Fórmula 1 em Ímola (Itália). A corrida foi vencida pelo veterano Ricardo Patrese da equipe Williams-Renault. A primeira corrida do ano foi nos EUA, e o vencedor foi Ayrton Senna. Na segunda corrida, em Interlagos (Brasil), o vencedor foi Alain Prost. Com três vencedores diferentes em três corridas, a temporada poderia ficar um pouco mais interessante, já que as duas últimas não foram muito competitivas.

No torneio de tênis de Roland Garros em junho de 1990, todos contavam com a revanche de Steffi Graf, que no ano anterior perdera para Arantxa Sanchez. Porém, este ano, uma americana de 16 anos derrotou Graf na final, com um jogo muito forte e agressivo. Seu nome: Monica Seles. No masculino, Andre Agassi, de 20 anos, não teve muitas preocupações, pois enfrentou na final o equatoriano Andres Gomez, dez anos mais velho do que ele. Gomez, porém, deu uma aula de tênis em Agassi e venceu o torneio. Em julho, no torneio de Wimbledon, Graf esperava pela revanche contra Seles, mas ela foi eliminada antes pela americana Zina Garrison. Quando Garrison também eliminou Graf, todos sentiram que a alemã estava passando por uma crise. A chance foi aproveitada por Martina Navratilova, que venceu pela nona vez o torneio. No masculino, Boris Becker não resistiu ao sueco Stefan Edberg, que venceu, após um jogo muito disputado, em cinco sets.

De 8 de junho a 8 de julho de 1990, aconteceu a Copa do Mundo de Futebol na Itália. A festa de abertura, no estádio Giuseppe-Meazza em Milão, foi muito bonita e colorida. Os 24 países participantes encontraram boas condições nos estádios. A campanha do Brasil foi regular: foram três vitórias e uma derrota o que resultou na nona colocação. A Itália acabou em terceiro lugar, pois derrotou a Inglaterra na semifinal. A final foi disputada em Roma. A Alemanha derrotou a Argentina com um gol de pênalti no segundo tempo.

De 27 de agosto a 1º de setembro de 1990, aconteceu o campeonato europeu de atletismo em Split (Iugoslávia, atual Croácia). A atração foi sem dúvida a *performance* das equipes da Alemanha Oriental, que pela última vez participou desta forma, pois em um futuro próximo todas as equipes alemãs seriam unificadas. A estrela foi a alemã oriental Katrin Krabbe, que conquistou três medalhas de ouro (100m, 200m e 4 x 100m). No revezamento masculino 4 x 100m, todos esperavam a vitória do quarteto inglês. Porém, ninguém contava muito com os franceses, que em uma corrida fantástica venceram a prova e quebraram o recorde mundial, assustando também os americanos, até então os detentores deste recorde.

De 27 de outubro a 4 de novembro de 1990, aconteceu na Tasmânia o campeonato mundial de remo. As (ainda), duas equipes alemãs conseguiram juntas o maior número de medalhas. O oito-com, que passou por problemas e teve sua equipe reformada, conseguiu uma grande vitória.

Em 15 de dezembro de 1990, aconteceu em Hannover (Alemanha), a união entre as duas entidades esportivas máximas das Alemanhas, o que era imprescindível para uma rápida junção de todas as organizações esportivas dos dois países. Com isso, esperava-se conseguir uma só equipe para os Jogos de Albertville e Barcelona em 1992. Mas, para isso, vários problemas ainda tinha que ser resolvidos, como, por exemplo, a falta de dinheiro da antiga Alemanha Oriental, ou, ainda, as manipulações com produtos ilegais (doping) dos atletas orientais.

De 21 de janeiro a 3 de fevereiro de 1991, aconteceu mais um campeonato mundial de esqui alpino, desta vez na região austríaca de Saalbach-Hinterglemm. As equipes austríacas conseguiram o maior número de medalhas, e as equipes alemãs só conseguiram uma medalha de bronze.

Durante o primeiro campeonato mundial de natação a ser disputado na Austrália, aconteceu uma verdadeira guerra. O objeto da disputa foi o recorde dos 1.500m, que havia oito anos ainda pertencia ao russo Vladimir Salnikov. Dois nadadores australianos afirmaram ter batido esta marca durante os Jogos do Commonwealth. O nadador alemão Jörg Hoffmann duvida deste feito. No dia 13 de janeiro de 1991, aconteceu então a prova dos 1.500m, durante o campeonato. A prova foi muito puxada e rápida, e no final Hoffmann venceu marcando 14:50,36 min, deixando o australiano Perkins em segundo com 14:50,58 min. O próprio Salnikov compareceu à entrevista e trouxe uma garrafa de champanhe para comemorar com os três primeiros. Um dia antes, o alemão Michael Gross competiu mais uma vez nos 200m borboleta, mas foi derrotado pelo australiano Stewart. Ele venceu na prova dos 4 x 200m livre, ganhou a prata nos 100m borboleta e o bronze nos 4 x 100 medley. Para Gross, foi uma despedida mais do que bem sucedida. Ele agora dedicava seu tempo aos estudos e ao trabalho de comentarista esportivo.

No dia 27 de abril de 1991, após o jogo de futebol entre os times italianos Napoli e Bari, o teste antidoping do jogador Diego Armando Maradona deu positivo e ele foi suspenso por 15 meses. Ele não aguentou a pressão e as investigações e fugiu para a Argentina, onde ele ainda gozava de prestígio. Seu povo o recebeu como um herói e todos afirmaram que aquela história era um complô armado contra ele. Porém, quando a polícia argentina o prendeu por uso e tráfico de drogas, os argentinos acordaram para a realidade: Maradona era um viciado que precisava de tratamento.

No dia 7 de julho de 1991, a final do torneio de Wimbledon foi uma sensação, pois dois alemães se enfrentariam na quadra de grama. Boris Becker e Michael Stich jogariam por um prêmio de 720.000 marcos. Becker não se encontrava em uma boa fase, e isso se refletiu no jogo. Stich, por outro lado, estava em ótima fase e durante o jogo ele conseguiu fazer 82 aces, e venceu por 3:0. Na final feminina, a alemã Steffi Graf mais uma vez enfrentaria a argentina Gabriela Sabatini. Graf também não se encontrava em boa fase — havia 18 meses não conseguia vencer um torneio do Grand Slam. O jogo foi muito disputado, e no final Graf conseguiu se impor. Venceu por 2:1.

No dia 28 de julho de 1991, terminou mais uma Tour de France. O vencedor foi o espanhol Miguel Indurain, que, de início, não agradou nem aos trocedores espanhóis, mas, a partir do momento em que conquistou a camisa amarela, não mais a perdeu, derrotando o favorito Greg LeMond.

Em agosto de 1991, aconteceu o campeonato mundial de ciclismo em Stuttgart (Alemanha). A Alemanha conseguiu o maior número de vitórias, conquistando seis ouros, quatro pratas e um bronze, vencendo a União Soviética na difícil prova dos 4.000m em perseguição por equipe.

De 23 de agosto a 1º de setembro de 1991, aconteceu em Tóquio (Japão) o campeonato mundial de atletismo. A grande surpresa do evento foi sem dúvida a quebra do recorde mundial de salto em distância, que já durava mais de 20 anos. O americano Mike Powel conseguiu marcar 8,95 m. A final dos 100m rasos foi muito disputada — todos os seis corredores marcaram tempos abaixo de 10,0 s —, e o vencedor foi Carl Lewis com novo recorde mundial de 9,86 s. O segundo e terceiro colocados também eram americanos, e com isso estava quase que garantida a vitória nos 4 x 100m rasos. O que realmente aconteceu e com novo recorde mundial de 37,50 s, deixando os franceses em segundo e os ingleses em terceiro. A alemã Katrin Krabbe venceu os 100m e os 200m rasos. Outra alemã, Heike Henkel venceu o salto em altura com 2,05 m e usava uma camisa com o slogan: "To be top without doping".

De 8 a 23 de fevereiro de 1992, aconteceram os Jogos Olímpicos de Inverno em Albertville (França). De início, havia preocupações com a falta de infraestrutura, e os ambientalistas temiam por danos irreparáveis à natureza. O COI, porém, apostou principalmente no *marketing* dos franceses, mas a conta não deu certo, e 5 milhões de francos tiveram de sair dos cofres públicos. A festa de abertura foi muito bonita, mas os atletas não gostaram muito dos vários locais das provas, 12 ao total.

Austríacos, suíços e alemães venceram a maior parte das medalhas, mas atletas da Suécia começaram a despontar em provas alpinas. Nas provas de cross-country, os nórdicos venceram quase tudo, e dois atletas italianos conseguiram algumas boas colocações. Nas provas de biatlon, atletas alemães conseguiram medalhas de ouro e prata. Pela primeira vez, aconteceram provas de esqui free-style em pista ondulada e esqui de velocidade *(speedskiing)*. Um francês e uma americana foram os primeiros vencedores do free-style, e outro francês venceu a prova de esqui de velocidade com a marca de 229,0 km/h. No feminino, uma finlandesa venceu com 219,0 km/h. Nas provas de patinação de velocidade, a equipe holandesa não teve bons resultados, enquanto a equipe alemã conseguiu 8 medalhas. No torneio de hóquei sobre o gelo, a final foi entre o Canadá e a equipe da CEI (Comunidade de Estados Independentes), ou seja, nações que formavam a antiga União Soviética. O time foi composto por jogadores jovens, a maioria de um time de Moscou, já que, depois da queda da Cortina de Ferro, muitos jogadores soviéticos foram jogar em times europeus, americanos e canadenses. O time da CEI venceu por 3:1.

Em julho de 1992, o campeão do torneio de tênis de Wimbledon foi o americano Andre Agassi, que na final jogou um dos jogos mais difíceis de sua vida contra o croata Goran Ivanisevic. Foram cinco sets de ótimo tênis. No feminino, a final foi entre a alemã Steffi Graf e a sérvia Monica Seles. Graf se encontrava em ótima fase e derrotou Seles por 2:0.

A 25ª edição dos Jogos Olímpicos de Verão aconteceu na cidade catalã de Barcelona (Espanha) entre os dias 25 de julho a 9 de agosto de 1992. Atletas de 172 países participaram da festa — pela primeira vez, atletas "independentes" (sérvios, estonianos e croatas): a CEI (Comunidade de Estados Independentes); e, desde 1960, atletas da República da África do Sul. Pela primeira vez no programa olímpico estavam badminton e beisebol e como esportes de demonstração seriam apresentados o hóquei sobre patins, a pelota (jai-alai nos EUA) e o tae kwon do.

A festa de abertura foi muito bonita, com uma encenação da história de Hércules pelo grupo de teatro "La Fura des Baus". Os astros da ópera internacional José Carreras, Plácido Domingo, Tereza Berganza e Montserrat Caballé cantaram passagens de óperas famosas. Os jornalistas puderam assistir a todas as modalidades pela TV. Foram instaladas câmeras em todas os lugares em que seriam realizadas as provas, inclusive debaixo da água. Uma pane no sistema tirou do ar as TVs de todos os jornalistas durante uma parte do tempo na festa de abertura, o que quase provocou um desastre jornalístico. Os Jogos Olímpicos são agora uma grande festa, que gera muitos empregos, mesmo que temporários, e que produz uma receita enorme, e o COI usa isso muito bem. Os críticos dizem que o esporte e os atletas são os perdedores.

O atleta inglês Linford Christie, de 32 anos, conseguiu vencer a prova dos 100m rasos, ficando abaixo de 10,0 segundos. A idade pareceu não pesar para ele. Os 200m rasos foram vencidos pelo americano Mike Marsh, que quase bateu o recorde mundial na semifinal. Outro americano, Kevin Young, venceu e bateu o recorde mundial dos 400m com barreiras, recorde este que durava nove anos e era de Edwin Moses. Nas provas de revezamento, os americanos venceram tanto os 4 x 100m com Carl Lewis, como também os 4 x 400m, ambas as corridas com novo recorde mundial, o que no caso dos 4 x 400 é uma sensação, já que o recorde durava 24 anos. Carl Lewis conseguiu mais uma medalha de ouro, no salto em distância, deixando em segundo lugar seu compatriota e detentor do novo recorde mundial, Mike Powell. No salto em altura, o cubano Javier Sottomayor venceu o ouro com 2,34 m. Uma das decepções foi a atuação do russo Sergei Bubka. Ele disse que saltaria 6,20 m, mas não conseguiu ultrapassar 5,75 m, uma altura que ele nem considerava digna de saltar. A prova do decatlo foi vencida pelo tchecoslovaco Robert Zmelik e foi muito festejada, pois durante os dois dias de prova fez 40º C e a humidade era de 90%.

No feminino, as americanas venceram os 100m e os 200m rasos. A prova dos 400m rasos foi vencida pela francesa Marie-José Perec, e os 800m ficaram surpreendentemente com a holandesa Ellen van Langen. Nos saltos em altura e distância, a vitória pertenceu a duas alemãs, Heike Henkel e Heike Drechsler. O heptatlo foi vencido mais uma vez pela americana Jackie Joyner-Kersee.

Nas provas de natação, o russo Alexander Popov venceu os 100m e seu compatriota Jewgeni Sadowij venceu os 200m e os 400m. O húngaro Tamas Darnyi venceu os 200m e os 400m medley. O torneio de water-pólo terminou com a vitória dos italianos, após três prorrogações contra os favoritos espanhóis. No feminino, a húngara Krisztina Egerszegy venceu três medalhas de ouro, nos 100m e 200m costas e 400m medley. As chinesas e japonesas surpreenderam e venceram algumas medalhas, e nadadoras alemãs também conseguiram boas colocações.

Nas provas de ginástica olímpica, os russos conseguiram a maior parte das medalhas, e, no feminino, as romenas, russas e chinesas dominaram. Nas provas de ciclismo, a equipe alemã venceu a prova de longa distância (100 km), derrotando os favoritos italianos. Os alemães também venceram a prova de perseguição por equipe na distância de 4.000m.

O torneio de basquete masculino foi vencido pelo "Dream Team" americano, com jogadores da NBA. Na final, eles derrotaram a equipe da Croácia. A equipe da CEI venceu o torneio de handebol, derrotando na final a Suécia, e, no feminino, as sul-coreanas derrotaram as norueguesas na final. No voleibol, os brasileiros derrotaram os holandeses na final, e no feminino, as cubanas venceram derrotando a equipe da CEI. As brasileiras perderam a semifinal para as americanas, ficando com o quarto lugar. O Brasil ainda conquistou uma de ouro no judô, com Rogério Sampaio, e uma de prata na natação, com Gustavo Borges.

No dia 16 de agosto de 1992, o campeão de Fórmula 1 já era conhecido. Nigel Mansell já vencera oito das dez provas e acumulou mais do que o dobro de pontos do segundo colocado. Até o final da temporada, ele venceria nove GP's, um novo recorde. Depois, no fim do ano, ele se retirou do esporte, porém voltaria a correr mais quatro vezes em 1994 e mais duas vezes em 1995.

No dia 22 de novembro de 1992, o alemão Boris Becker conquistou o campeonato mundial de tênis em Frankfurt (Alemanha), pela segunda vez, derrotando na final o americano Jim Courier por 3:0.

No dia 30 de março de 1993, as atletas alemãs Katrin Krabbe, Grit Breuer e Manuela Derr foram suspensas, pela Federação Alemã de Atletismo, de provas oficiais por um ano por causa de "uso inadequado de medicamentos". Porém, no final de agosto de 1993, o IAAF suspendeu as atletas por dois anos. Krabbe não retornou mais, mas Breuer voltou às pistas.

No dia 30 de abril de 1993, a tenista americana Monica Seles disputou a semifinal do torneio de tênis de Hamburgo (Alemanha). Durante um intervalo, um homem se aproximou e, pelas costas, apunhalou a tenista. O jogo foi interrompido e Seles só conseguiu voltar a jogar tênis dois anos depois. O criminoso foi um alemão que disse não suportar ver a americana, e não Steffi Graf, no topo do ranking.

Em 4 de julho de 1993, a Alemanha venceu o campeonato europeu de basquete, fato inédito para este país. Na final, ela derrotou a Rússia por 71:70.

Em agosto de 1993, aconteceu o campeonato mundial de atletismo em Stuttgart (Alemanha). Mais de 1.600 atletas de 187 países compareceram para a grande festa. Os campeões mundiais receberam como prêmio um carro de uma famosa marca alemã.

No dia 28 de agosto de 1993, o alemão Jan Ulrich, de apenas 19 anos, venceu o campeonato mundial de ciclismo na prova de estrada.

No dia 5 de outubro de 1993, o astro do basquete Michael Jordan anunciou sua saída do basquete. Toda a América estava chocada. A surpresa durou pouco, pois em 1995 ele voltou a jogar pelo Chicago Bulls e venceu mais três campeonatos, totalizando seis ao todo, e mais duas vitórias olímpicas, para somente em 1999 abandonar o basquete definitivamente.

De 12 a 28 de fevereiro de 1994, aconteceram os Jogos Olímpicos de Inverno em Lillehammer (Noruega). A família real estava presente. O rei Harald já participara três vezes dos Jogos Olímpicos de Verão em provas de vela, e seu pai, rei Olav, foi campeão de vela em 1928. O príncipe Hakoon foi o último corredor a carregar a tocha olímpica. Mais de 1.700 atletas de 67 países participaram e contaram com um tempo frio, mas com muita neve e sol. Foram os primeiros Jogos a serem realizados não mais em conjunto com os Jogos de Verão, que iriam ser realizados em 96. A Rússia foi a nação com mais medalhas (11 O, 8 P, 4B), seguida pela Noruega (10 O, 11P, 5B) e Alemanha (9 O, 7P, 8B).

Na prova masculina de descida, os noruegueses esperaram pela vitória de seu compatriota Kjetil Andre Aamodt, porém o americano Tommy Moe venceu, superando o norueguês por 4 centésimos. Toda a Noruega porém, se encantou com as três medalhas de ouro do patinador de velocidade Johann Olav Koss, e quando ele doou seu prêmio para uma instituição esportiva, os noruegueses o endeusaram. A americana Bonnie Blair venceu as provas de 500m e 1.000m de patinação de velocidade confirmando seu favoritismo.

O alemão Markus Wasmeier venceu, surpreendentemente, a prova dos Super-G (dias mais tarde, a prova de slalom gigante), e sua compatriota Katja Seizinger venceu a descida.

No dia 1º de maio de 1994, morreu, durante o GP de Fórmula 1 de Ímola (Itália), o piloto brasileiro Ayrton Senna. Até este dia, Senna havia vencido 41 corridas, conquistado 65 pole-positions, e três campeonatos mundiais (1988,1990 e 1991).

No dia 23 de junho de 1994, o COI festejou o seu 100º aniversário. Os críticos disseram que a idade não era para a entidade uma vantagem, já que vários erros e falhas acometeram a organização e seu Jogos Olímpicos. Corrupção, exagerada comercialização, doping, mau uso dos cargos pelos seus funcionários etc., entre outros, são alguns do pontos negativos do COI. Para muitos, o COI manda no esporte, mas também o dinheiro manda no COI.

De 17 de junho a 17 de julho de 1994, aconteceu a 15ª Copa do Mundo de Futebol, desta vez nos EUA. O futebol não é um dos esportes favoritos dos americanos, e muitos, nem sequer sabem como se joga este jogo, mas o público compareceu em massa aos estádios. O Brasil sagrou-se tetracampeão ao vencer na final a Itália por pênaltis. A campanha do Brasil foi de cinco vitórias e dois empates.

No dia 13 de novembro de 1994, o alemão Michael Schumacher não conseguiu completar o GP da Austrália, mas assim mesmo foi o campeão mundial, pois já havia vencido oito provas naquele ano.

No dia 15 de novembro de 1994, a tenista Martina Navratilova perdeu seu jogo no Masters (Nova Iorque, EUA) para a argentina Gabriela Sabatini por 2:0 e comemorou sua despedida do circuito mundial de tênis. Entre todas as suas vitórias, ela conta 18 títulos de Grand Slam no simples (3 australianos, 2 franceses, 9 ingleses e 4 americanos), 31 em duplas femininas e 6 em duplas mistas. Ela ficou 332 semanas no topo da lista. Ela sempre foi uma batalhadora e mesmo em seu país de adoção teve dificuldades quando admitiu ser homossexual.

No dia 15 de março de 1995, a equipe alemã de basquete Alba Berlin venceu a Copa Korac, derrotando na final a equipe favorita de

Milão Stefanel. O time alemão tinha apenas dois estrangeiros jogando, e a partir dessa vitória, muitos jovens da capital alemã se entusiasmaram pelo basquete.

No dia 25 de março de 1995, o pugilista Mike Tyson saiu da cadeia, onde permaneceu por mais de mil dias. Centenas de repórteres o esperavam na saída. Ele se dirigiu a uma mesquita, pois durante sua prisão ele se convertera ao islamismo, e rezou por mais de meia hora ao lado de Muhammad Ali. Em agosto, ele realizou sua primeira luta, derrotando Peter McNeely.

No dia 23 de julho de 1995, aconteceu um feito memorável para os franceses e espanhóis. O ciclista espanhol Miguel Indurain venceu pela quinta vez consecutiva a prova da Tour de France, feito inédito na história da prova. Nesse mesmo ano, ele recebeu ainda do COI a Ordem Olímpica.

De 5 a 13 de agosto de 1995, aconteceu mais um campeonato mundial de atletismo, desta vez em Gotemburgo (Suécia). Os alemães Lars Riedel (disco) e Astrid Kumbernuss (peso) venceram o ouro. O americano Michael Johnson venceu os 200m e os 400m. O russo Sergei Bubka venceu mais uma vez no salto com vara, e o cubano Ivan Pedroso venceu no salto em distância com 8,70 m. O inglês Jonathan Edwardes conseguiu uma proeza – ele saltou 18,29 m no salto triplo, fato este analisado posteriormente por biomecânicos, que chegaram à conclusão de que sua técnica era excelente e, ele tinha a capacidade de saltar superior à de outros atletas.

Em agosto de 1995, aconteceu o campeonato europeu de natação em Viena (Áustria). O alemão Jörg Hoffmann venceu os 1.500m pela quarta vez consecutiva, fato inédito nesta prova. A alemã Franziska van Almsick conseguiu cinco medalhas de ouro, mas decepciona em sua prova especial, os 200m crawl, em que só entrou na final B, vencendo-a com uma vantagem de 3 segundos sobre a vencedora da final A.

No dia 22 de outubro de 1995, o piloto alemão Michael Schumacher venceu o GP de Aida (Japão) e se tornou o mais novo bicampeão de Fórmula 1.

No dia 15 de abril de 1996, a corredora alemã Uta Pippig venceu a maratona de Boston pela terceira vez consecutiva. Dois anos mais tarde, ela foi confirmada como positiva em um teste antidoping. Pippig jurou inocência e apontou várias falhas no processo de coleta e análise. Ela foi suspensa por dois anos.

De 8 a 30 de junho de 1996, aconteceu o campeonato europeu de futebol, desta vez na Inglaterra. A final foi disputada entre a Alemanha e a República Tcheca. No tempo regular, o jogo terminou empatado em

1:1 e, de acordo com as novas regras, a decisão vai para a prorrogação, em que vale a morte súbita ou gol de ouro. Aos 5 minutos, o alemão Bierhoff marca o gol de ouro, dando a vitória para a Alemanha.

De 19 de julho a 4 de agosto de 1996, aconteceram os Jogos Olímpicos de Atlanta (EUA). Foi a comemoração do centenário dos Jogos Olímpicos da Era Moderna. Mais de 10.000 atletas de 197 países participaram da festa, em um total de 217 competições. A festa de abertura teve seu momento marcante quando o ex-campeão de boxe Muhammad Ali subiu para acender a pira olímpica. A organização não foi das melhores. Os computadores sofreram diversas panes, ajudantes estavam desorientados, o transporte não fluiu como deveria, e a segurança foi às vezes exagerada e outras inexistente.

Uma das surpresas no atletismo, mesmo que esperada, foi sem dúvida a vitória da atleta Ghada Shouaa da Síria na prova do heptatlo. Ela já havia vencido o campeonato mundial no ano anterior e era uma da favoritas à conquista de uma medalha. O canadense Donovan Bailey venceu os 100m com novo recorde mundial de 9,84 s, e posteriormente com seus colegas o revezamento 4 x 100m. O grande atleta americano Carl Lewis participou pela última vez de Jogos Olímpicos e venceu o salto em distância com 8,50 m. Três alemães conseguiram medalhas de ouro: Lars Riedel, no lançamento de disco; sua colega Ilke Wyludda, também no disco; e Astrid Kumbernuss, no arremesso de peso. Outro alemão conseguiu surpreendentemente a medalha de prata na prova do decatlo. A equipe brasileira do revezamento de 4 x 100m conquistou a medalha de bronze.

A ciclista francesa Jeannie Longo, várias vezes campeã francesa e mundial, venceu a prova de estrada dos Jogos e conquistou, assim, sua primeira medalha de ouro olímpica.

O remador inglês Steven Redgrave foi um dos poucos atletas a vencer uma medalha de ouro em um esporte em quatro Jogos Olímpicos consecutivos. A primeira em 1984, depois em 1988, em 1992 e agora ouro no barco dois-sem com seu colega Matthew Pinsent.

Pela primeira vez foi disputado o torneio de duplas de vôlei de praia em Atlanta. Os vencedores foram os americanos Karch Kiraly e Kent Steffes. Os americanos também venceram com facilidade o torneio de basquete, uma vez que o Dream Team II não encontrou adversário a sua altura, e na final venceu a seleção da Iugoslávia com facilidade por 95:69. A equipe feminina americana também foi a campeã. Estas vitórias suavizaram um pouco a lamentável derrota dos americanos em um de seus esportes favoritos, o beisebol, no qual eles perderam para Cuba na final.

No handebol, a vitória da equipe masculina da Croácia não chegou a ser uma surpresa, e no feminino as dinamarquesas cumpriram o seu papel. Na natação, as equipes americanas conseguiram a maior parte das medalhas. Nas provas de vela (classes laser e star), o Brasil conquistou duas medalhas de ouro e um bronze na classe tornado. No torneio de tênis, os americanos Andre Agassi e Lindsay Davenport conseguiram as medalhas de ouro. No voleibol, os holandeses e as cubanas conquistaram o ouro. O Brasil ainda conquistou uma medalha de ouro e uma de bronze no vôlei de praia feminino. A equipe de basquete feminina conquistou a prata, e Gustavo Borges também conseguiu a prata nos 200m livres e bronze nos 100m livres. O judô conseguiu duas medalhas de bronze, e a equipe brasileira de hipismo conseguiu o bronze na prova de saltos.

No dia 6 de julho de 1996, a tenista alemã Steffi Graf conseguiu sua sétima vitória em Wimbledon, derrotando na final a espanhola Arantxa Sanchez-Vicário. Foi também sua centésima vitória em torneios e o 20º título de um torneio Grand Slam.

No dia 21 de julho de 1996, o vencedor da 83ª edição da Tour de France foi o dinamarquês Bjarne Riis. Ele obteve ajuda de sua equipe, a alemã "Deutsche Telekom". O grande perdedor foi um dos favoritos e pentacampeão da prova, Miguel Indurain.

No dia 13 de outubro de 1996, o piloto de Fórmula 1 Damon Hill foi o novo campeão mundial. A sua vitória no GP do Japão, em Suzuka, garantiu-lhe os pontos necessários para a conquista do título. E foi um título inédito, pois pela primeira vez o filho de um campeão mundial também é campeão. O pai de Damon era Graham Hill, bicampeão (1962 e 1968).

No dia 25 de janeiro de 1997, a suíça Martina Hingis venceu o torneio de tênis da Austrália, derrotando na final a francesa Mary Pierce. Hingis se tornou profissional em 1994, e desde os oito anos morava na Suíça, embora fosse eslovaca de nascimento.

No dia 13 de abril de 1997, o americano Eldrick "Tiger" Woods venceu o torneio de golfe americano Masters (Augusta, Georgia, EUA). Os jornalistas mal conseguiram conter o entusiasmo — Tiger foi o mais jovem vencedor deste torneio, o primeiro vencedor negro, e o primeiro vencedor com uma vantagem de doze tacadas. Ele disputou seu primeiro torneio como profissional em 1996, depois de ter sido por três vezes consecutivas campeão americano amador e de ter assinado um contrato milionário com a firma esportiva americana Nike.

No dia 27 de julho de 1997, o ciclista Jan Ulrich, de 23 anos, foi o primeiro alemão a vencer a Tour de France. Após quase 4.000 km de corrida, ele cruzou a faixa de chegada com uma vantagem de 9 minutos para o segundo colocado. A sua equipe, a alemã Deutsche Telekom, ganhou a competição por equipes, e seu colega Erik Zabel foi o melhor velocista. As vitórias de Ulrich, Zabel e da equipe alemã foram responsáveis por um *boom* do ciclismo na Alemanha.

O sexto campeonato mundial de atletismo se encerrou no dia 10 de agosto de 1997. Foi o primeiro campeonato em que os campeões mundiais poderiam participar por meio de um "wild card" se não tivessem alcançado a qualificação em seus próprios países. Os americanos conseguiram o maior número de medalhas, porém menos do que nos últimos Jogos Olímpicos e no campeonato mundial. Os alemães vieram em segundo e o russo Sergei Bubka venceu mais uma vez o salto com vara, a sexta em série. Novos nomes surgiram e prometiam boas atuações no futuro, como Marion Jones e Maurice Green.

Em outubro de 1997, aconteceu no Havaí (EUA) a prova do Iron Man de triatlo. Foram 3,8 km de natação, 180 km de ciclismo e uma maratona no final. Neste ano, os três primeiros colocados foram alemães: Thomas Hellriegel em primeiro, Jürgen Zäck em segundo e Lothar Leder em terceiro.

De 7 a 23 de fevereiro de 1998, foram disputados os Jogos Olímpicos de Inverno em Nagano (Japão). Mais de 2.000 atletas de 72 países participaram das competições. A festa de abertura foi muito bonita, e os japoneses misturaram vários símbolos e caracteres de sua cultura e mitologia com os avanços da tecnologia de forma muito harmoniosa. No final, um coro com 2.000 vozes cantou *Ode an die Freude,* de Beethoven e foram acompanhados simultaneamente, via satélite, por coros em Berlim, Pequim, Cidade do Cabo, Nova Iorque e Sydney. Foram gastos mais de 2 bilhões de dólares nas construções e em toda a realização dos Jogos.

Os alemães conseguiram medalhas de ouro nas provas de patinação de velocidade femininas e nas provas de revezamento do biatlon masculino e feminino. Nas provas de esqui alpino, as esquiadoras alemãs também conseguiram medalhas de ouro, sendo que na prova de slalom ocuparam as três posições. Outra alemã venceu na prova de halfpipe com snowboard.

O torneio de hóquei sobre o gelo terminou com a vitória da República Tcheca, que derrotou na final a Rússia por 1:0. No primeiro torneio de hóquei sobre o gelo feminino, a final foi entre o Canadá e os EUA com vitória das americanas por 3:1.

Um dos maiores atletas de esportes de inverno foi com certeza o sueco Björn Dählie, que nestes jogos conquistou três medalhas de ouro e uma de prata nas provas de esqui cross-country. Ao total foram oito de ouro e quatro de prata, o que o consagrou definitivamente como um dos grandes atletas olímpicos.

No dia 21 de março de 1998, o ciclista alemão Erik Zabel venceu a tradicional prova de Milão-San Remo. O percurso de 294 km foi realizado em 7 horas, 10 minutos e 14 segundos.

De 10 de junho a 12 de julho de 1998, aconteceu mais um Copa do Mundo de Futebol na França. Ao todo foram 32 países participantes, que disputaram 64 jogos durante os 33 dias. O Brasil alcançou a final derrotando na semifinal a Holanda nos pênaltis e a França chegou na final derrotando na semifinal os croatas por 2:1. A França venceu o Brasil por 3:0 e sagrou-se tricampeã mundial.

No dia 5 de julho de 1998, o tenista americano Pete Sampras venceu pela quinta vez o torneio de tênis de Wimbledon, consagrando-o como um dos melhores tenistas de todos os tempos. Na final, ele derrotou o croata Goran Ivanisevic por 3:2.

A Tour de France começou no dia 11 de julho e terminou no dia 2 de agosto de 1998. Porém, esta edição foi muito conturbada. Dias antes do início, o massagista de uma equipe foi preso por carregar consigo substâncias dopantes, e, durante a prova, mais seis equipes desistiram de continuar, o que aumentou o escândalo, sendo que a polícia interrogou diversos atletas e integrantes de equipes. A vitória foi do italiano Marco Pantani, seguido pelo alemão Jan Ulrich.

De 18 a 23 de julho de 1998, aconteceu o campeonato europeu de atletismo, desta vez em Budapeste (Hungria). Os alemães conseguiram oito medalhas de ouro, sete de prata e oito de bronze e se consagraram como a melhor nação europeia. A surpresa foi a veterana Heike Drechsler com 33 anos, ganhadora do ouro no salto em distância.

No dia 1º de novembro de 1998, o piloto de Fórmula 1 finlandês Mika Häkkinen venceu o GP do Japão em Suzuka e conquistou sua oitava vitória este ano, o que lhe deu o título de campeão mundial. O segundo colocado foi o alemão Michael Schumacher, que conquistou seis vitórias.

No dia 24 de janeiro de 1999, o COI suspendeu seis de seus integrantes, como resultado de um escândalo que envolveu presentes, propinas, falcatruas, e mostrou que a corrupção também existia na família olímpica. O presidente Juan Antonio Smaranch pediu desculpas para todos os atletas, porém a imagem do COI, que já não estava boa, começou a se deteriorar ainda mais.

No dia 18 de abril de 1999, o melhor jogador de hóquei sobre o gelo do mundo, o canadense Wayne Gretzky, encerrou sua carreira esportiva após um jogo de seu time, New York Rangers, contra os Pittsburgh Penguins. Ele jogou quase 1.700 partidas e fez 3.239 gols durante sua carreira.

No dia 26 de julho de 1999, o americano Lance Armstrong foi o vencedor da Tour de France e segundo americano a realizar esta façanha. Muitos não o contavam mais entre os favoritos, pois ele sofria de câncer, mas conseguiu dar a volta por cima.

A tenista alemã Steffi Graf declarou no dia 13 de agosto de 1999 como terminada a sua carreira esportiva. Para todos os jornalistas presentes, ela anunciou que não estava grávida e que não pretendia casar, como vários boatos insinuavam. Após mais de 1.000 partidas e 107 torneios vencidos, o ex-empresário de Boris Becker, Ion Tiriac, declarou: "Uma era do tênis termina aqui. Uma atleta deste nível só nasce uma vez a cada cem anos".

De 20 a 29 de agosto de 1999, aconteceu o campeonato mundial de atletismo em Sevilha (Espanha). Os americanos foram a melhor nação com onze ouros, três pratas e três bronzes, seguidos pela Rússia e Alemanha.

No dia 31 de outubro de 1999, o finlandês Mikka Häkkinen venceu o GP de Fórmula 1 em Suzuka (Japão) e conquistou o campeonato mundial, o seu segundo consecutivo.

No dia 30 de janeiro de 2000, o americano Andre Agassi venceu pela segunda vez o torneio de tênis de Sydney (Austrália). A primeira vez, havia sido em 1995, e, desta vez, ele derrotou o russo Ievgeni Kafelnikov por 2:1 e se considerou em melhor forma do que nunca.

No dia 12 de março de 2000, um espanhol venceu o campeonato mundial de esqui cross-country. Seu nome era Johann Mühlegg e era alemão, porém trocou de cidadania pois não acreditava ser bem treinado e orientado em sua equipe alemã.

De 10 de junho a 2 de julho de 2000, foi disputado o campeonato europeu de futebol. A audiência pela TV é tão grande, que especialistas dizem que é o terceiro maior evento esportivo do planeta, perdendo apenas para a Copa do Mundo e os Jogos Olímpicos. Desta vez, a organização foi de dois países, Bélgica e Holanda. A final foi entre a França e a Itália. Os franceses venceram por 2:1 na prorrogação.

De 1 a 23 de julho de 2000, aconteceu mais uma edição da Tour de France. Como no ano anterior, o americano Lance Armstrong foi o vencedor, chegando com uma vantagem de mais de seis minutos sobre o segundo colocado, o alemão Jan Ulrich. Outro alemão, Erik Zabel, venceu pela quinta vez a camisa verde – o melhor velocista, fato inédito até então.

No dia 6 de julho de 2000, a FIFA elegeu a Alemanha como país sede para a Copa do Mundo de 2006. A vitória da Alemanha foi apertada e por pouco a África do Sul não leva a nominação. O grande responsável por esta vitória foi sem dúvida, o ídolo alemão do futebol, Franz Beckenbauer.

De 15 de setembro a 1º de outubro de 2000, aconteceram os Jogos Olímpicos de Sydney (Austrália). De todos os países participantes, 70 venceram medalhas nas 300 competições disputadas, sendo que os americanos conseguiram o maior número (39 ouros – 25 pratas – 33 bronzes). A festa de abertura durou mais de quatro horas e foi muito bem organizada. Os australianos prestaram uma homenagem à população nativa da Austrália, os aborígenes, quando escalaram como última pessoa para carregar a tocha olímpica e acender a pira uma atleta australiana de ascendência aborígene, Cathy Freeman.

Nas provas de atletismo, os americanos dominaram e mostraram novos atletas, como Maurice Green, vencedor dos 100m rasos, e Marion Jones, vencedora dos 100m rasos e de mais duas medalhas de ouro e duas de bronze. Uma surpresa foi a vitória do grego Kenteris nos 200m rasos e a vitória do cubano Anier Garcia nos 110m com barreiras. A australiana Cathy Freeman venceu os 400m rasos e dedicou sua vitória tanto à Austrália como ao seu povo, os aborígenes. Um alemão, Nils Schumann, venceu com certa surpresa, a prova dos 800m, e sua compatriota, Heike Drechsler, venceu novamente, depois de 1992, aos 35 anos, o salto em distância. Outra grata surpresa foi a medalha de prata para o quarteto brasileiro na prova dos 4 x 100m rasos.

No torneio de vôlei de praia, as equipes brasileiras conseguiram duas medalhas de prata e uma de bronze, e na quadra a equipe feminina conseguiu a medalha de bronze. O triatlo olímpico (1,5km de natação, 40km de ciclismo e 10km de corrida) foi disputado pela primeira vez. No feminino, a vitória foi da suíça Brigitte MacMahon, e no masculino, venceu o canadense Simon Whitfield.

Nas provas de natação, americanos e holandeses dominaram as provas. Os australianos tinham anunciado uma chuva de medalhas, porém esta não aconteceu. O australiano Ian Thorpe, de apenas 17 anos, venceu três medalhas de ouro (400m livre, 4 x 100m e 4 x 200m livre) e uma medalha de prata nos 200m livre. A holandesa Inge de Bruin conseguiu três ouros e uma prata, e seu compatriota Pieter van der Hoogenband venceu os 100m e os 200m livre com recordes mundiais. Nos 50m livre aconteceu o empate dos americanos Hall e Ervin, com exatos 21,96 s. A equipe brasileira dos 4 x 100m livre masculina conseguiu a medalha de bronze.

No torneio olímpico de tênis, o alemão Tommy Haas perdeu na final para o russo Ievgeni Kafelnikov por 3:2 em um partida muito disputada. No torneio feminino, a americana Venus Williams conquistou a medalha de ouro e, em conjunto com sua irmã, também conseguiu o ouro nas duplas femininas.

As equipes brasileiras de basquete e hipismo (saltos por equipe), e o barco da classe star conseguiram a medalha de bronze. O judô conseguiu duas medalhas de prata, e na classe laser o Brasil também conseguiu uma prata.

No remo, as atletas alemãs conseguiram seis medalhas (2-1-3), embora os dois oito-com não tivessem se classificado para Sydney. O remador inglês Steve Redgrave conquistou sua quinta medalha de ouro em sua quinta participação nos Jogos, fato inédito em toda a história dos Jogos Olímpicos.

Datas e Acontecimentos

- Em 1.1.1990 – O mexicano Rolando Vera vence pela quarta vez consecutiva a corrida de São Silvestre em São Paulo (Brasil).
- Em 25.3.1990 – A equipe feminina do Canadá vence o primeiro torneio feminino de hóquei sobre o gelo em Ottawa (Canadá).
- De 22.9 a 7.10.1990 – A China vence 183 competições de um total de 310 nos Jogos Asiáticos em Pequim (China).
- Em 2.6.1991 – O finlandês Seppo Räty estabelece novo recorde mundial no lançamento de dardo marcando 96,96 m.
- Em agosto de 1991 – Durante o campeonato mundial de caiaque disputado em Paris (França) a Alemanha é a melhor nação com oito ouros, quatro pratas e quatro bronzes.
- Em 1.12.1991 – A equipe francesa vence a Copa Davis, derrotando os americanos por 3:1.
- Em 26.3.1992 – O boxeador Mike Tyson, ex-campeão do mundo, é condenado em Indianápolis a seis anos de prisão.
- Em 20.6.1992 – Evander Holyfield defende seu título de campeão mundial dos pesos pesados contra Larry Holmes em Las Vegas.
- Em 16.8.1992 – O piloto de Fórmula 1 Nigel Mansell é campeão mundial em Budapeste (Hungria), mesmo faltando ainda 5 provas para o final.
- Em 6.2.1993 – Morre, aos 49 anos, o tenista americano Arthur Ashe que foi o primeiro negro a vencer em Wimbledon.

- Em 25.7.1993 – Pela terceira vez consecutiva, o espanhol Miguel Indurain vence a Tour de France.
- Em 21.11.1993 – O alemão Michael Stich é campeão mundial pela ATP em Frankfurt (Alemanha) ao derrotar Pete Sampras por 3:1.
- Em 10.11.1994 – Evander Holyfield vence Mike Tyson no 11° assalto por nocaute técnico e defende seu título de campeão mundial.
- Em 26.3.1995 – A equipe alemã feminina de futebol vence o campeonato europeu pela terceira vez, derrotando na final a Suécia por 3:2.
- Em 7.8.1995 – O inglês Jonathan Edwards ultrapassa a marca dos 18 metros no salto triplo, marcando 18,16 m e 18,29 m.
- Em 21.8.1995 – Morre o alemão Manfred Donike, o melhor especialista na guerra antidoping.
- Em 23.2.1996 – Morre aos 80 anos Helmut Schön, ex-técnico da seleção alemã campeã europeia em 1972 e mundial em 1974.
- Em 14.9.1996 – Os americanos vencem no Canadá a primeira edição da Copa Mundial de Hóquei sobre o Gelo.
- Em 20.1.1997 – O brasileiro Ronaldo é eleito o melhor jogador de futebol do mundo; em segundo lugar, George Weah (Libéria).
- Em 8.6.1997 – O brasileiro Gustavo Kuerten vence o Aberto de Paris, derrotando na final o espanhol Sergi Bruguera por 3:0.
- Em 12.7.1997 – A equipe alemã feminina de futebol vence pela quarta vez o campeonato europeu, em Oslo, derrotando na final a Itália por 2:0.
- Em 12.1.1998 – A FIFA elege o brasileiro Ronaldo como melhor jogador de futebol do mundo.
- Em 21.3.1998 – O alemão Erik Zabel vence pela segunda vez a prova ciclística Milão a San Remo.
- Em 1.10.1998 – A equipe alemã de hipismo vence pela oitava vez o campeonato mundial em Roma (Itália).
- Em 1.2.1999 – O francês Zinedine Zidane é eleito o melhor jogador de futebol do ano.
- Em 26.9.1999 – Jan Ulrich é o terceiro alemão a vencer a prova ciclística da Volta de Espanha.
- Em 13.11.1999 – O inglês Lennox Lewis derrota o americano Evander Holyfield por pontos e se torna campeão mundial pelas três confederações de Boxe (WBC, WBA e IBF).
- Em 12.6.2000 – O tenista brasileiro Gustavo Kuerten vence a final do Aberto de Paris.
- Em 6.7.2000 – A FIFA elege a Alemanha para sediar a Copa do Mundo de futebol em 2006.

Fatos

- As competições e atividades esportivas englobam um número cada vez maior de pessoas.
- As organizações esportivas crescem e se expandem pelo mundo inteiro, fazendo com que competições e torneios se internacionalizem rapidamente. O Movimento Olímpico com os Jogos Olímpicos disputados de 4 em 4 anos também favoreceu este crescimento.
- O grande e rápido crescimento econômico de muitos países também influenciou os esportes. Cada vez mais a *performance*, o rendimento e a competição ganham importância e, em muitos casos, o número de medalhas vencidas por um país é usado como propaganda política. Para alguns países que querem mostrar sua superioridade, o esporte se transformou em uma ferramenta. Nestes casos, infelizmente o atleta passou a ser somente um fantoche destituído de sua individualidade e também de sua saúde, pois para obter as primeiras colocações os meios (doping) justificavam os fins (medalhas).
- A partir da década de 70, surgem novos esportes e atividades físicas voltadas mais para a natureza, e também uma nova mania, os esportes radicais, que caem bem no gosto da juventude. Grandes competições são organizadas apenas para eles (X-Games) e outras modalidades esportivas (Goodwill Games).
- Surgimento de uma nova ciência: a ciência do esporte, que estuda os esportes em seus aspectos físicos, psíquicos, sociais e ambientais. Surgem os atletas profissionais que trabalham o/com o corpo e demonstram suas habilidades em competições nacionais ou internacionais, sendo muito bem pagos em alguns casos. A mídia (jornais, revistas e TV) descobriu o esporte como um ótimo e rentável tema para suas reportagens.

BIBLIOGRAFIA

BOHUS, Julius – Sportgeschichte : Gesellschaft und Sport von Mykene bis Heute; Munchen, Wien, Zurich : BLV Verlagsgesellschaft, 1986.

DIEM, Carl – Historia de los Deportes. Luis de Caralt Ed. Barcelona. 1966

DUARTE, Orlando – História dos Esportes. São Paulo, Makron Books. 2000

MARINHO, Inezil Penna – História da Educação Física no Brasil. São Paulo, Cia. Brasil Editora

RAMOS, Jayr Jordão – Os Exercícios Físicos na História e na Arte. São Paulo. IBRASA. 1983

SPORT CHRONIK. 5000 Jahre Sportgeschichte. Berlin. Sportverlag Berlin. 2000

USOC (United States Olympic Committee – Olympic Dreams.100 Years of Excellence. New York. Universe Publishing. 1996

RENOVA GRAF
www.renovagraf.com.br